EL PASTOR EN LA CULTURA ACTUAL

Respuestas bíblicas a temas candentes de hoy,
por las voces más confiables.

JOHN MACARTHUR
EDITOR GENERAL

Para vivir la Palabra

Para vivir la Palabra

MANTÉNGANSE ALERTA;
PERMANEZCAN FIRMES EN LA FE;
SEAN VALIENTES Y FUERTES.
—1 CORINTIOS 16:13 (NVI)

 Publicado por:
Editorial Nivel Uno, Inc.
Miami, Fl 33134
www.editorialniveluno.com

©2016 Derechos reservados

ISBN: 978-1-941538-23-4

Desarrollo editorial: *Grupo Nivel Uno, Inc.*
Diseño interior: *Grupo Nivel Uno, Inc.*

Copyright ©2009 por Grace Community Church
Publicado originalmente en inglés bajo el título:
Right Thinking in a World Gone Wrong
by Harvest House Publishers
Eugene, Oregon, 97402, U.S.A.
www.harvesthousepublishers.com

Printed in the United States of America
Impreso en Estados Unidos de América

20 21 22 23 24 25 VP 9 8 7 6 5 4 3 2

Contenido

Tercera parte: La política y el activismo

Cuarta parte: La tragedia y el sufrimiento

Introducción

La Biblia y la vida real

La Palabra de Dios y la ética cotidiana

JOHN MACARTHUR

Es común en la iglesia evangélica de hoy que las personas reconozcan verbalmente que la Biblia, como Palabra de Dios, es la autoridad definitiva tanto para lo que creen como para lo que viven. Sin embargo, en realidad, es inusual encontrar una clara relación entre esa confesión pública y la conducta que asumen.

El hecho de proclamar que la Escritura es verdadera y completa debería impedir a los evangélicos que recurrieran a otras fuentes para establecer su pensamiento y su vida. Sin embargo, muchos hacen precisamente eso. En el aspecto cosmológico, por ejemplo, la simple lectura de Génesis 1 y 2 es descartada a menudo con base en las teorías evolutivas modernas. A menudo, la apologética, la filosofía y la razón humana tienen prioridad ante las Escrituras. Y en cuanto al crecimiento de la iglesia, las encuestas demográficas, las técnicas de marketing y una teología centrada en el hombre con un evangelio flojo anulan la clara verdad bíblica.

A esta lista hay que añadir el tema de la moral y la ética. En vez de considerar la Biblia, muchos cristianos profesantes miran a la sicología y la sociología para supuestas soluciones a las necesidades personales y a los problemas sociales. El surgimiento del pensamiento posmoderno ha sesgado de manera similar el entendimiento que la iglesia tiene acerca del bien y del mal, derivando en una tolerancia no bíblica (en nombre del amor); debilitando a las iglesias hasta el punto que son tan endebles en cuanto a la verdad como lo son en cuanto al pecado. Los populares programas de televisión —desde *Oprah*, el *Show de la Noche* y hasta una comedia promedio—, han tenido un efecto tangible (y no para mejor) sobre la manera en que los cristianos estadounidenses consideran los asuntos cotidianos. La arena política también ha jugado un papel relevante en la conformación de una comprensión evangélica de la moral, al punto que palabras como *republicano, demócrata, liberal* o *conservador* han venido a redefinir la diferencia entre lo que es bueno y lo que es malo.

El hecho es que demasiados cristianos profesantes viven, día tras día, basados en cualquier otra cosa que no es la Biblia. Como resultado, sus prioridades reflejan las preferencias del mundo, no las de Dios. Sus patrones de comportamiento y sus planes para el futuro difieren sólo ligeramente de los de sus amigos y vecinos que no son salvos. Sus gastos revelan que su perspectiva es temporal y que están persiguiendo vanamente el tan escurridizo sueño americano. Sus faltas, cuando las admiten, reciben las mismas etiquetas libres de culpa que el mundo atribuye («errores», «enfermedades» o «adicciones», en vez de «pecados»), ya que buscan respuestas en la sicología, la medicación o la sección de autoayuda de la librería. Aunque se adhieren a una forma externa de moralismo cristiano tradicional, no hay nada particularmente bíblico ni centrado en Cristo en cuanto a cómo viven.

Sin embargo, es en la vida de los pecadores que han sido transformados por el evangelio de la gracia que una ética distintivamente cristiana debería verse complementada. El verdadero cristianismo no se define sobre la base del moralismo externo, el tradicionalismo religioso o la política partidista, sino que se fundamenta en un amor personal a Jesucristo y el deseo de seguirle, pese al costo que sea (Juan 14:15). Es sólo debido a que los creyentes han sido transformados en el interior (a través de la regeneración del Espíritu Santo) que son capaces de mostrar piedad en su comportamiento. Y el mundo no puede dejar de tomar nota. Como dijera Jesús a sus oyentes en el Sermón del Monte: «Hagan brillar su luz delante de todos, para que ellos puedan ver las buenas obras de ustedes y alaben al Padre que está en el cielo» (Mateo 5:16; cf. 1 Pedro 2:12).

La esencia de la ética cristiana

La esencia de la ética cristiana, por supuesto, es el evangelio. Sólo aquellos que han sido transformados en su interior (Tito 3:5-8), porque el Espíritu de Dios habita en ellos (Romanos 8:13-14), son capaces de exhibir la santidad verdadera (Gálatas 5:22-23; 1 Pedro 1:16). El cristianismo bíblico no se ocupa primordialmente de la modificación del comportamiento externo (cf. Mateo 5—7), sino en una transformación de corazón que posteriormente se manifiesta en un cambio de vida (1 Corintios 6:9-11).

Una verdadera ética cristiana, por tanto, no es posible sin la obra regeneradora del Espíritu Santo. A menos que el hombre interior sea lavado en primer lugar, la moral externa y las prácticas religiosas son sólo una fachada superficial. Jesús reprendió a los hipócritas de su tiempo con estas palabras: «¡Ay de ustedes, maestros de la ley y fariseos, hipócritas!, que son como sepulcros blanqueados. Por fuera lucen hermosos pero por dentro están llenos de huesos de muertos y de podredumbre» (Mateo 23:27). Cristo no estaba diciendo que el comportamiento no sea importante. Sino más bien que, desde la perspectiva de Dios, el corazón es lo que más cuenta (cf. 1 Samuel 16:7; Marcos 12:30-31).

Por supuesto, un corazón que ha sido verdaderamente transformado por Dios responderá en amor a su Hijo, Jesucristo (cf. Juan 8:42). Y los que aman a Jesucristo desearán seguirle y obedecer sus mandamientos con entusiasmo (Juan 14:15), tal como se encuentra en su Palabra (cf. Colosenses 3:16). Entonces, una ética verdaderamente cristiana afirma y aplica con entusiasmo las instrucciones morales que se encuentran en la Biblia. Pero no lo hace en un intento por ganar legítimamente la salvación (Isaías 64:6). Por el contrario, después de haber recibido la salvación como un don gratuito de Dios mediante la fe en Cristo (Efesios 2:8-9), está dispuesto a obedecer con un corazón amoroso (Efesios 2:10).

Si los cristianos han de vivir conforme a lo que son como hijos de Dios, tienen que vivir de acuerdo a la Palabra de Dios a través del poder de su Espíritu. Ninguna otra fuente de sabiduría ni otra intuición moral van a poder hacerlo. Por definición, ellos son gente del Libro; no sólo los domingos, sino todos los días de la semana (cf. Isaías 66:2).

La suficiencia total de la Escritura

El Salmo 19:7-9 es una de las secciones más claras y concisas de la Escritura que detallan la suficiencia y la autoridad de ella, sobre todo en lo que se refiere a la vida cristiana cotidiana.[1] En ese pasaje, aprendemos, en primer lugar, que la «ley de Jehová es perfecta, que convierte el alma» (v. 7a, RVR1960). La palabra hebrea traducida como «perfecta» significa completa o conjunto; y «alma», en realidad, habla de la totalidad de la persona interior. Así, la Palabra de Dios es suficiente para transformar a las personas completamente desde adentro, comenzando con la conversión y extendiéndose a la santificación de todo el hombre (2 Timoteo 3:15-17). A diferencia de la sabiduría imperfecta e incompleta de los hombres (1 Corintios 1:18-31; 2:10-16), la Biblia es tan completa que al apuntar a los pecadores hacia Jesucristo puede cambiar a las personas, a través del poder del Espíritu Santo, en quien Dios quiere que sean.

El Salmo 19:7 (RVR1960) continúa afirmando que «el testimonio de Jehová es fiel, que hace sabio al sencillo». La Palabra de Dios es su «testimonio» a nosotros acerca de sí mismo, porque si no se nos hubiera revelado no tendríamos manera de saber acerca de Él ni de sus requisitos para nosotros. El testimonio que Dios da de sí mismo en la Escritura es absolutamente confiable; sus promesas se pueden creer y sus preceptos obedecer. Aquellos que la obedecen encontrarán sabiduría, lo que en el Antiguo Testamento se refiere a la habilidad de llevar una vida santa. La Biblia, por tanto, puede tomar personas ingenuas —sin instrucción y sin discernimiento— y hacerlas expertas en la toma de decisiones sabias y en la santidad. La Escritura toca todos los aspectos de la vida, incluyendo la forma en que pensamos, lo que decimos, lo que hacemos y por qué lo hacemos. Todo lo que necesitamos saber para vivir de manera santa se cubre en las páginas de la Palabra de Dios. No se necesita nada más.

En tercer lugar, el salmista señala que «los mandamientos de Jehová son rectos, que alegran el corazón» (19:8a), lo que significa que los principios divinos que se encuentran en las Escrituras trazan un camino seguro para que nosotros lo sigamos. Dios nos ha dado su Palabra para que podamos transitar con éxito en nuestro camino a través de esta vida, de modo que mientras lo hagamos, experimentemos el verdadero gozo., Aquellos que huyen de la Palabra de Dios (a cualquier otra fuente de supuesta sabiduría), irónicamente abandonan al mismo tiempo el gozo y la paz. Muchos cristianos creen que van a encontrar la felicidad en las riquezas, en los logros o en la fama. Pero esas tentaciones mundanas no son más que espejismos, como lo descubriera Salomón a las malas (Eclesiastés 2:1-26). Aunque nuestro mundo, a menudo, ve la moral bíblica como un obstáculo para la felicidad, nada podría estar más lejos de la verdad. La felicidad duradera, los logros y la satisfacción no se pueden hallar en los placeres sensuales del pecado. Sólo se encuentran en Dios.

A continuación, el salmista escribe: «El precepto de Jehová es puro, que alumbra los ojos» (19:8b, RVR1960). La Palabra de Dios que se nos manda a obedecer es «pura», es decir transparente o comprensible. Sin duda, algunas secciones son más difíciles de entender que otras (2 Pedro 3:15-16) pero, en general, la Palabra de Dios es clara sin lugar a dudas. No es difícil de explicar, confusa ni desconcertante. Su mensaje de salvación no es difícil de entender y no deja ninguna duda en cuanto a la verdad necesaria. En medio de un mundo caracterizado por la oscuridad y la confusión, la Palabra de Dios trae claridad. A través de las Escrituras podemos conocer la verdad en un mundo que está en busca de ella; podemos entender el bien y el mal en una sociedad que no puede distinguir la diferencia; y podemos ser consolados en momentos en que los que nos rodean están preocupados por lo que está sucediendo.

El cristiano más sencillo sabe un montón de cosas que muchos eruditos incrédulos no saben (Salmos 119:99). Sabemos cómo llegó el mundo a la existencia. Sabemos dónde comenzó la humanidad y cuál es nuestro propósito en esta vida. Sabemos cómo los hombres y las mujeres pecadores pueden ser hechos justos delante de su Creador. Sabemos lo que será el futuro final de nuestro planeta. Y sabemos lo que va a pasar con nosotros después de la muerte. Cuando alguien pierde a un hijo o un cónyuge, cuando surgen las crisis nacionales o personales, cuando los desastres naturales o económicos suceden, ¿a dónde podemos ir para aclarar las cosas oscuras de la vida? A un mundo ensombrecido por la confusión, la Palabra de Dios ofrece cordura, claridad y esperanza.

El Salmo 19 continúa en el versículo 9 señalando que «el temor de Jehová es limpio, que permanece para siempre». La Biblia transmite la prodigiosa grandeza de Dios y, por lo tanto, incita en nosotros un asombro reverencial (o temor) que nos lleva a adorar a nuestro Creador. Así, las Escrituras nos dan la forma correcta de adorar al Dios verdadero. No hay ninguna mancha del mal o impureza en la presentación que hace la Biblia de Dios ni de sus expectativas. Las palabras de la Biblia son palabras puras que producen una reverencia santa hacia Dios (cf. Salmos 12:6). Y permanecen para siempre, lo que significa que siempre se puede confiar en ellas, en cualquier momento y en cualquier edad. Es más, el culto que ellas ordenan va a caracterizar al pueblo de Dios no sólo en esta vida, sino también en la eternidad.

Los críticos y los escépticos (y a veces hasta los cristianos profesantes) pueden afirmar que la Biblia no es lo suficientemente desarrollada para los tiempos modernos. Tales afirmaciones sólo exponen su propia necedad. La Biblia es absolutamente pura, sin defectos y libre de errores. No hay necesidad de actualizarla, modificarla ni refinarla. Es perfecta. Cuando estaba en la universidad aprendí acerca de la filosofía. Casi toda filosofía que estudié llevaba mucho tiempo muerta. También tuve que aprender sicología. Casi todas las formas de sicoterapia sobre las que leí en ese entonces hoy son obsoletas y han sido sustituidas por las nuevas teorías o técnicas. Pero hay una cosa que nunca cambia: la Palabra eterna de Dios. Siempre es relevante.

Por último, y lo más puntualmente, Salmos 19:9 (RVR1960) dice que «los juicios de Jehová son verdad; todos justos». En la Escritura, el Juez de toda la tierra nos ha revelado sus decretos y sus determinaciones. Por tanto, la Biblia dice la verdad sin compromiso y sin disculpas. Los cristianos, por lo tanto, no estarán obligados a obedecer a los juegos fraudulentos posmodernos que tratan de redefinir la verdad. La Palabra de Dios es verdad (Juan 17:17). Es eternamente verdadera, porque su Autor es eternamente verdadero. Son «todos justos», ya que refleja a aquel que lo escribió. En toda su amplitud, no es sólo sin error, sino que es una fuente suficiente de verdad. Nada debe ser añadido a la misma y nada resta de ella (Deuteronomio 4:2; Apocalipsis 22:18-19). Es perfecta en su totalidad, por lo que produce esa plenitud en los que son transformados por su poder (2 Timoteo 3:16-17).

Recuerdo que conocí a un joven adicto a las drogas que estaba viviendo en un refrigerador volteado al lado de un arroyo en las montañas del norte de California. Yo estaba haciendo una caminata por la zona cuando lo encontré y le pregunté si podía presentármele a él. Hablamos un rato. Resultó que era un graduado de la Universidad de Boston. Me dijo: «Me he escapado». Le pregunté: «¿Has encontrado las respuestas?» «No», dijo, «pero por lo menos me he metido en una situación en la que no me cuestiono». ¡Qué desesperanza! Pero así es la desesperación y el abatimiento de los que no tienen la verdad.

La Escritura describe algunas personas como que «siempre están aprendiendo, y nunca pueden llegar al conocimiento de la verdad» (2 Timoteo 3:7). Eso no se refiere a la verdad intelectual ni a la sabiduría de este mundo; se refiere a la verdad de la vida, la muerte, Dios, el hombre, el pecado, lo bueno, lo malo, el cielo, el infierno, la esperanza, el gozo y la paz. La gente no puede encontrar ese tipo de verdad por su cuenta. Es por ello que Dios nos ha dado su Palabra.

Todas las piezas juntas

Estas pocas líneas del Salmo 19 subrayan bellamente el hecho de que la Palabra de Dios debe ser nuestra norma definitiva de fe y práctica. Es la base y el determinante de una ética verdaderamente cristiana. La Biblia, que consiste del conocimiento revelado de Dios, es todo lo que necesitamos para la vida y la piedad (2 Pedro 1:3). ¿Por qué deberíamos buscar en otra parte para saber cómo vivir cuando tenemos en ella las respuestas del propio Creador y Juez?

Cada vez que levantamos la Biblia, alzamos la verdad. Jesús dijo: «Si vosotros permanecéis en mi palabra… conoceréis la verdad, y la verdad os hará libres» (Juan 8:31-32). El hombre va a buscar, a luchar, a forcejear y a tantear la verdad hasta que la encuentre. Sólo entonces será libre. La Biblia es la fuente definitiva de la verdad acerca de Dios, de la creación, de la vida, de la muerte, de los hombres, de las mujeres, de los niños, de los esposos, de las esposas, de los padres, de las madres, de los amigos y de los enemigos. Ella nos muestra cómo vivir y cómo hacerlo en abundancia.

Cualquier ética que comience ajena a la Escritura o que no la tenga a ella como su fundamento, no se puede llamar ética cristiana. Nuestra respuesta a las cuestiones morales no está determinada por la política, la economía, la preferencia personal, la opinión popular ni el razonamiento humano. Está, en su lugar, fundamentada en lo que Dios nos ha dicho que es verdad acerca de nosotros mismos y de nuestro mundo.

Para cada uno de nosotros, nuestra propia ética cristiana comienza con la obediencia diaria, que se deriva de un corazón que ama a Jesucristo (Juan 14:15). Las expectativas de Dios con nosotros están claramente establecidas en su Palabra. Por consiguiente, si vamos a aplicar prácticamente la verdadera piedad y la justicia, debemos saber y someternos a las Escrituras. Ellas son perfectas, seguras, justas, puras, limpias y verdaderas.

Las Escrituras son nuestra autoridad porque Dios es nuestra autoridad, y su Palabra permanece para siempre. Eludir o ignorar la Biblia no sólo asegura el desastre moral, sino que también desprecia al Autor de ella. Que podamos honrarlo por vivir y pensar de acuerdo a su Palabra.

PRIMERA PARTE

El entretenimiento y el ocio

1

GLORIFIQUE A DIOS EN LOS ASPECTOS AMBIGUOS

La libertad cristiana y el mundo del entretenimiento[1]

JOHN MACARTHUR

Como pastor, tengo el privilegio de guiar a la gente a través de la Palabra de Dios, explicándole las implicaciones de ella en su vida con una simple aclaración de un pasaje de la Escritura o un punto doctrinal. Entre las preocupaciones que la gente presenta, no puedo recordar que alguien me preguntara alguna vez si era incorrecto engañar, robar, mentir, asesinar, adulterar o codiciar. No puedo recordar que en algún momento alguien quisiera saber si un cristiano debe leer la Biblia, orar, adorar, amar o hablar a otros acerca de la salvación en Jesucristo. La Palabra de Dios es inequívocamente clara sobre esos aspectos.

Hay, sin embargo, una clase de preguntas que me hacen a menudo; y es con respecto a las cuestiones o actividades que no se abordan específicamente en la Escritura y que, por lo tanto, caen en algún punto entre lo que es obviamente correcto y notoriamente erróneo. Al no ser «blanco ni negro», esos asuntos están relacionados con aspectos de la libertad cristiana que caen dentro de lo que se ha denominado «zonas grises» o aspectos ambiguos. ¿Qué tipo de entretenimiento es aceptable? ¿Qué clase de música es buena? ¿Y qué hay con respecto a qué vestir, a dónde ir o cómo pasar el tiempo libre? ¿Qué dice la Biblia acerca de esas cosas?

Algunos dirán: «La Biblia no se refiere a ellas. Usted puede hacer lo que quiera. Usted es libre en Cristo». Aunque bien es cierto que la Biblia no menciona específicamente cada posible decisión que usted pudiera enfrentar en la vida, sí aborda todas las opciones con *principios y paráme-tros* generales que rigen la libertad cristiana. Si usted filtra sus opciones —en cuanto a esos aspectos ambiguos— a través del cedazo de siete prin-cipios bíblicos (extraídos principalmente del libro de 1 Corintios, en el que el apóstol Pablo da instrucciones detalladas sobre temas de libertad) que se muestra a continuación, confío en que hallará tanto claridad como verdadera libertad, de tal forma que viva para la gloria de Dios.

Principios para vivir para la gloria de Dios

1. El principio de la edificación: ¿Producirá esta actividad un beneficio espiritual?

En 1 Corintios 10:23, Pablo explicó que «todo está permitido, pero no todo es provechoso. Todo está permitido, pero no todo es constructivo». Algunas personas en la congregación de Corinto estaban ejerciendo su libertad cristiana sin ninguna consideración por el bien espiritual de los demás, ni incluso el bien de ellos mismos. Pablo corrigió esa forma de pensar recordándoles que, a menos que algo sea beneficioso espiritual-mente, no vale la pena hacerlo. Algo que es *provechoso* es útil, benefi-cioso o ventajoso; y aquello que es *constructivo* edifica espiritualmente. Así que basados en este versículo, los creyentes deberían preguntarse: «¿Hacer esta actividad va a mejorar mi vida espiritual y la vida espiritual de los demás? ¿Va a cultivar la piedad en mí y en ellos? ¿Nos edificará espiritualmente?» Si no es así, ¿será realmente una buena decisión?

Por supuesto, hay una gran variedad de maneras en las que pode-mos edificar a otros en la fe y en las que nosotros mismos podemos crecer «en la gracia y el conocimiento de nuestro Señor y Salvador Jesucristo» (2 Pedro 3:18). Pero a un nivel fundamental, la edificación proviene del estudio de la Palabra y de escucharla cuando se enseña (cf. Hechos 20:32; Colosenses 3:16; 2 Timoteo 3:16-17); de mostrar el verdadero amor de hermanos en la fe a medida que tenemos comunión con ellos (cf. 1 Corintios 8:1; Hebreos 10:24); y de servir obedientemen-te en el contexto de la iglesia local (cf. Efesios 4:12). Cuando se trata de los aspectos ambiguos de la vida, hay que empezar por preguntar si la elección que vamos a hacer es espiritualmente beneficiosa, tanto para nosotros como para los que nos rodean.

2. El principio de la esclavitud: ¿Llevará esta actividad a la esclavitud espiritual?

Como vemos en 1 Corintios, Pablo ya les había dicho a sus lectores que: «Todo me está permitido, pero no todo es para mi bien. Todo me está permitido, pero no dejaré que nada me domine» (1 Corintios 6:12). Una vez más, el apóstol da relieve al hecho de que quería hacer sólo aquellas cosas que son espiritualmente beneficiosas. Parte de eso implica evitar esas tentaciones o actividades que puedan dar lugar a la esclavitud. Pablo sabía que su único Maestro era Jesucristo; por lo tanto, no se dejaría dominar por nada ni por nadie.

El contexto inmediato en 1 Corintios 6 se refiere al pecado sexual, que esclaviza de una manera singular. Sin embargo, el principio se extiende más allá de la sensualidad, a cualquier hábito o comportamiento que pueda llegar a dominar la vida o a apagar al Espíritu. En Efesios 5:18, hablando del alcoholismo, Pablo mandó: «No se emborrachen con vino... al contrario, sean llenos del Espíritu». Aunque el contexto allí es diferente, la idea es similar. No se deje convertir en adicto o esclavo de lo que es pecaminoso o incluso potencialmente destructivo. Si lo que usted está considerando puede llegar a crear un hábito, ¿por qué perseguirlo? No permita que usted mismo se esclavice a nada ni a nadie. Usted es esclavo del Señor Jesucristo y de Él solamente.

3. El principio de exposición: ¿Expondrá esta actividad mi mente o mi cuerpo a la impureza?

Al hablar específicamente de inmoralidad sexual, Pablo mandó a los corintios que evitaran cualquier cosa que pudiera contaminarlos. «¿Acaso no saben que su cuerpo es templo del Espíritu Santo, quien está en ustedes y al que han recibido de parte de Dios? Ustedes no son sus propios dueños; fueron comprados por un precio. Por tanto, honren con su cuerpo a Dios» (1 Corintios 6:19-20). En otra parte, les dijo a los efesios que reprobaran y evitaran los actos sensuales que caracterizan a los malvados, «porque da vergüenza aun mencionar lo que los desobedientes hacen en secreto» (Efesios 5:12). En vez de ello, los creyentes deben hacer hincapié en aquellas cosas que son verdaderas, honradas, justas, puras, amables, excelentes, dignas de elogio y de buena reputación (Filipenses 4:8).

Así que pregúntese si la decisión que está a punto de tomar le expondrá a los elementos pecadores, lascivos, libidinosos y depravados de la sociedad caída. Si eso ocurriese, olvídese de esa decisión. En Romanos 12:1-2 Pablo escribió: «Por lo tanto, hermanos, tomando en cuenta la misericordia de Dios, les ruego que cada uno de ustedes, en adoración espiritual, ofrezca su cuerpo como sacrificio vivo, santo y agradable a Dios. No se amolden al mundo actual, sino sean transformados mediante la renovación de su mente. Así podrán comprobar cuál es la voluntad de Dios, buena, agradable y perfecta». El modo en que usted decida utilizar su cuerpo, así como lo que decida poner en su mente, debe reflejar siempre su preocupación por honrar a Jesucristo (cf. Romanos 6:12-13). Por tanto, todo lo que contamine al cuerpo o contamine la mente debe evitarse.

4. El principio de la estima: ¿Beneficiará esta actividad a otros o hará que tropiecen?

En cuanto a la ingesta de alimentos ofrecidos a los ídolos, algo ambiguo en la iglesia primitiva, Pablo escribió: «Pero lo que comemos no nos acerca a Dios; no somos mejores por comer ni peores por no comer. Sin embargo, tengan cuidado de que su libertad no se convierta en motivo de tropiezo para los débiles» (1 Corintios 8:8-9). En el ejercicio de nuestra libertad cristiana, debemos ser sensibles a los creyentes más débiles que podrían tener una conciencia más vulnerable. Cuando los estimamos como más importantes que nosotros mismos, poniendo sus intereses espirituales por encima de nuestra propia libertad, estamos siguiendo el ejemplo de Cristo (Filipenses 2:1-5).

Este es el principio del amor. Como dice Romanos 13:10: «El amor no perjudica al prójimo. Así que el amor es el cumplimiento de la ley». Si usted sabe que su decisión —lo que usted considera «dentro de los límites» y aprobado por Dios— hará que otro cristiano tropiece y peque, ame a ese hermano o hermana lo suficiente como para restringir su propia libertad. Eso no es muy popular en nuestra sociedad egocéntrica, pero es bíblico. Es más, hacer que un hermano o una hermana en la fe violen su conciencia es, en última instancia, pecado contra el Señor. «Al pecar así contra los hermanos, hiriendo su débil conciencia, pecan ustedes contra Cristo. Por lo tanto», dice Pablo, «si mi comida ocasiona la caída de mi hermano, no comeré carne jamás, para no hacerlo caer en pecado» (1 Corintios 8:12-13).

5. El principio del evangelismo: ¿Promoverá esta actividad la causa del evangelio?

Como aquellos que buscan vivir la Gran Comisión (Mateo 28:18-20), los cristianos siempre deben considerar cómo afectarán sus acciones a su testimonio delante de un mundo que observa. Hablando de su propio ministerio evangelístico, Pablo escribió: «No hagan tropezar a nadie, ni a judíos, ni a gentiles ni a la iglesia de Dios. Hagan como yo, que procuro agradar a todos en todo. No busco mis propios intereses sino los de los demás, para que sean salvos» (1 Corintios 10:32-33). Pablo estaba mucho más interesado en ver a los pecadores abrazar a Cristo que en ejercitar su libertad. Por tanto, estaba dispuesto a hacer su libertad a un lado por el bien del evangelio (1 Corintios 9:19-23).

Sea que usted esté consciente de ello o no, lo que permita o no permita en su comportamiento afecta su testimonio de Cristo. Es una cuestión de *testimonio* —lo que su vida dice acerca de Dios— a los amigos, familiares, compañeros de trabajo, vecinos o incluso extraños que podrían estar observándolo. Su testimonio va a decir la verdad sobre Dios o va a decir una mentira. Las decisiones que usted tome en cuanto a los aspectos ambiguos deben reflejar su preocupación por no provocar ofensa a la reputación de Dios; antes, al contrario, que motiven a alabar a Dios.

6. El principio ético: ¿Violará esta actividad mi conciencia?

En un pasaje paralelo a 1 Corintios 8-10, Pablo dio instrucciones similares a los romanos en cuanto a lo sacrificado a los ídolos. De este modo, hizo un punto muy claro: es peligroso hacer nada que viole su conciencia y le haga dudar de sus acciones, incluso si otros cristianos se sienten libres para actuar como tal. «Pero el que tiene dudas en cuanto a lo que come, se condena; porque no lo hace por convicción. Y todo lo que no se hace por convicción es pecado» (Romanos 14:23). Pecamos si actuamos de una manera que vaya en contra de las convicciones de nuestra propia fe y la buena conciencia.

La Primera Carta a los Corintios (10:25-29) contiene tres referencias a abstenerse de ciertas prácticas «por motivos de conciencia».

Nunca se entrene para violar su conciencia. Si su conciencia está preocupada por lo que está pensando hacer, no lo haga. Si no está seguro de ello, no lo haga. Es difícil exagerar el valor de una conciencia tranquila y, sin duda, vale la pena mantener su conciencia limpia para que su relación con Dios no se vea afectada (cf. Salmos 66:18). Si usted va a mantenerse en oración y estudiando de la Palabra de Dios, va a informar correctamente a su conciencia para que pueda andar «como hijos de luz… [comprobando] lo que agrada al Señor» (Efesios 5:8,10).

7. El principio de la exaltación: ¿Acaso esta actividad traerá gloria a Dios?

El resumen y objetivo de los seis principios ya citados se encuentran en este enunciado. Pablo declaró: «En conclusión, ya sea que coman o beban o hagan cualquier otra cosa, háganlo todo para la gloria de Dios» (1 Corintios 10:31). Fuimos creados para glorificar a Dios y adorarlo por siempre. Como seres que hemos sido transformados por su gracia y transferidos a su reino, complacerlo a Él es —a la vez— nuestro mayor deseo y nuestro mayor deleite (2 Corintios 5:9).

El clamor de nuestro corazón es glorificar a nuestro Señor y Salvador con nuestras vidas. Así que, cuando se trate de aspectos ambiguos, piense acerca de su decisión. ¿Será Dios glorificado, alabado y ensalzado? Lo honramos realmente cuando tomamos decisiones que son congruentes con los principios que se encuentran en su Palabra. Por otro lado, cuando tomamos decisiones insensatas y pecaminosas, nuestras acciones lo deshonran. Si una actividad va a glorificar a Dios, entonces, hágala. Si no lo va a glorificar, o si es cuestionable, entonces, haga otra cosa.

Unos cuantos pensamientos más sobre el mundo del entretenimiento

Los siete principios que hemos examinado se pueden aplicar a todas las áreas grises o aspectos ambiguos que se presentan en la vida, incluidos los relacionados con el entretenimiento, la diversión y el tiempo libre.

Sin embargo, al mismo tiempo, hay algunos principios adicionales que son específicamente útiles al considerar cómo elegimos entretenernos. Después de haber pastoreado durante cuatro décadas una iglesia a diez millas (16 km) de Hollywood, estoy muy consciente de la manera en que los medios del entretenimiento saturan nuestra cultura. En el transcurso de mi vida he notado el cambio cultural de los pasatiempos activos e intelectuales (incluidas recreaciones como los deportes y la lectura) por el entretenimiento pasivo y menos estimulante (como la televisión, las películas, los videojuegos y los medios informáticos en todo lo relacionado con las redes sociales). Los avances tecnológicos han mejorado nuestra sociedad en muchas maneras; sin embargo, también han introducido una serie de nuevas y poderosas tentaciones. Aunque el pecado sigue siendo pecaminoso en su raíz (cf. 1 Juan 2:16), algunas de sus modalidades nunca habían sido tan accesibles.

El mundo del entretenimiento, hablando en cuanto a lo electrónico, es un gran negocio. Las mejores películas de la actualidad producen ganancias brutas de cientos de millones de dólares, al igual que algunos de los videojuegos más populares. Los programas televisivos se transmiten a millones de televidentes; los programas de radio llegan a millones de oyentes; y las tiendas de música venden millones (y si usted es cliente de iTunes, miles de millones) de canciones populares. El acceso a este medio también es más conveniente que nunca, gracias a la Internet. Desde que se abrió a los intereses comerciales hace dos décadas, la Internet ha crecido hasta más o menos un billón y medio de millones de usuarios en todo el mundo.

Ninguna de esas tecnologías, en sí misma, es inherentemente mala. En efecto, cada una de ellas puede ser utilizada para dispensar la verdad de Dios y promover la justicia. Sin embargo, la realidad es que vivimos en un mundo caído profundamente corrompido por el pecado y bajo la influencia de fuerzas sobrenaturales hostiles. Por lo tanto, no hay que ser tan ingenuo como para suponer que todo el entretenimiento es espiritualmente neutro y seguro, como si pudiéramos sumergir nuestra mente en todo lo que el mundo ofrece y permanecer espiritualmente indemnes.

Entonces, ¿cómo podemos vivir de modo coherente con nuestra vida cristiana en una cultura saturada de entretenimiento? Los que claman a Jesucristo como el Señor de sus vidas están llamados a someterse a su autoridad en todas las áreas de su existencia. Cada elección que hacemos, incluyendo la forma en que nos entretenemos, debe ser sometida al señorío de Cristo. He aquí, entonces, cuatro principios a tener en cuenta además de los siete que ya inspeccionamos en este capítulo. Estos principios requieren de una auténtica fe cristiana por parte del lector, una fe que ama a Cristo y quiere glorificarlo en cada aspecto de la vida, incluidas las elecciones en cuanto al entretenimiento.

El entretenimiento a la luz de nuestra sumisión a Cristo

El señorío de Cristo requiere una buena mayordomía

Dios nos ha dado a cada uno un número limitado de recursos, en particular, tiempo, dinero, talento y energías; y se nos manda que seamos buenos administradores de cada uno de ellos (cf. Efesios 5:15; Proverbios 13:11; Eclesiastés 11:9; Mateo 25:14-34; Marcos 12:30). La manera en que utilicemos esos recursos es un reflejo de nuestras prioridades. Como dijo Jesús, hablando específicamente de dinero: «Porque donde esté tu tesoro, allí estará también tu corazón» (Mateo 6:21). Los cristianos deben considerar cómo pueden utilizar sus recursos, no para su propio ocio y entretenimiento, sino para la obra del evangelio.

Estudios recientes muestran que el estadounidense promedio ve más de cuatro horas de televisión cada día, las que distribuidas en una vida útil de 70 años, asciende a casi 12 años de tiempo delante de la televisión. Algo de eso puede ser instructivo y de sana distracción, pero este tipo de estadísticas hace que uno se pregunte qué les dirá Cristo a los creyentes que han pasado una sexta parte de su vida mirando televisión (Romanos 14:10-12). Es sorprendente ver que la televisión es sólo *una* de las muchas maneras en que las personas pueden perder el tiempo al ser entretenidas. La tendencia actual es pasar casi tanto tiempo en la Internet.

Así que, pregúntese cuánto beneficio real recibe usted viendo televisión y películas o entretenido con videojuegos, y cómo se compara eso con el tiempo que pasa en la búsqueda espiritual? ¿Cuánto dinero invierte en las diversiones temporales y cómo se relaciona eso con sus inversiones eternas? ¿Cuán fuerte está trabajando, no para avanzar con su propio plan, sino para promover la obra del reino de Cristo? Estas son preguntas del corazón que cada creyente tiene que hacerse. Como administradores del Rey (Mateo 25:14-30), hemos sido llamados a mucho más que a atender a nuestro propio entretenimiento.

El señorío de Cristo denuncia la impureza y la mundanalidad
La Carta a los Efesios (5:3-4) tiene excelentes palabras al respecto:
«Entre ustedes ni siquiera debe mencionarse la inmoralidad sexual, ni
ninguna clase de impureza o de avaricia, porque eso no es propio del
pueblo santo de Dios. Tampoco debe haber palabras indecentes, conversaciones necias ni chistes groseros, todo lo cual está fuera de lugar;
haya más bien acción de gracias». Sólo esos dos versículos descartan
gran parte de lo que pasa como entretenimiento en el mundo de hoy:
inmoralidad e impureza sexual, chistes sucios, hablar tonterías y cualquier cosa que promueva la codicia o debilite la acción de gracias. Esta
lista es un buen resumen de lo que es malo con gran parte de los medios
de comunicación estadounidenses contemporáneos.

Las películas, por ejemplo, son generalmente clasificadas de acuerdo
al lenguaje, la violencia, el contenido sexual y los elementos temáticos.
Muchas de ellas no son simplemente *no* cristianas; son *anti*cristianas.
No quiero decir que ataquen explícitamente a la fe cristiana. Aunque,
al menos en algunos casos, lo hacen. Emplean lenguaje sucio y humor
lascivo (Colosenses 3:8; Tito 2:6-8); glorifican la violencia más que a la
paz (Tito 1:7; 1 Juan 4:7-8); hacen atractivas la lujuria y la inmoralidad
en vez de la santidad (1 Tesalonicenses 4:3-5; 1 Pedro 1:16); inculcan
sentimientos de descontento y ambiciones en lugar de agradecimiento
(Efesios 5:20; 1 Timoteo 6:6); y promueven modos de ver al mundo que
son la antítesis del cristianismo bíblico (2 Corintios 10:5). ¿Quiere decir
eso que un cristiano nunca debe ver películas? No necesariamente. Pero
hay que ser exigente en cuanto a las cosas que permitimos que entren en
nuestra mente. Estamos llamados a renovar nuestra mente (Romanos 12:2;
Efesios 4:23; Colosenses 3:16). Si llenamos continuamente nuestras mentes con la suciedad de este mundo, nos hacemos un gran daño espiritual.

El señorío de Cristo determina las prioridades correctas
Nuestra cultura dirigida por los medios de comunicación ha redefinido
la búsqueda de la felicidad. El sueño americano —que solía consistir
en una familia amorosa, una casa agradable y una cerca de madera—
ahora incluye la fama instantánea, un sinfín de riquezas, romance fácil
y la promesa —como un cheque en blanco— de que cualquier persona
puede alcanzar sus sueños. La telerrealidad o *reality shows* y el auge de

la Internet son quizás un poco responsables de ese fenómeno. Pero en última instancia, el problema radica en el corazón humano. Fuimos creados para anhelar satisfacción, plenitud y gozo, deseos que en sí mismos son buenos. No obstante nuestro mundo caído trata de satisfacer esos deseos con dinero, romance, fama y otros placeres terrenales. Sin embargo, las cosas temporales no pueden producir una satisfacción duradera en un corazón que fue creado para hallar su gozo máximo en Dios. El rey Salomón aprendió esta lección de la manera difícil. Después de experimentar con todo lo que el mundo podía ofrecer, Salomón, finalmente llegó a la conclusión que todo era vanidad, y que sin Dios, nadie puede tener verdadero disfrute (Eclesiastés 2:25-26; 11:9; 12:13-14).

Los cristianos no deben permitir que el entretenimiento defina lo que entienden por felicidad, romance, modestia, masculinidad, éxito, realización, justicia o cualquier otra cosa. La Palabra y el Espíritu deben dar forma a nuestra visión del mundo, no Hollywood. Sin embargo, por desdicha, muchos cristianos en la actualidad se ven más afectados por las películas que ven que por los sermones que oyen. Muestran más entusiasmo por los videojuegos o por los programas deportivos de televisión que por buscar ser cada vez más como Cristo. Llenan sus mentes con las conversaciones que oyen en la radio o, tal vez, con las recientes canciones de éxito, en vez de dejar que la Palabra de Cristo habite en abundancia en ellos. En el fondo, les gusta explorar los placeres del mundo —aunque sólo sea simbólicamente— mientras ven actores que interpretan escenas en las que los hechos pecaminosos son aparentemente recompensados con la felicidad. La ironía, por supuesto, es que en la vida real esos mismos actores son tan desdichados como todos los demás; una triste realidad que mantiene el negocio de los tabloides de los supermercados.

Nuestras prioridades, pasiones, planes y búsquedas deben fundamentarse en nuestro amor por Jesucristo. Sólo en Él podemos encontrar verdadera satisfacción (cf. Mateo 11:28; Juan 7:37). En nuestro servicio a Él podemos acumular tesoros eternos (Mateo 6:20). Al agradarle y glorificarlo a Él cumplimos con el más grande propósito de la vida (cf. 2 Corintios 5:9). Él debe ser el objeto de nuestros afectos, ambiciones y esperanzas (cf. Romanos 14:7-8; Gálatas 2:20; Filipenses 1:20-21). Como exhortara el autor de Hebreos a sus lectores: «Por tanto, también nosotros, que estamos rodeados de una multitud tan grande de testigos, despojémonos del lastre que nos estorba, en especial del pecado que nos asedia, y corramos con perseverancia la carrera que tenemos por delante. Fijemos la mirada en Jesús, el iniciador y perfeccionador de nuestra fe, quien por el gozo que le esperaba, soportó la cruz, menospreciando la vergüenza que ella significaba, y ahora está sentado a la derecha del trono de Dios» (Hebreos 12:1-2).

El señorío de Cristo define una perspectiva apropiada

Las prioridades correctas y las pasiones piadosas provienen de una perspectiva apropiada; una actitud enfocada en lo celestial que entiende las realidades eternas e interpreta esta vida en un modo consecuente. Si este mundo fuera todo lo que existe, lo sabio sería acumular tesoros y buscar la felicidad en el aquí y el ahora. Pero esa no es la realidad. Este mundo *no* es todo lo que existe.

La realidad, como la revela la verdad de la Escritura, abarca mucho más que los placeres temporales, las prioridades y las búsquedas de este mundo. Dios es real; su Palabra es real; el cielo y el infierno son reales; el evangelio es real; Jesús es real; su muerte, su resurrección y su ascensión son todas reales, como lo es el hecho de que regresará pronto. La brevedad de esta vida es real; la certeza de la muerte es real; la promesa de la recompensa futura es real; y la amenaza de la destrucción eterna también lo es. Por el contrario, el mundo del entretenimiento no es real. De hecho, la mayoría del entretenimiento trata acerca de escapar de la realidad, no representa a esta con exactitud.

Como cristianos, nuestra visión del mundo debe basarse en la realidad, no en las creaciones imaginarias de Hollywood. La gente puede negar la realidad, y pueden distraerse con la fantasía, pero no pueden cambiar el hecho de que un día van a pararse delante de Dios (Hebreos 9:27). En ese momento, las riquezas, los placeres y los logros de este mundo no tendrán ninguna utilidad para ellos.

La parábola del rico insensato es un ejemplo notable de este tipo de miopía irreflexiva. Jesús cuenta la historia en Lucas 12:16-21:

El terreno de un hombre rico le produjo una buena cosecha. Así que se puso a pensar: «¿Qué voy a hacer? No tengo dónde almacenar mi cosecha.» Por fin dijo: «Ya sé lo que voy a hacer:

derribaré mis graneros y construiré otros más grandes, donde pueda almacenar todo mi grano y mis bienes. Y diré: Alma mía, ya tienes bastantes cosas buenas guardadas para muchos años. Descansa, come, bebe y goza de la vida.» Pero Dios le dijo: «¡Necio! Esta misma noche te van a reclamar la vida. ¿Y quién se quedará con lo que has acumulado?»

Así le sucede al que acumula riquezas para sí mismo, en vez de ser rico delante de Dios.

Las palabras de Jesús resuenan como una llamada de atención para los que profesan conocer a Dios y, sin embargo, viven como si Dios no fuera más real que cualquier película que hayan visto en el pasado. Para aquellos que se mantienen alerta en casos de alarma espiritual, es hora de despertar y centrarse en lo que realmente importa (cf. Romanos 13:11). Como cristianos, nuestra perspectiva debe ser eterna en su alcance. El entretenimiento, aunque agradable en el momento, no es eterno.

¿Es usted definido por Cristo o por la sociedad?

Películas, televisión, radio, videojuegos, MP3 y la Internet, estas y otras modalidades de los medios de comunicación masiva inundan nuestro mundo. En sí mismas, esas tecnologías no son inherentemente pecaminosas. La mayoría de las otras formas de ocio y recreación tampoco lo son. Es más, la diversión, la felicidad y el gozo son dones de Dios.

Sin embargo, antes de abrazar de todo corazón el entretenimiento impulsado por los medios de comunicación de nuestra cultura, debemos recordar que somos *cristianos,* no olvidemos eso. Nuestra identidad se define por medio de Jesucristo, no por la sociedad que nos rodea. Esa distinción se debe reflejar en todo lo que pensemos, digamos y hagamos. Vivimos en un mundo llevado por malvados deseos y entretenido por el pecado. Sin embargo, estamos llamados a caminar en santidad y en agradecimiento. Aunque estamos en este mundo, no somos de este mundo (Juan 17:14-16). Eso significa que no podemos ver cualquier película, reírnos de cada chiste de la televisión, descargar cada nuevo álbum, hacer clic en cada video en línea o visitar cada página de Internet. Asumir una posición por la justicia particularmente y con su familia no es ser legalista. Es ser cristiano.

2

Una pareja hecha en el cielo electrónico

El romance por Internet y el noviazgo que honra a Dios

Rick Holland

Siempre estaré agradecido de que no existían servicios de enamoramiento por Internet cuando conocí a mi esposa. La verdad es que ni logaritmos informáticos ni cálculos binarios nos habrían juntado alguna vez. ¿Compatibilidad? ¿Está bromeando? A ella le encantan los champiñones; yo los odio. Ella disfruta de las películas antiguas; a mí me gusta ver el fútbol universitario. Para ella, un fin de semana relajante es un buen hotel con servicio de habitación y piscina. Para mí es estar internado en el bosque cazando venados. Podría seguir y seguir, pero el punto es sencillo, nosotros teníamos muy pocos puntos de compatibilidad con excepción de nuestro amor común por Jesucristo y ministrar en su iglesia. Aunque éramos (y somos) tan incompatibles, nos amamos profundamente y respetamos nuestro matrimonio.

Como ni eHarmony ni ningún otro servicio cibernético de citas nos habría reunido a mi esposa y a mí, debo admitir mis dudas en cuanto a enamorarse por Internet. Aunque al mismo tiempo, no estoy completamente opuesto al concepto. Yo sé de por lo menos dos parejas de casados en nuestra iglesia que se conocieron a través de esa clase de servicios y son muy felices.

Como pastor de casi mil universitarios, el tema de las citas, el noviazgo y el matrimonio siempre están rondando mi mente. No digo que sea un experto en relaciones conyugales; sólo tengo experiencia observando cómo se desarrollan estas en una variedad de formas. La última tendencia es la de las citas electrónicas, conocidas como e-citas. Con un estimado conservador que indica que hay unos 50 millones de personas usando los servicios de citas en línea, esto es obviamente más que sólo una moda pasajera.

Tienes un e-mail

Encontrar romance por Internet no es algo nuevo. Pero el concepto alcanzó un estatus de cultura pop en la película de 1998 *Tienes un e-mail*, protagonizada por Tom Hanks y Meg Ryan. Aunque no se trata en sí de servicios de citas por Internet, la película idealizó el ciberespacio como el nuevo lugar de moda para enamorarse. Con un teclado, un *mouse* y una conexión de alta velocidad, usted podría tener un romance sin salir de su hogar. Pero el romance por Internet puede tener sus eventualidades complejas, como lo muestra la película. Con unas cuantas pasadas por el teclado usted puede crear una identidad muy diferente de la que tiene en el mundo real. Uno de los argumentos secundarios de la película tiene que ver con ese tema precisamente. ¿Somos más reales en persona o detrás de una pantalla de computadora? *Tienes un e-mail* sugería que la persona del computador es el auténtico yo. Cualquiera sea nuestra evaluación del mensaje global de la película, *Tienes un e-mail* hace surgir preguntas importantes acerca del romance en línea y su compatibilidad (valga el doble sentido) con la cosmovisión bíblica.

Una cuestión de compatibilidad

En el curso de armar este capítulo, vi un comercial en la televisión de eHarmony, el servicio de citas más popular de la Internet en la actualidad. Sonriendo a la cámara, un joven limpiamente vestido anunciaba de manera entusiasta: «eHarmony me va a encontrar una persona compatible». Una visita subsecuente a su sitio web confirmó lo que sospechaba: La compatibilidad es el santo grial de los servicios de enamoramiento de la Internet. Veamos a continuación lo que ellos dicen de sí mismos:

> En eHarmony, nuestro Sistema de Emparejamiento por Compatibilidad* patentado, reduce el campo de millones de candidatos a un grupo altamente selecto de solteros que son compatibles con usted. A diferencia de otros sitios en los que usted puede

colocar una foto, un texto y luego revisar los perfiles de otros usuarios, eHarmony hace la búsqueda de la pareja por usted basado en 29 Dimensiones™ de la personalidad que predicen —con base científica— una relación duradera exitosa.[1]

En otro lugar, el sitio web afirma que «eHarmony filtra con antelación cada pareja para asegurar la compatibilidad basado en las 29 Dimensiones™, que son cruciales para el éxito en una relación».[2] No deje de ver las palabras clave: «predicen —con base científica— una relación duradera exitosa». Los servicios de citas por Internet están compitiendo ferozmente por suscriptores voluntarios que puedan llegar a ser la pareja exitosa que otros buscan. Emplean esas historias y estadísticas exitosas como propaganda para atraer nuevos clientes. Y todos usan la «compatibilidad» como su imán relacional.

Empero, esto hace que surja una pregunta crucial: ¿Es la compatibilidad un fundamento bíblico legítimo para establecer relaciones? La Biblia tiene mucho que decir acerca de las relaciones y el matrimonio. Sin embargo, no dice nada acerca de la compatibilidad como criterio inicial o sustentador del matrimonio cristiano. Al mismo tiempo, tampoco dice que sea malo buscar a alguien que comparta las mismas «dimensiones de compatibilidad». El silencio de la Escritura en el tema lo hace un asunto pertinente a la sabiduría (cf. Romanos 14).

No obstante la Palabra de Dios *sí* habla acerca de parejas cristianas que se *complementan* uno al otro (Génesis 2:18). Para que una pareja se complemente entre sí debe haber diferencias que reconciliar, asuntos inconclusos que acabar e incompatibilidades que superar. En Efesios 5:22-33, el apóstol Pablo describe al matrimonio como algo que tiene una relación recíproca con el evangelio. La relación de Cristo con su novia, la Iglesia, debe ser el patrón para el matrimonio cristiano. Por tanto, los matrimonios cristianos deben servir como brújulas que apunten a la relación de Cristo con la iglesia. El hermoso misterio de la relación de Jesús con los pecadores es la enorme incompatibilidad que la cruz superó.

Las muchas diferencias que existen entre mi esposa y yo han sido suelo fértil para aprender a ser desprendidos y parecernos más a Cristo. Nuestras «incompatibilidades» nos han permitido servir y complementar al otro aplazando esos deseos, preferencias y necesidades discrepantes.

No es una simplificación excesiva decir que el hecho de que Dios hiciera al hombre varón y hembra era el enfoque creativo de Dios en cuanto a la compatibilidad conyugal. Esta compatibilidad se demostró en su diseño anatómico (Génesis 2:24), su composición constitucional (1 Pedro 3:1-7), y el placer que produce la unión heterosexual (Proverbios 18:22; 31:10; Eclesiastés 9:9; Cantar de Cantares 1:2). La compatibilidad bíblica tiene poco que ver con los intereses similares; más bien tiene que ver con la disimilitud de las funciones (Efesios 5:22-33; Tito 2:2-8).

Aun así, las parejas que desarrollan una relación en la que comparten intereses comunes tienen ventajas. La superposición de intereses ciertamente minimiza las fuentes de conflicto y provee puntos de gozo en común. Pero aun con esos puntos compatibles, todavía tienen que lidiar con el pecado en lo particular y con el del cónyuge. La compatibilidad no disminuye la necesidad de complementar al otro con una interacción santificadora.

Aun más, las parejas cristianas deben entender que su verdadera compatibilidad se encuentra en Cristo, no en los intereses compartidos, en las cosas similares que les gusten o no, ni en los rasgos comunes de la personalidad. Es el evangelio y su identidad en Cristo lo que en definitiva los hace compatibles. Dos personas pueden compartir muchos gustos similares, pero si no comparten la fe en Jesucristo, no son verdaderamente compatibles. Por otro lado, dos personas que aman a Cristo pueden también amarse el uno al otro, pese a sus diferencias.

Hasta dos cristianos que provienen de dos contextos teológicos ampliamente diferentes deben considerar el hecho de que la compatibilidad a nivel teológico es más importante que a nivel personal. Los creyentes con puntos de vista fuertemente diferentes en temas como las doctrinas de la gracia, los dones carismáticos, los roles de cada género o aun el bautismo, puede que no sean tan compatibles como su razón sugiere.

Una cuestión de realidad

Esto debería ser evidente, pero el mundo real de la vida cotidiana y el mundo virtual de Internet no siempre coinciden. Quizás esto se ve ilustrado con más claridad en los fraudes de los correos electrónicos que salpican nuestras bandejas de entrada. Los esquemas piramidales, las estafas fraudulentas y las falsas alarmas son algo común en el mundo electrónico, donde las cosas (en realidad) no siempre son lo que parecen ser (en la pantalla). Si un correo electrónico es un reenvío de un reenvío de otro reenvío, o si la «oferta gratis» requiere información personal, o si la recompensa es una suma de varios millones de dólares, lo más seguro es que usted esté siendo timado. Por supuesto, no todo correo electrónico es malintencionado. Pero el discernimiento (junto con un buen filtro de correo basura) es necesario para evitar confusiones y dolores de cabeza.

Lo mismo es cierto en el mundo del romance por Internet. Reportes recientes sugieren que hasta un noventa por ciento de las personas que participan en esos servicios de citas en línea mienten acerca de sí mismos tratando de hacerse lucir mejor ante las parejas potenciales.[3] Robert Epstein escribe: «Para los hombres, las mayores áreas de engaño son el nivel de educación, ingreso, altura, edad y estado civil; se cree que al menos el trece por ciento de los pretendientes masculinos en línea son casados. Para las mujeres, las mayores áreas de engaño son el peso, la apariencia física y la edad».[4] En otras palabras, lo que (o a quien) usted ve en línea puede no ser lo que va a encontrar en la vida real.

De acuerdo, no todo el que coloca su perfil en un sitio web de la Internet lo está haciendo con intenciones de engañar. Pero aun así, es parte de la naturaleza humana enfatizar nuestros mejores rasgos del carácter mientras minimizamos nuestras debilidades. Sin siquiera pensar en ello, la gente coloca naturalmente su mejor pie adelante con el fin de lucir tan atractiva como sea posible. Esto es especialmente fácil de hacer en línea, donde las personas saben que la manera en cómo respondan a ciertas preguntas afectará su «posibilidad de ser emparejados» con otros. Ellos fabrican lo que los sicólogos llaman un «yo ideal» que proyecta la mejor imagen. Un estudio halló que esas personas en realidad se arrepienten cuando dicen la verdad ya que están preocupados con la impresión que causen en otros. La gente pierde sus inhibiciones porque su anonimato fomenta su tendencia a crear fantasías y verdades a medias. Aun cuando la motivación no sea ser deshonesto, el perfil resultante todavía puede ser una representación (o distorsión) generalmente mejorada de la persona real.

Todo esto para decir que los cristianos que utilizan servicios de citas en línea deben hacerlo con una gran cantidad de discernimiento. Deben estar conscientes de que algunos «perfiles» en realidad pueden ser hechos por depredadores, y que incluso los prospectos genuinos tienden a exagerar sus cualidades positivas. Una vez más, esto no quiere decir que los servicios de citas en línea sean intrínsecamente malos o que los creyentes no puedan utilizarlos. Pero sí plantean algunos retos únicos, sobre todo cuando se trata de diferenciar lo que es real de lo que es una fachada.

Una nota importante, también en la categoría de la realidad, se debe mencionar aquí. Existe un peligro en cada relación romántica —lo cual quizá se acentúe en las citas por Internet— en cuanto a las expectativas poco realistas. Hollywood nos ha enseñado a ver el romance en términos de «felices para siempre», como el caballero impecable de brillante armadura y la doncella de belleza impecable cabalgando juntos hacia el atardecer. Pero el romance en la vida real implica a dos pecadores, cada uno con sus propias debilidades y flaquezas. Aunque las delicias de un matrimonio centrado en Cristo son profundas y abundantes, no se disfrutan sin un sacrificio propio y significativo ni sin trabajo duro.

Las citas, tanto en línea como las que se hacen en otra forma, están casi siempre orientadas hacia sí mismos. Los solteros se preguntan: *¿Qué quiero en mi futuro cónyuge?* Por el contrario, un matrimonio piadoso se orienta en los demás. Los cristianos deben preguntar: *¿Cómo puedo servir y mostrarle amor a mi cónyuge?* Reflejar esta clase de humildad desinteresada cuando se está pensando en una cita preparará a los creyentes solteros para un servicio fructífero en el matrimonio. Anticipar lo que la realidad de la vida matrimonial implica, como se describe en Efesios 5:22-33 y en otros lugares, les dará una perspectiva muy necesaria, al considerar sus búsquedas románticas.

Es asunto de rendir cuentas

Un argumento final acerca de los centros de citas para parejas en línea en cuanto a la cuestión de la rendición de cuentas. Cuando el romance florece en el contexto de la iglesia, o incluso del trabajo o la escuela, viene con un nivel integrado de rendición de cuentas o responsabilidad. Los pastores, los padres y los compañeros rápidamente se dan cuenta del «interés especial» que se está forjando entre dos personas. El tiempo que pasan juntos incluye actividades en grupo, salidas sociales y actividades ministeriales, circunstancias en las que otros cristianos pueden observar a la pareja y ofrecer consejo u opinión constructiva. La pareja entiende que están siendo observados y que las personas que se preocupan por sus almas también se impacientan por su creciente amistad. Como resultado, las decisiones precipitadas que pudieran conducir a la tristeza (cuando una relación se rompe) o a la aflicción (cuando no se conserva la pureza) se comparan con las consecuencias que proporciona una sensación de la responsabilidad colectiva.

Sin embargo, las citas para parejas en línea son esencialmente libres de responsabilidad. El tiempo en un computador casi siempre se pasa de forma aislada, por lo que es imposible para los pastores, padres o compañeros ver desarrollar la relación. Una sensación de anonimato le da al corazón un mayor sentido de libertad para expresar lo que no puede decirse en la vida real. Por otra parte, la persona en el otro extremo es un completo extraño, no sólo para el aspirante a pretendiente, sino también para sus amigos y sus familiares. No hay nadie que pueda dar fe de esa persona como una posible pareja adecuada, o para afirmar que la relación va bien, o para dar consejo informado si surgieran problemas en el camino. Esto pone a los solteros cristianos en un lugar mucho más difícil a medida que intentan perseguir el romance de una manera recta.

También hay que señalar que en el mundo real el romance a menudo comienza con una amistad, cuando dos personas se conocen hasta cierto punto antes de expresar su interés por el romance. Pero este no es el caso en las relaciones que se establecen mediante citas en línea. Desde el principio, el modo de pensar se orienta hacia el romance, es decir, no se proporciona la oportunidad para establecer una simple amistad primero. Si en cualquier momento el romance ya no parece viable, la amistad muere inmediatamente con él. El rompimiento es relativamente sin dolor (a menos que usted esté en el extremo receptor de las malas noticias), ya que a menudo no hay consecuencias del mundo real cuando se termina la relación. Las personas que se citan en línea también pueden verse tentados a buscar continuamente a «alguien mejor» o a entretener a varios prospectos al mismo tiempo. Pero ese tipo de prácticas, y la perspectiva que las alimenta, pueden desarrollar hábitos peligrosos si no se controla.

La rendición de cuentas que viene con las relaciones en el mundo real protege contra este tipo de tentaciones. Con suerte, ningún cristiano soltero intentaría salir con varias mujeres jóvenes en su iglesia al mismo tiempo. Ni arbitrariamente pondría fin a una relación romántica sin considerar las consecuencias o buscar primeramente el consejo de amigos y mentores.

Al final de cuentas, el soltero cristiano que está renovando su mente a través de las Escrituras y tratando de vivir de una manera que honre a Cristo por el poder del Espíritu sin duda puede navegar por las aguas electrónicas de las citas en línea con pureza e integridad. La conciencia informada por las Escrituras proporciona a los creyentes un mayor nivel de responsabilidad que cualquier otra cosa externa. Recordar la omnipresencia de Dios también sirve de mucho para contrarrestar el pensamiento pecaminoso (Proverbios 15:3). Al mismo tiempo, la sabiduría sugiere que el aislamiento y la tentación a menudo son como anillo al dedo (Proverbios 18:1). Ya sea que entren en el mundo de las citas en línea o no, aquellos que desean vivir rectamente buscarán la rendición de cuentas con otros creyentes.

Citarse o no citarse

Quise decir lo que dije al principio: No hay nada inherentemente pecaminoso en cuanto a las citas en línea. Estoy sinceramente feliz por mis amigos casados que se conocieron de esa manera. Sin embargo, existen algunos retos únicos que vienen con los servicios de citas por Internet. Por ejemplo, el fundamento de las relaciones en línea se encuentra en la compatibilidad, mientras que la base bíblica para el romance se centra en completarse el uno al otro en Cristo. Además, ser realista en cuanto a uno mismo y a las expectativas propias tiende a ser mucho más fácil en entornos del mundo real que en la Internet. Y hallar maneras de rendir cuentas acerca de cómo se está llevando a cabo la relación puede ser mucho más difícil cuando, al menos al principio, uno se encuentra aislado en un computador.

Temo que muchos cristianos hoy en día están pescando su amor en línea. Dada la opción de salir de compras en línea o en la iglesia local por un cónyuge, estoy convencido de que la iglesia es el mejor lugar para que germinen los matrimonios. Después de considerar las opciones, probablemente aconsejaría a la mayor parte de los estudiantes universitarios a quienes sirvo que no salten para ir en línea a crear un perfil.

Diez principios importantes

A continuación se muestra una breve descripción de los diez principios rectos para el romance.[5] Estos principios se desarrollaron en los últimos años, principalmente trabajando con estudiantes universitarios. No importa qué método para citarse o cortejarse se utilice, creo que estos diez principios pueden servir a los solteros que buscan glorificar a Dios a través de sus relaciones.

1. **El principio del carácter:** El principio del carácter se enfoca en *ser* la persona adecuada más que en *encontrar* a la persona adecuada. Dios da prioridad a la condición del corazón sobre lo externo (1 Samuel 16:7), y así debemos hacerlo nosotros. La evaluación de un posible cónyuge primero debe basarse en el carácter. Al mismo tiempo, tenemos que recordar que nosotros mismos debemos estar madurando en justicia a través de la Palabra, la oración y el discipulado espiritual (Tito 2:1-8). Una de las mejores maneras de prepararse para el matrimonio es aprender con un mentor de más edad, más sabio y más piadoso del mismo sexo.

2. **El principio de confirmación:** Este principio consiste en la disposición a someterse a sí mismo a la supervisión espiritual y al hecho de rendir cuentas ante alguien, todo lo cual Dios ha puesto en su vida. La aprobación de los padres (Efesios 6:1-2), la afirmación pastoral (Efesios 4:11-16), y la anuencia de los compañeros (Proverbios 15:22) son tres tipos de confirmación que se deben buscar a la hora de continuar una relación romántica con sabiduría.

3. **El principio del contentamiento:** El principio del contentamiento reconoce que el punto de partida para desarrollar una relación sincera con otra persona es la comunión más elevada: su relación con Dios. Si usted no está satisfecho en primer lugar, con Dios solo, nunca encontrará la felicidad duradera con ninguna otra persona (Salmos 63; 84:11; Filipenses 4:10-13).

4. **El principio de la afinidad común:** El creyente debe desarrollar una relación romántica sólo con otra persona cristiana (2 Corintios 6:14-18). Si casarse con un incrédulo está fuera de la voluntad de Dios, entonces hacer una cita con un incrédulo también debe estar prohibido. No se puede salir con alguien que está muerto espiritualmente y, al mismo tiempo, agradar a Cristo.

5. **El principio del cultivo:** Las relaciones necesitan cultivarse para que puedan crecer. Los creyentes pueden desarrollar relaciones en un escenario colectivo con otros creyentes. Los creyentes deben verse unos a otros como hermanos espirituales primero y segundo como opciones románticas. Es valioso que las parejas pasen tiempo solos, pero debe hacerse en un lugar público para reducir al mínimo la tentación.

6. **El principio complementario:** Los hombres y las mujeres tienen funciones diferentes que Dios les dio con el fin de complementarse entre sí (Génesis 1—3, Efesios 5:21-33). «La esencia de la masculinidad madura se caracteriza por un compasivo sentido de responsabilidad en cuanto a dirigir, proveer y proteger a las mujeres en maneras cónsonas con la forma en que el hombre se relaciona... La esencia de la verdadera femineidad se caracteriza por una innata disposición para afirmar, recibir y nutrir la fortaleza y el liderazgo de los hombres valiosos en formas acordes con el modo en que la mujer se relaciona».[6] Considerando esto, los hombres deberían ser los que inicien la relación. Sin embargo, las citas por Internet potencialmente ponen a la mujer en esa posición.

7. **El principio del compañerismo:** Dios instituyó el matrimonio para que la humanidad pudiera glorificar al Creador a través del compañerismo intencionado. El matrimonio fue creado para que marido y mujer juntos, como un equipo de dos en uno, sirvieran, reflejaran y honraran a Dios. Asegúrese de llegar a conocer a la otra persona antes de decidir que él o ella es «la persona para usted». Trate de observarlo a él o a ella en tantos entornos como sea posible.

8. **El principio del compromiso:** Este principio pone de relieve que el verdadero amor, bíblicamente definido, implica sacrificio propio y compromiso. El amor cristiano imita al amor de Dios por nosotros, que es un compromiso incondicional con personas imperfectas. Al buscar un romance, hay que tener mucho cuidado para distinguir las mariposas y los sentimientos del amor y el compromiso genuinos. El amor es un compromiso que culmina en el matrimonio. Demasiadas veces confundimos las emociones con amor.

9. **El principio de la comunicación:** Las relaciones exitosas requieren modalidades bíblicas de comunicación. La comunicación bíblica incluye la comunicación verbal, franca, con regularidad y con un propósito (Efesios 4:25-29). La clave para el éxito de la comunicación es la humildad. Aquellos que desean ser mejores comunicadores y oyentes deben enfocar su comunicación y su atención en la otra persona.

10. **El principio de la castidad:** Una pregunta frecuente en las relaciones cristianas es: ¿Hasta dónde podemos ir en lo físico? Esta interrogación en realidad está preguntando: ¿Qué tan cerca podemos llegar a la línea sin cruzar al lado del pecado? Por el contrario, el principio de la castidad pregunta: ¿Cuán puro y santo puedo ser? El sexo es el regalo de boda de Dios, y ¡Él no quiere que lo abran temprano! Evite el comportamiento del que se arrepentiría si un día su relación se rompiera. El enfoque más seguro es tratar a la persona con la que está saliendo como si él o ella pudiera llegar a ser cónyuge de otra persona (cf. 1 Tesalonicenses 4:3-7).

3

El encuentro de la realidad virtual con la vida real

Los videojuegos y la cosmovisión bíblica

Austin Duncan

E ste capítulo es clasificado T (para todo el mundo). En cualquier caso, parece que todo el mundo usa videojuegos en la actualidad. Lo que solía ser el dominio digital de unos cuantos adolescentes que se recluían en el sótano de la casa de sus padres es ahora un fenómeno global. Una encuesta nacional llevada a cabo por el Pew Internet & American Life Project [cuerpo de expertos independientes que informa al público sobre las cuestiones, actitudes y tendencias que perfilan a Estados Unidos y al mundo] expone cómo los videojuegos han alcanzado la omnipresencia entre la juventud. En una encuesta de 2008, el 97 *por ciento* de los jóvenes encuestados dijeron que usaban videojuegos. Eso es 99 por ciento de los varones y 94 por ciento de las chicas, sin diferencias significativas entre diversos grupos étnicos y niveles de ingresos. De hecho, el 7 por ciento de los encuestados dijeron que ni siquiera tenían una computadora en casa, aunque contaban con una consola de juegos (como PlayStation, Xbox o Wii).[1]

Los videojuegos han crecido

Aunque los videojuegos todavía están arraigados en la cultura juvenil, ya no es algo de su dominio exclusivo. A medida que cada generación de jugadores crece, los videojuegos se convierten cada vez más en un pasatiempo para adultos, por lo que ya no es el sello distintivo de la adolescencia. De acuerdo a un informe de 2008, realizado por NPD Group —empresa investigadora del mercado global—, el 63 por ciento de la actual población estadounidense usa videojuegos. El jugador promedio tiene 35 años y ha estado jugando durante 13 años. Esta estadística crece en la misma medida en que los jugadores se hacen mayores, los videojuegos se convierten en una actividad más usual —en centros para personas mayores—, y en la misma medida en que la comercialización de los juegos se enfoca en un público adulto.[2]

Ellos juegan bastante

Cuando Pew hizo su encuesta, la mitad de los encuestados dijeron que habían usado un videojuego el día anterior. Según Forbes.com, «Un estudio británico encuestó a 7.000 "jugadores" y encontró que el 12 por ciento de ellos reunía los criterios de la Organización Mundial de la Salud en cuanto a conductas adictivas».[3] De acuerdo a Nielsen, que recientemente comenzó a monitorear el uso de los videojuegos en los hogares de la misma manera que ha observado las audiencias televisivas desde hace años, el juego más popular en 2007 fue el Massive Multiplayer Online Role Playing Game (MMORPG) [videojuego de rol multijugador masivos en línea, son videojuegos de rol que permiten a miles de jugadores introducirse en un mundo virtual de forma simultánea a través de internet e interactuar entre ellos], de World of Warcraft. Fue usado por el jugador promedio durante 1023 minutos por semana.[4] Eso es más de 17 horas a la semana o el equivalente a un trabajo a tiempo parcial.

Mario coleccionaba monedas, la industria también lo hace

El juego ha pasado de ser un pasatiempo de una minoría infantil a ser la principal modalidad de entretenimiento y de comunicación masiva. La industria en sí misma se ha convertido en un gigante económico masivo y formidable. La empresa PricewaterhouseCoopers espera que el mercado de los videojuegos alcance un valor de unos 55.6 mil millones de dólares en 2008, un aumento sustancial de $22.3 mil millones, lo que valía en 2003. El alcance económico de los desarrolladores de juegos se refleja en los sorprendentes avances tan estimulados de manera visual y tecnológicamente impresionantes, que su realismo casi rivaliza con el de las películas. Las ventas preliminares de Halo 3 (preferencia número uno de los adolescentes en la Navidad de 2007, de acuerdo a la cadena de tiendas Game Crazy) fueron superiores a un millón de unidades. El día que el juego salió a la venta, la compañía que lo produjo hizo 170 millones de dólares.

La Palabra de Dios y el mundo de los videojuegos

Este capítulo no condena al entretenimiento electrónico en general. Los videojuegos no se descalifican automáticamente como pasatiempos legítimos sólo porque sean divertidos. Divertirse no intrínsecamente pecaminoso. Y la culpa que se les da a los videojuegos por los males de nuestro mundo —desde la obesidad infantil a la mala visión y hasta a las pobres habilidades sociales— ha sido, al menos en algunos casos, exagerada.

No obstante, la asombrosa popularidad de los videojuegos justifica una evaluación bíblica del papel que juegan en las vidas de quienes los juegan. Cada cristiano debe tratar de pensar bíblicamente en cuanto a cada aspecto de su vida, con el deseo de honrar a Cristo en todas las formas de trabajo y de juego (incluidos los videojuegos). Los padres, en particular, tienen que pastorear a sus hijos en esa área; ya que los hábitos forjados en los años de la niñez y la adolescencia pueden ser difíciles de romper más tarde en la vida.

Una cosmovisión bíblica sobre el juego

La cosmovisión bíblica requiere que se aplique sabiduría al tema de los videojuegos en lo que respecta a la madurez, la realidad, la eternidad y la pureza.

Madurez

¡El tipo que está en la fila en GameStop tiene 37años!

«No dejamos de jugar porque envejezcamos, nos ponemos viejos porque dejamos de jugar». La frase de George Bernard Shaw citada con frecuencia es una de las favoritas de los que pierden el tiempo y de los jugadores, y sería lógica si envejecer fuese algo malo. En nuestra cultura, se aprecia mucho a la juventud y se elogia la estupidez. Pero no es así desde una perspectiva bíblica, en la que la vejez, la madurez y la sabiduría son veneradas (1 Corintios 14:20; Efesios 4:13; Hebreos 5:14). Los adultos que pasan todo su tiempo jugando no se mantienen jóvenes, permanecen inmaduros.

Muchos autores, tanto cristianos como seculares, han comentado sobre el fenómeno moderno de la adolescencia prolongada. El Dr. Leonard Sax, en su libro *Niños a la deriva*, comenta:

La proporción de hombres jóvenes (de dieciocho a treinta y cinco años) que viven en casa con sus padres o familiares ha aumentado espectacularmente en los [últimos] treinta años. Esa proporción se ha casi duplicado, mientras que la proporción de mujeres jóvenes en el mismo grupo de edad que viven con padres o familiares ha permanecido constante. Las mujeres y los hombres jóvenes de ahora siguen diferentes guiones de vida. Las jóvenes están consiguiendo empleos, estableciéndose en los lugares de trabajo, luego (en muchos casos) pensando en tener hijos. Sin embargo, un número creciente de hombres jóvenes simplemente no están en la misma página.[5]

En parte debido a los videojuegos (uno de los factores que el Dr. Sax considera en su libro), los hombres jóvenes —en particular— se aferran a la adolescencia mucho más allá de ese periodo.

Como resultado, muchos hombres jóvenes huyen de las responsabilidades del adulto, retrasan el matrimonio (pero no necesariamente la intimidad sexual) y mantienen una madurez a nivel de secundaria hasta bien entrados los veintitantos años. Como si fueran un Peter Pan de la vida real, simplemente no quieren crecer. Su mentalidad despreocupada lleva consigo más que un desdén por las canas; se caracteriza por un rechazo temerario a la sabiduría, una comprensión atrofiada de la belleza, y un encaprichamiento juvenil con la diversión y las búsquedas egoístas. En algún momento las responsabilidades que trae el ser adulto deben hacer imposible la devoción a los videojuegos. Los hombres jóvenes necesitan considerar que sus días de juego tienen que finalizar, mientras van abrazando responsabilidades como iniciar sus carreras, casarse y formar una familia (cf. 1 Corintios 16:13).

La madurez bíblica implica crecer en la semejanza de Cristo, en sabiduría, en convicción, en servicio, en autocontrol, en fidelidad y en abrazar la responsabilidad. Los hombres jóvenes de hoy saben mucho acerca de los juegos como *Halo 3* y *World of Warcraft*, pero poco de integridad, teología, trabajo duro y cómo conseguir una esposa de una manera que honre a Dios. Han jugado roles virtuales de héroes, pero en sí no tienen conocimiento del verdadero sacrificio, el honor ni el valor. Han viajado a mundos digitales en naves espaciales imaginarias; sin embargo, muchos todavía no se han mudado de casa (cf. Génesis 2:24). Son lo suficientemente disciplinados para jugar todo el tiempo que se necesite a fin de alcanzar el siguiente nivel; sin embargo, carecen de esa disciplina en las otras áreas de su vida. En cierta manera, no es muy fácil convertir ocho horas de juego continuo en ocho horas de jornada laboral.

El autocontrol y la autodisciplina son aspectos clave de la madurez espiritual (cf. 1 Timoteo 3:2). Aun cuando a veces el juego puede ser una distracción perfectamente legítima, la adicción a los videojuegos es en general un reflejo de los patrones de conducta pecaminosos (pereza, egoísmo, falta de disciplina, etc.). Como advirtiera Pedro a sus lectores: «cada uno es esclavo de aquello que lo ha dominado» (2 Pedro 2:19). Y como explicara Pablo a los corintios: «Todo me está permitido», pero no todo es para mi bien. «Todo me está permitido», pero no dejaré que nada me domine» (1 Corintios 6:12). El cristiano inmaduro tiene que aprender a autocontrolarse, un rasgo del carácter que viene de ser dirigido por el Espíritu a medida que el alma se va llenando de la Palabra de Cristo (Gálatas 5:23; Efesios 5:18; Colosenses 3:16). Por otro lado, la falta de disciplina en un área de la vida que ha sido dejada sin control, inevitablemente se extenderá para infectar a las demás.

Realidad

¿Por qué enfrentar la realidad cuando usted puede tener al instante todo lo que siempre ha querido —incluyendo la aventura, el dinero, el romance, el poder, la propiedad, la popularidad, el encanto y la intriga— en el quimérico mundo virtual que usted mismo elige?

Bueno, para empezar, eso no es real. Los jugadores expertos pueden desilusionarse al oír esto, pero no hay una alianza galáctica; no hay planetas en forma de anillo que albergan a los enemigos extranjeros; y no hay enanos, trolls ni duendes vagando por el bosque. Su personaje de videojuego no es usted realmente. *Usted* no es un soldado del futuro, ni un superespía internacional, ni un inmigrante ladrón de autos, ni un jefe mafioso, ni una estrella de rock con su guitarra ni incluso un astro deportivo. No, *usted* es un cristiano, llamado por Dios para hacer de su vida algo muy diferente de lo que se hace en un fantasioso mundo digital. Y si los videojuegos interfieren cada vez más en su capacidad para atender las prioridades y las responsabilidades de la vida, usted necesita hacer algunos cambios drásticos.

Un artículo reciente de Yahoo! Games cuenta la triste historia de un matrimonio que terminó a causa de la adicción del marido a *World of Warcraft*. «Él llegaba a casa del trabajo a las 6:00, a las 6:30 empezaba a jugar y permanecía jugando hasta las 3 de la madrugada. Los fines de semana empeoraba, empezaba en la mañana y pasaba todo el día jugando hasta la medianoche», dijo su esposa en una entrevista. «Consumía todo el tiempo que pasábamos juntos. Tanto que dejé de existir en su vida».[6] Según el artículo, el marido había estado descuidando sus responsabilidades normales, como por ejemplo, el pago de las facturas y hacer su parte de los oficios del hogar. En una ocasión, ni siquiera pudo tomar un descanso de 30 minutos para pasar un rato con su esposa. Sintiéndose abandonada, la mujer está llevando a cabo un divorcio. La razón: adicción a los videojuegos. «Yo soy real», dice ella, dirigiendo sus palabras a su marido, «y tú me estás abandonando por una tierra de fantasía. Estás destruyendo tu vida, tu matrimonio de seis años, y lo estás abandonando todo por algo que ni siquiera es real».[7]

El descuido de la propia familia por un mundo de fantasía no es sensato; al contrario, es autoindulgente y pecaminoso. Pero al parecer, eso no ha detenido a muchas personas. *World of Warcraft*, por ejemplo, cuenta con más de diez millones de jugadores en línea.

Al simular la vida real, muchos juegos ofrecen a los jugadores el control de un avatar (un personaje o personalidad en línea que representa al jugador humano en un mundo virtual). El avatar está bajo el control total del jugador y puede reflejar con precisión o no el verdadero físico, la edad, el género, la raza, la ideología, el peinado y mucho más del jugador. Juegos como *The Sims* y *Second Life* se han vuelto cada vez más personales ya que los jugadores pasan horas persiguiendo vidas imaginarias representadas a través de sus avatares, controlando los movimientos virtuales, las decisiones, las relaciones, las finanzas y el futuro de sus creaciones electrónicas. Pero, ¿cómo encaja la autoindulgencia tan franca con la preocupación por lo personal en una cosmovisión bíblica? No muy bien. La esencia del cristianismo tiene que ver con amar a Dios (Marcos 12:30), y amar a los demás (Marcos 12:31), mientras que se niega a sí mismo y a las búsquedas egoístas (Marcos 8:34). Cuando pasamos largos ratos sirviéndonos a nosotros mismos y disfrutando de nuestros deseos imaginarios, no sólo cultivamos un espíritu hedónico y egoísta dentro de nosotros mismos (creando un mayor apetito por nuestro propio entretenimiento), sino que al mismo tiempo descuidamos las oportunidades de buscar activamente a Cristo y servir otros (cf. Filipenses 2:1-4).

Además, ponemos en peligro el entendimiento cabal de nuestra propia identidad, la que debe basarse en la realidad. Christine Rosen, autor de *Playgrounds of the Self* [Campos de juego del yo], hace esta observación perspicaz: «Hemos creado videojuegos, los nuevos campos de juego del yo. Y aun cuando nos preocupamos, con razón, por tener la identidad que otros nos robaron, ignoramos la gran ironía de nuestro propio y masivo robo de identidad, nuestras propias formas altamente tecnológicas de inventar y reinventar el ser proteico, en el que el límite entre la realidad y la realidad virtual, en última instancia, se erosiona y desaparece».[8] Para los cristianos, la situación se vuelve aun peor cuando las líneas entre la fantasía y la realidad comienzan a hacerse borrosas. Esta vida no es un juego, ni lo es la vida futura. La realidad del futuro juicio de Dios no es cosa de ciencia ficción ni un juego electrónico de roles. No obstante, aquellos que persisten en llenar sus mentes con las cosas del mundo virtual pueden, en ciertos aspectos de su modo de pensar, tener dificultades para distinguir entre la realidad virtual y la realidad. Si un videojuego puede opacar nuestros sentidos espirituales o desviar nuestra atención de Cristo (Hebreos 12:1-3), es mejor dejar de jugar con él.

Cristo es real y lo mismo es su evangelio. Las oportunidades para ministrar son abundantes. Sin embargo, muchos cristianos están perdiendo valiosas horas absortos en lo que equivale a un sustituto barato de la realidad. Puede que sean capaces de burlar a los dragones electrónicos y salvar a las damiselas digitales, pero al mismo tiempo sus amigos y sus vecinos no salvos permanecen atrapados en las garras del maligno. Como nuevas creaciones (2 Corintios 5:17), los creyentes deben vivir la abrumadora realidad de la muerte y resurrección de Jesucristo. Hemos sido resucitados con Cristo (Colosenses 3:1) y Él vive en nosotros (Colosenses 1:27). Por lo tanto, Él es la base de nuestra propia identidad (Gálatas 2:20).

Eternidad

Todos los juegos consumen tiempo, desde los más complejos hasta el de barajas electrónicas —solitario— de su teléfono celular. Mucho de lo que se puede decir de los videojuegos en este sentido también se podría aplicar a otros aspectos del entretenimiento electrónico; tales como blogs, ver televisión y navegar por la Internet. Cuando se dedican grandes cantidades de tiempo cada día a tales entretenimientos significa que, de hecho, se está desperdiciando una gran parte de la vida. En cuanto a la televisión en particular, John Piper afirma lo siguiente: «Nadie va a querer decirle al Señor del universo —cinco minutos después de morir—: "Pasé todas las noches jugando videos y viendo televisión decente con mi familia porque los amaba mucho"... La televisión es uno de los mayores desperdicios de la era moderna».[9] Lo mismo podría decirse con facilidad de los videojuegos.

Debido a su complejidad computarizada, los videojuegos de hoy a menudo requieren días para dominarlos y semanas para derrotarlos. Un juego que cuesta sólo 40 o 50 dólares en realidad puede costar cientos de horas de tiempo perdido. En muchos juegos, el carácter del jugador se desarrolla a medida que avanza a través de la trama virtual volviéndose más hábil y mejor equipado. Sin embargo, desde el punto de vista del mundo real, los jugadores en sí no ganan más que el síndrome del túnel carpiano y un conocimiento —por lo demás inútil— sobre armamento de ficción.

El tiempo usado en ese tipo de actividades se ha perdido para siempre y no se puede volver a utilizar para las cosas que valen. Horas que podrían ser dedicadas para trabajar, orar, leer, servir, confraternizar, evangelizar o simplemente pensar se gastan en cambio en movimientos que no tienen valor duradero. La Palabra de Dios nos enseña que el tiempo es oro (Salmos 90:12; cf. 39:4-5). Usarlo sabiamente es una cuestión de buena mayordomía. No hay que olvidar que nuestras vidas no nos pertenecen; pertenecemos a Cristo (1 Corintios 6:20). Cuando perdemos el tiempo constantemente, unas pocas horas cada día, desperdiciamos la vida misma que hemos dedicado a Cristo. Uno de los temas centrales del libro de Efesios es el «andar» del creyente. El apóstol Pablo usa «andar» como una metáfora para representar la vida. Los creyentes deben andar en buenas obras (Efesios 2:10, RVR1960), en el amor (5:1-5), en la santidad (5:6-13), y de una manera coherente con su vocación (4:1-16). También deben andar de una manera que es útil y conveniente. Pablo escribió: «Mirad, pues, con diligencia cómo andéis, no como necios sino como sabios, aprovechando bien el tiempo, porque los días son malos. Por tanto, no seáis insensatos, sino entendidos de cuál sea la voluntad del Señor» (Efesios 5:15-17, RVR1960). El punto de Pablo aquí no es estrictamente sobre la gestión del tiempo (en términos de una mejor programación), sino la gestión de la vida (en términos de sacar el máximo provecho de cada oportunidad para honrar, servir y adorar a Dios). El que anda en sabiduría verá su tiempo limitado en esta vida a la luz de la eternidad, aprovechando todas las oportunidades para dar gloria a Dios.

Pureza

Muchos de los videojuegos más populares están clasificados M, es decir, para personas maduras. Algunos incluso son AO (para adultos solamente). Sin embargo, a pesar de las advertencias, una encuesta reciente encontró que la mitad de los adolescentes indicaron un juego clasificado M como uno de sus favoritos.[10]

Los videojuegos, como las películas, reciben esas clasificaciones, ya que contienen elementos que se consideran objetables e inapropiados para niños. A menudo, esos juegos también son inapropiados para los cristianos. Debería ser obvio, pero los juegos (no importa qué populares sean) que glorifican la violencia, denigran el valor de la vida humana, promueven la codicia, recompensan el engaño, contienen lenguaje profano o coquetean con la inmoralidad sexual deben ser evitados por los creyentes (Proverbios 6:17; Efesios 5:3; 1 Timoteo 4:12). Nuestro entretenimiento debe honrar al Señor y reflejar su carácter. Nuestras diversiones no deben reforzar valores que sean diametralmente opuestos a la forma en que debemos pensar (Filipenses 4:8) y a lo que debemos hacer (Marcos 12:30-31; 1 Corintios 10:31). A modo de ilustración, consideremos el juego que salió recientemente, *Grand Theft Auto IV*. Desde el punto de vista comercial, el juego fue un gran éxito. Rompió récords vendiendo más de tres millones y medio de unidades el día en que apareció en el mercado, y ganando más de 500 millones de dólares en su primera semana en el mercado. Según los estudios, la serie *Grand Theft Auto IV* es el videojuego más popular entre los niños de 12 a 14 años.

El juego en sí tiene está clasificado M, por Maduro, lo que significa que se supone que debe ser vendido sólo a los clientes mayores de 17 años de edad. Su etiqueta advierte a sus compradores en cuanto a «sangre», «violencia intensa», «lenguaje fuerte», «uso de drogas y alcohol», «fuerte contenido sexual» y «desnudos parciales». La historia del juego no es mucho mejor. Los jugadores ganan puntos a medida que asesinan, roban, engañan, codician y solicitar favores sexuales, a la vez que evaden que los atrapen. Para empeorar las cosas, los gráficos muy detallados hacen toda la experiencia más real. De acuerdo con el corresponsal Stephen Totilo de Noticias MTV:

> [Los creadores han] tratado de hacer que *Grand Theft Auto IV* no se sienta como un videojuego. Disparar a un policía, a un criminal o a un civil hará que caigan con una física convincente. Las personas a quienes se les dispara lucen heridas. Los coches se conducen de manera más real y de un modo inconfundible, dependiendo del tipo, haciendo que su conducción se sienta más fiel a la realidad. La física mejorada y la animación hacen que el juego se sienta más real, las acciones del jugador más cargadas de consecuencias… ¿Sigue siendo «sólo» un juego? Eso depende de su perspectiva y de cuáles sean sus esperanzas con respecto al modo en que algo como esto podría afectar a quienes lo practican.[11]

Incluso uno de los creadores del juego, Lazlo Jones, dijo al Washington Post: «Si usted deja que su hijo use este juego, usted es un mal padre».[12]

Contraste esa descripción del contenido del juego con las palabras de Pablo en Efesios 5, donde se les dice a los creyentes que eviten las diversiones pecaminosas del mundo:

Pero fornicación y toda inmundicia, o avaricia, ni aun se nombre entre vosotros, como conviene a santos; ni palabras deshonestas, ni necedades, ni truhanerías, que no convienen, sino antes bien acciones de gracias. Porque sabéis esto, que ningún fornicario, o inmundo, o avaro, que es idólatra, tiene herencia en el reino de Cristo y de Dios. Nadie os engañe con palabras vanas, porque por estas cosas viene la ira de Dios sobre los hijos de desobediencia. No seáis, pues, partícipes con ellos. Porque en otro tiempo erais tinieblas, mas ahora sois luz en el Señor; andad como hijos de luz (5:3-8, RVR1960).

Es difícil ver cómo cualquier cristiano podría disfrutar un juego como *Grand Theft Auto*, y al mismo tiempo no violar la esencia de estos (y una cantidad de otros) versículos. Si no vamos a hacer ninguna provisión para los deseos de la carne (Romanos 13:14), debemos tener cuidado con las tentaciones a las que nos exponemos en nombre del entretenimiento.

La pureza debe ser una prioridad en todos los aspectos de la vida de un cristiano, incluyendo los videojuegos. Si el uso de un juego viola cualquiera de los principios bíblicos o la conciencia del creyente, es pecado. Simplemente no hay otra manera de decirlo. Como dijo Pablo a los filipenses:

Por lo demás, hermanos, todo lo que es verdadero, todo lo honesto, todo lo justo, todo lo puro, todo lo amable, todo lo que es de buen nombre; si hay virtud alguna, si algo digno de alabanza, en esto pensad (4:8, RVR1960).

Pulse la tecla «Escape» para abandonar

¿Convertirán los videojuegos su cerebro en harina de avena y desatarán una violencia incalculable en el público, como lo afirman algunas personas? Es probable que no. ¿Requieren los videojuegos una enorme cantidad de discernimiento por parte de los pastores, los padres y los jugadores? Absolutamente. Según todos los indicios, la obsesión por los videojuegos ha asaltado la cultura estadounidense por sorpresa. Por un lado, hay muchos juegos de video que son perfectamente apropiados para que los disfruten los cristianos, siendo a la vez divertidos y no objetables. Cuando se juegan con moderación, no suponen una amenaza importante espiritual para nadie. Por otro lado, un número creciente de juegos *sí* representan un riesgo considerable para los creyentes. Su representación del pecado se ha vuelto más explícita a medida que la calidad gráfica ha mejorado, y su proclividad a producir adicción y a esclavizar también ha aumentado a medida que el juego se ha perfeccionado y las tramas se han hecho más complejas. El pensamiento del cristiano acerca de este tema debe estar sometido al consejo de la Escritura. Los principios bíblicos deben regir el entretenimiento del creyente.

Estos principios incluyen un llamado a la madurez espiritual, una sensibilidad a la realidad, una conciencia de la eternidad y un compromiso con la pureza particular. Los pastores y los padres, los niños y los adolescentes, los jugadores y los no jugadores deben permitir que las prioridades bíblicas gobiernen sus opciones de entretenimiento. El hacerlo, puede implicar apagar la consola de juegos. Sin embargo, hacer eso significará más tiempo para encontrar la verdadera vida y el gozo en algo (o más bien, Alguien) mucho más grande que cualquier cosa que los videojuegos jamás puedan ofrecer, a saber, Dios mismo.

4

SE REQUIERE LA ORIENTACIÓN DE LOS PADRES

Elija con sabiduría los medios de comunicación para usted y su familia

KURT GEBHARDS

Nadie discutiría que nuestra cultura está saturada por los medios de comunicación. Y pocos no estarían de acuerdo con que, como cristianos, debemos usar los medios en forma moderada. Pero, ¿cómo pueden los creyentes elegir los medios —tanto para ellos como para sus familias— con sabiduría? Es una pregunta que la mayoría de nosotros enfrentamos cada día.

La cultura occidental está inundada por un océano de medios comunicacionales electrónicos. Salas de cine, televisiones, videojuegos, laptops, teléfonos celulares o móviles, mensajería de texto, descarga de música, correos electrónicos, podcasts y blogs, todo ello nos bombardea con un flujo constante de estimulación audiovisual. Cada día los medios nos inundan con más de lo que podemos procesar, mucho de lo cual —desde los dramas en el cable hasta los cintillos publicitarios en línea—, es definitivamente impío, representando al pecado como agradable y sin consecuencia.

Cuando uno se detiene a meditar en ello tiene que concluir que, el rápido crecimiento y la implacable capacidad de penetración de los medios de comunicación, son bastante alarmantes. Ya no necesitamos salir de nuestros hogares para exponernos al pecado y a la tentación cualquiera sea su tipo. Encender el televisor o entrar a la Internet puede ser una tarea espiritualmente peligrosa. Sin embargo, a la mayoría de los cristianos no parece preocuparles tal situación.

Deberían preocuparse.

Como aquellos que han sido llamados a andar en santidad y pureza, los creyentes necesitan tener cuidado de proteger la pureza de sus mentes. Padres y madres, ustedes especialmente, tienen una responsabilidad de salvaguardar a sus hijos. En una cultura en la que los padres se destacan por desinfectarles las manitas a los chicos, vendarles las pequeñas cortadas y vacunar sus pequeños sistemas inmunológicos, no podemos descuidar el bienestar espiritual de sus pequeños ojos, oídos y corazones.

Así que, ¿cuáles son las seguras instrucciones de Dios para revocar el aplastamiento por parte del entretenimiento? ¿Cómo podemos nosotros, con la ayuda de Dios, proteger a nuestros hijos de las influencias malignas del mundo? Necesitamos ir a las Escrituras para que nos ayude a tomar decisiones sabias, tanto para nosotros como para nuestras familias. El reto de este capítulo es doble: (1) identificar los principios escriturales que deben caracterizar la escogencia de los medios de comunicación, y (2) ayudar a los padres en el pastoreo de sus familias en una sociedad enloquecida por los medios de comunicación.

Principios bíblicos que rigen la escogencia de los medios de comunicación

Los medios son una influencia poderosa en nuestro mundo y en nuestras vidas. Pero no son más poderosos que el Espíritu de Dios, que habita en los creyentes. Al llenar nuestras mentes con la Palabra de Dios (la cual es la espada del Espíritu) y descansar en su fortaleza, podemos hacer elecciones piadosas que neutralizarán la amenaza que los medios significan para nosotros y para nuestras familias. Aunque la Biblia no menciona específicamente medios de comunicación electrónicos, nos proporciona los principios que necesitamos para hacer elecciones correctas. Vamos a considerar tres puntos principales de las Escrituras.

1. Evite cuidadosamente las tentaciones que dominen sus áreas débiles

Algunas veces necesitamos que se nos recuerde que somos criaturas débiles, frágiles. Incluso como cristianos nuestros corazones están propensos a apartarse de Dios (Isaías 53:6), y podemos ser tentados en muchas maneras (Santiago 1:13-16). Si uno de los campeones de nuestra fe, el gran apóstol Pablo, luchaba con el pecado que moraba en su interior, nosotros también somos ciertamente vulnerables (Romanos 7:15,24). La Escritura dice muy claro que somos tentados con facilidad y que somos vulnerables espiritualmente (1 Pedro 2:11). Dios nos advierte repetidas veces en su Palabra con respecto a la inmoralidad. Santiago 1:27 (RVR1960) dice que la religión pura incluye «guardarse sin mancha del mundo». También estamos llamados a guardar distancia de la influencia del mundo (1 Juan 2:15-17). Hacer caso omiso a las advertencias de Dios es colocarnos neciamente en peligro.

Con esas realidades en nuestro pensamiento, debemos en consecuencia tener cuidado de vigilar a nuestros corazones «sobre toda cosa guardada» (Proverbios 4:23, RVR1960). Somos nuestro peor enemigo y es el enemigo interno (los deseos pecaminosos de la carne) el que debe ser conquistado (Jeremías 17:9). Aunque Satanás puede tentarnos, usando los placeres del mundo que nos rodean como carnada, en última instancia, son nuestros propios deseos pecaminosos los que nos hacen pecar (Santiago 1:14). Puesto que se libra una batalla en el corazón no podemos hacer provisión para la carne (Romanos 14:13), sino más bien «sembrar semillas» para el Espíritu (Gálatas 6:8, RVR1960). Si sembramos semillas de santidad, cosecharemos justicia como consecuencia. Y viceversa.

Las tentaciones son astutas y a menudo tan sutiles que puede ser difícil discernir la moralidad de la inmoralidad. No debemos adoptar el punto de vista pecaminoso de Hollywood como nuestro. Hay un marcado contraste entre la representación bíblica del pecado y la de los medios de comunicación. Considere los pecados de adulterio, brujería, homosexualidad, mentira, robo, engaño y difamación. En la Escritura, las consecuencias de participar en ellos son: el dolor, el pesar, el remordimiento, el dolor, la dificultad y la disciplina. Los incrédulos sufrirán, en última instancia, la muerte eterna en el infierno (1 Corintios 6:9-11).

Sin embargo, en los medios de comunicación esos mismos pecados suelen ser glorificados y aprobados como diversión satisfactoria y plena. Las consecuencias negativas del pecado son raramente representadas. Las películas populares, los espectáculos, los sitios y las canciones nos alimentan con la tentadora mentira de que el pecado conduce a la felicidad y tiene pocas o ninguna repercusión. Empero, eso es el polo opuesto de la verdad bíblica. Cuando caemos en las mentiras del mundo, traemos peligro a nuestras almas.

La indulgencia repetida en los medios de comunicación tiene un método para entorpecer los sentidos. Si no estamos atentos, nuestro pensamiento puede saturarse, al punto que los límites de la moral se vuelven borrosos. Pero, como uno de mis colegas pastores ha dicho: «Los pecados por los que Cristo murió no deben entretenernos». Desear las imágenes electrónicas, reírse de la inmoralidad, mostrarnos descontentos con nuestras circunstancias y llenar nuestra mente con mensajes anticristianos son pecados que debemos evitar.

Evitar, sin embargo, es sólo una parte del enfoque bíblico en los medios de comunicación. La vida cristiana no sólo se preocupa por evitar la inmoralidad; también se ejecuta con la búsqueda de Cristo. Al desechar «las obras de las tinieblas», también debemos vestirnos con «las armas de la luz» (Romanos 13:12, RVR1960). Pensando en esto, vamos a considerar otros dos principios importantes que los creyentes necesitan aplicar.

2. Aproveche al máximo el tiempo que Dios le ha dado

Efesios 5:16 (RVR1960) desafía a los creyentes a «aprovechar "bien el tiempo, porque los días son malos"». Santiago nos recuerda que nuestra vida es efímera (4:14). Aprovechar bien el tiempo significa que debemos ser celosos de buenas obras (Tito 2:14) y que «procuremos ocuparnos en buenas obras» (Tito 3:8). Dios nos salvó a cada uno de nosotros de nuestros pecados con el propósito de que hagamos buenas obras (Efesios 2:10).

Las películas, los programas de televisión, la Internet y otros medios de comunicación nos tientan cada día para que nos alejemos de los propósitos de Dios con nuestras vidas. ¿Cuántas veces nos hemos sentado a ver «un show rápido» y tres horas más tarde nos preguntamos cómo se nos fue la noche? ¿O hemos entrado a la Internet para revisar nuestro correo electrónico y dos horas más tarde nos encontramos navegando por la web? Incluso cantidades relativamente pequeñas de tiempo perdido cada día pueden sumar a grandes cantidades de vida gastada mirando una pantalla sin pensar. Perder tiempo es perder oportunidades; las oportunidades perdidas indican mala mayordomía; y vamos a dar cuenta a Dios por la forma en que pasamos la vida (Romanos 14:10,12; 2 Corintios 5:10). El uso irreflexivo de los medios de comunicación va en contra de la intencionalidad de la estadía temporal del cristiano. Junto con el salmista pídale a Dios que le enseñe a contar sus días (Salmos 90:12). ¿Cómo está usando el precioso regalo del tiempo de Dios?

3. Adore a Dios sobre todas las cosas, incluso al elegir los medios de comunicación
Como cristianos, Dios ha de ser toda nuestra pasión. Jesucristo es la perla de gran precio (Mateo 13:45-46). No hay nada más grande que conocerle y seguirle (Filipenses 3:8). Cristo es nuestro valor supremo (1 Pedro 2:7). Él nos ofrece gozo y satisfacción sin fin (Salmos 16:11). Los tesoros de la comunión con Él se encuentran en lo profundo de las minas de la oración, la lectura de la Escritura y la adoración (Salmos 63:1-5). En nuestra relación con Cristo, invertimos lo que sea necesario para ganar beneficios infinitos.

Cuán impactante es que sepamos esas verdades y, aun así, las cosas mundanas e inmorales de la vida nos arrastren. Sí sabemos que su «mejor es tu misericordia que la vida» (Salmos 63:3, RVR1960), ¿por qué somos tan fácilmente atraídos por tantas cosas sin importancia? Debemos luchar para adorarle por encima de todo (1 Timoteo 6:12). ¿De qué manera podría su interés en los medios atenuar el deseo por más de Dios y apagar su pasión por Jesucristo? ¿Por qué no abandona esas cosas y, en vez de eso, usa ese tiempo para buscar al Señor? ¡No va a ser una pérdida de tiempo!

Además de los tres puntos anteriores, considere estos principios bíblicos adicionales que pueden orientarnos al elegir los medios que usamos:

- Asegúrese de que exalta a Jesucristo en todo lo que haga (Colosenses 1:18).
- Entienda que todas las cosas son lícitas, pero no todas las cosas convienen (Romanos 6:14).
- No ceda a la influencia dominante de nada, excepto de Dios (1 Corintios 6:12).

- Tenga cuidado especial con el deseo sexual debido a la gravedad de los pecados sexuales (1 Corintios 6:15-20).
- Tema a la capacidad destructora de lo mundano (Mateo 13:22).
- Percátese de que exponerse a ejemplos pecaminosos corrompe (1 Corintios 15:33).
- Reconozca que incluso las pequeñas cantidades de insensatez son significativas (Eclesiastés 10:1).
- No considere con seriedad las filosofías del mundo (Salmos 1:1).
- Evite la amistad con el mundo (Santiago 4:4).
- Sea inexperto y novato en lo que respecta a la maldad (1 Corintios 14:20).
- Evite la exposición al mal (Proverbios 22:3).
- Huya de la lujuria y de todo lo que le inste a pecar (2 Timoteo 2:22).
- Luche contra el materialismo y la avaricia, que es idolatría (Colosenses 3:5).
- Guarde sus ojos de imágenes pecaminosas y sin valor (Salmos 101:3).
- Siga la pureza en pensamiento y en hechos (Hebreos 12:14).
- No haga provisión para la carne y sus deseos pecaminosos (Romanos 13:14).
- Agradézcale a Dios que nos ha dado todas las cosas para disfrutarlas con libertad (1 Timoteo 6:17).
- Use su libertad no con egoísmo, sino para el servicio (Gálatas 5:13).
- Capacite sus sentidos para discernir entre el bien y el mal (Hebreos 5:14).
- Lleve todo pensamiento cautivo a Cristo (2 Corintios 10:5).
- Distánciese de la corrupción de los deseos mundanos que enredan (2 Pedro 2:20).
- Mire a Cristo para descansar, alegrarse, estar en paz y para satisfacerse (Mateo 11:28-30).
- Regocíjese en el hecho de que las recompensas celestiales esperan a aquellos que son fieles (Hebreos 11:6).

- Llene su vida de pensamientos que honren a Cristo (Filipenses 4:8).
- Recuerde que los ojos del Señor están en todo lugar, mirando a los malos y a los buenos (Proverbios 15:3).
- Cultive su contentamiento a través de la piedad (1 Timoteo 6:6).
- Ponga la mirada en las cosas de Cristo (Colosenses 3:1-2).
- Inviértase a sí mismo en el ministerio espiritual con otros (2 Corintios 12:15).
- Viva a fin de que Dios sea glorificado en todo lo que haga (1 Corintios 10:31).

Cómo pastorear a sus hijos al elegir los medios de comunicación

Además de los principios ya mencionados, los padres cristianos deben tener un cuidado especial al tomar decisiones sabias para sus familias. Nos guste o no, nuestros hijos son el blanco como principales usuarios en el mercado de los medios de comunicación. Sin orientación de los padres, ellos son especialmente vulnerables, no sólo debido a que casi siempre carecen de discernimiento, sino también porque ellos están siendo expuestos a los medios de comunicación más que cualquier otra generación. Los padres deben estar al tanto de las amenazas que esos medios pueden plantear y montar guardia de manera vigilante. Los padres y las madres deben marcar la pauta en el hogar y mantener un estándar acorde con Dios para sus hijos. El esfuerzo que los padres hagan en ese sentido no quedará sin recompensa (cf. Proverbios 22:6).

Sea un buen ejemplo de autocontrol con los medios de comunicación. Los padres deben dar un ejemplo digno de seguir. Se deben hacer sabias elecciones y se debe emplear el autocontrol. El hecho aleccionador es que nuestros hijos van a emular lo que ven en nosotros. Ellos aprenden tanto de la forma en que ven que vivimos como de lo que les decimos. Si siempre estamos viendo televisión, incluso si es relativamente de buena calidad, ¿qué mensaje transmite esto a nuestros hijos? Si dejamos de ir a la iglesia para ver un partido; si vemos películas sucias y «adelantamos las escenas pecaminosas» (para que los chicos no las vean), si nos reímos de los chistes de sensuales, de doble sentido o irreverentes, ¿qué lecciones le enseñamos a nuestros hijos? No importa lo que digamos, no vamos a convencerlos de que Jesucristo es nuestro principal amor si la forma en que gastamos nuestro tiempo libre sugiere lo contrario.

Monte guardia contra las influencias pecaminosas. Los padres deben vigilar a sus familias con atención. Ellos necesitan saber (y tener el control de) las influencias a las que están expuestos sus hijos. La ignorancia no es excusa. Si un niño está usando auriculares, los padres deben saber lo que está oyendo en el reproductor de MP3. Si hay una conexión a Internet en la habitación de un niño, los padres deben saber los sitios web que está visitando y asegurarse de que el contenido pecaminoso está bloqueado. Si hay una televisión en el armario de la habitación, los padres deben saber los shows que están siendo observados. (Es más, los padres deben pensar seriamente en las tentaciones y riesgos potenciales *antes* de permitir que sus hijos tengan acceso privado a cualquier dispositivo de medios de comunicación, especialmente televisores, teléfonos celulares o computadoras con acceso a Internet).

Los medios de comunicación deben ser silenciados en nuestras casas para que el ruido no ahogue la voz de Dios. Si no tenemos cuidado de protegernos a nosotros mismos, vamos a ser dominados por el diluvio y, de manera más significativa, también lo serán nuestros hijos. Como guardianes espirituales (y legales) de ellos, debemos ser proactivos en la lucha contra el asalto del entretenimiento. Los padres son llamados por Dios a ser los principales factores de influencia de sus hijos. No deben delegar ese papel a una caja con cable que se encuentra en la sala de la casa.

Estimule la espiritualidad con su familia. Sus tardes en casa son el *prime time* (el horario de máxima audiencia) para invertir en su familia, no para mirar televisión. Si va a gastar ese tiempo viendo televisión en vez de estar con sus hijos, usted está descuidando las responsabilidades que Dios le dio como padre y como madre. Considere dos cosas —entre muchas otras— que usted cambia por unos fugaces momentos de alivio y entretenimiento: una relación profunda con sus hijos y las oportunidades para presentarles el evangelio a fin de conducirlos a Cristo.

Si usted pasa tiempo con sus hijos, invirtiendo en ellos, aprendiendo acerca de ellos, derramando amor sobre ellos, y jugando con ellos, *ellos* van a querer apagar la televisión. Cuando sus hijos sean adultos y se hayan ido de la casa y usted medita de nuevo en los años que pasó con ellos como padre, como madre, ¿de qué se va a arrepentir? Nunca he conocido a alguien que quisiera haber visto más televisión y pasar menos tiempo invirtiendo en las relaciones.

Padres y madres (especialmente los padres), ustedes necesitan asumir un papel muy activo en el desarrollo espiritual de sus hijos. Los pastores de jóvenes y otras influencias espirituales pueden ser suplementos útiles. Pero la responsabilidad espiritual primordial de criar hijos piadosos está en el hogar. Como Dios les ordenara a los padres de Israel hace 3.500 años: «Y las repetirás [las palabras o estatutos de Dios] a tus hijos, y hablarás de ellas estando en tu casa, y andando por el camino, y al acostarte, y cuando te levantes» (Deuteronomio 6:7, RVR1960). Si hemos de contrarrestar por completo los efectos de los medios, debemos enseñar a nuestros hijos diligentemente la verdad acerca de Dios, del pecado y de la salvación.

Como acotación al margen, he aquí cinco preguntas prácticas que los padres deben considerar, ya que crean una estrategia para sus familias en lo que respecta a medios de comunicación:

1. Evalúe con sinceridad el uso que hace de los medios. Enumere los programas de televisión que ve regularmente. A partir de los estándares bíblicos que ha aprendido en este capítulo, ¿es necesario hacer algunos cambios? ¿Se está exponiendo a influencias corruptoras?

2. Entienda su responsabilidad de redimir el tiempo y usarlo sabiamente para la gloria de Dios. ¿Está gastando demasiado tiempo viendo televisión, navegando por la web o participando en otras actividades de mediáticas (como los juegos de vídeo)?

3. Considere lo que quiere hacer de su vida a la luz del llamado de Cristo a la fidelidad a Él (Mateo 25:23). ¿Está abusando de su libertad en Cristo para su propio ocio y placer (Gálatas 5:13)? ¿O se está ejercitando en el servicio al Señor?

4. Compare uso de los medios de comunicación con la ingesta de la Palabra de Dios. ¿Se siente más dedicado a su propio entretenimiento y diversión que a la preciosa Palabra de Dios? ¿Qué plan de acción va a tomar para hacer frente a esto?

5. Evalúe con sinceridad el ejemplo que les da a sus hijos. ¿Es necesario realizar algún cambio o mejora? ¿Va a sentarse con su familia, admitir su fracaso en este aspecto y establecer un nuevo plan de acción? Recuerde que su responsabilidad como padre y como madre es proporcionar liderazgo y orientación espiritual a sus hijos en el hogar.

Establezca un estándar más alto

Nuestra cultura anhela recrearse y descansar. La industria del entretenimiento nos alimenta la noción de que nos merecemos un poco de descanso y luego, felizmente, nos presenta una variedad de opciones. Usted trabaja duro todo el día, por lo que se merece un poco de tiempo frente a la televisión para relajarse. Sin embargo, la Palabra de Dios establece un estándar más exigente para los que siguen a Jesucristo. Estamos llamados a vivir usando toda nuestra energía para Cristo, para gastar y ser gastado, para pelear la buena batalla de la fe, para clamar por algo mucho más digno e infinitamente más satisfactorio que cualquier cosa que este mundo tiene que ofrecer. ¡Debemos vivir para la gloria de Cristo!

Si hacemos eso, nuestros hogares no sólo van a ser bastiones de la piedad en un mundo malvado, sino que los sacrificios que hagamos por Él serán premiados abundantemente en el cielo. Haríamos bien en unirnos al gran teólogo y escritor Jonathan Edwards en cuanto a estar «decidido, que viviré así, como me hubiera gustado haber vivido cuando vaya a morir». ¿Por qué nos pasamos la vida siendo entretenidos por el tenue matiz de la televisión cuando podríamos estar embelesados y sin aliento con el brillo resplandeciente de la gloria de Cristo? Mantengamos nuestros ojos en Cristo, el Autor y Consumador de la fe. Al hacer esto, vamos a tener poco apetito por las ilusiones deterioradas de este mundo pasajero.

5

LOS ÍDOLOS ESTADOUNIDENSES

El entretenimiento, el escapismo
y el culto a la celebridad

TOM PATTON

Vivimos en una cultura obsesionada con la promesa de fama y renombre. Nuestra nación se ha convertido en una civilización comprometida descaradamente con la proposición de que todas las personas son creadas como «celebridades». Se nos dice que los derechos inalienables con que nos dotó el Creador incluyen la vida, la libertad y la búsqueda del sueño americano. Desde columnistas de chismes disfrazados de reporteros de noticias nocturnos hasta los buscadores de talentos en todo el país que ofrecen fama y fortuna como el premio dorado que se da en un show, nuestra sociedad ha sido infectada con el virus del entretenimiento humano... y casi nadie hace fila para recibir la vacuna.

La idolatría estadounidense y la cultura popular

No es casualidad que, al momento de escribir estas líneas, el programa de televisión más popular en Estados Unidos es *American Idol*. Cada temporada un grupo de aspirantes desconocidos compiten por la oportunidad de ser el siguiente objeto de adoración de los medios de comunicación. Una gran cantidad de programas similares, como *Nashville Star*, *America's Got Talent*, y el relanzamiento de *Star Search* han seguido su estela, demostrando la intoxicación generalizada de nuestra cultura con el estrellato. La pregunta ya no es simplemente: «¿Quién quiere ser millonario?» También es: «¿Quién quiere ser una estrella?»

Los profetas de esta idolatría estadounidense, armados con la mentira de que felicidad es «triunfar en grande», promocionan el espejismo con pasión y dinamismo. El entretenimiento, al parecer, ha sido coronado como el único parámetro con el cual nuestra cultura evalúa todo. En consecuencia, el estatus de celebridad se ha convertido al parecer en el más trascendente que jamás pueda ser otorgado a alguien. Los adoradores de los famosos están en todas partes, haciendo proselitismo de su religión centrada en el hombre en todas las vías de dominio público. Revistas que sin remordimientos llevan nombres como *People* o *Vanity Fair* promocionan el estrellato con fervor y gran habilidad. Los animadores de programas radiales hacen alarde de los antecedentes académicos de los políticos nacientes con una retórica apasionada reservada por lo general para los semidioses. Los atletas olímpicos son adornados con oro y plata, y luego son vendidos al mejor postor para hacer publicidad de todo, desde cereales para el desayuno hasta zapatos de baloncesto. Desde actores que protagonizan películas de gran éxito hasta evangelistas de televisión que presumen de estilos de vida tipo Rolls Royce, todo el mundo en los Estados Unidos quiere ser famoso; y ahora, gracias a los avances explosivos de los medios de comunicación generalizados, pareciera como si todo el mundo pudiera serlo.

El atractivo masivo de los *reality shows televisivos* permite que los estilos de vida más innobles y extraños de los burdos e insensatos se conviertan en el nuevo estándar para el éxito. Campañas colosales de la Internet se ponen en marcha para persuadir a un gran número de clientes a «transmitirse» a sí mismos. La filosofía subyacente es que todos tienen «una historia» que contar. Si existe o no una cualidad moral o de redención en la historia no es lo importante. Lo que importa es si puede ser usada para crear una oportunidad a fin de ganar notoriedad y, por lo tanto, participar en el sueño americano grandemente codiciado.

La idolatría en Estados Unidos y el sueño americano

En los tiempos modernos, el sueño americano se ha convertido en una promesa tácita propagada por esta cultura a través de vallas publicitarias, medios de comunicación, cine y cualquier otro medio imaginable que promueva el estilo de vida tipo celebridad. Esto implica que a causa de nuestras inmensas libertades y las oportunidades sin precedentes concedidas a nosotros en este país, podemos lograr nuestros sueños. Si nos esforzamos lo suficiente o creemos en nosotros mismos lo suficiente entonces, independientemente de nuestra formación o educación o de cualquier otra posible restricción, podemos llegar a ser no sólo económicamente estables sino también ricos, respetados, famosos y felices. Algunos han visto esto como el tema principal de los Estados Unidos desde el principio. El padre fundador Alexander Hamilton notó la motivación tras el origen de nuestro país como el «amor a la fama, que es la pasión dominante de las mentes más nobles». No obstante, donde la *fama* fue alguna vez el *reconocimiento del logro excepcional*, ha sido sustituida por la *celebridad*, la noción menos digna del *reconocimiento por el simple hecho de ser reconocible*. Lo que ahora inspira la cultura es la posibilidad de ver sus vidas a través de la historia americana en su intento por escapar de sus vidas insatisfechas colocándose vicariamente en cada película o programa televisivo que ven. Anhelando ser estrellas por derecho propio, recurren a los medios para obtener para sí significado, propósito y sus propios 15 minutos de gloria. Mientras que el entretenimiento en una época proporcionó escape de la realidad, ahora parece que se ha convertido en la realidad de la que nadie desea escapar.

La idolatría estadounidense y el culto a la celebridad

Es imposible exagerar la amplia influencia en nuestra cultura de lo que podría llamarse el culto a la celebridad, en el que las aspiraciones de toda una sociedad convergen en el deseo de ser conocido. El culto a la celebridad es una religión virtual cuyos fieles se adoran a sí mismos sin darse cuenta, dando alabanza envidiosa a los ricos y famosos, mismos a los que anhelan emular. Con fe en sus sueños, abrazan la promesa de que algún día ellos también quizás encuentren su propio estatus sagrado. Atrás quedaron los días en los que la capacidad excepcional y el excelente carácter se combinaban para crear un prototipo público digno de emulación. Hoy, bajo la influencia de Hollywood, vemos una nueva secta de devotos que han abandonado cualquier criterio objetivo para su culto a los ídolos y se han dado plenamente a la búsqueda de la celebridad.

El tema central que está siendo abordado es el apetito sin fondo que nuestra cultura tiene por entretenimiento y cómo esta hambre feroz se ha transformado sutilmente en una marca completamente desarrollada de idolatría en América. Se ha tomado la influencia positiva que una vez vino de héroes modelo de valentía y de moral y la han reemplazado con ejemplos negativos de autoengrandecimiento y arrogancia. Lo que antes era una plataforma inocente para las habilidades incipientes de niños con talento se ha torcido en una licencia de explotación para la autopromoción. Como resultado, la obsesión por el reconocimiento en esta cultura no sólo es más deseable que la capacidad real, sino también mucho más necesaria para el éxito profesional.

Aparte de cuán impactante sea para el ingenuo inocente este nuevo aspecto empresarial de la idolatría, la verdad es que el *culto a las personas* siempre ha sido una fascinación humana central y de lucha a través de la historia del mundo. Por ejemplo, era costumbre que un general romano victorioso del siglo I volviera de una campaña exitosa y se le concediera lo que se denominaba un «triunfo». Un triunfo era el ápice de reconocimiento público para el comandante que regresaba a casa, quien junto con sus tropas desfilaba por las calles con el botín y los prisioneros de guerra. En respuesta, ellos recibían elogios atronadores de la gente.

Acompañando al general en su carro iba un esclavo de su propia elección al que se le comisionaba pararse en su hombro para llevar a cabo una tarea muy específica. A medida que el rugido de la multitud se hacía eco en el aire y la gloria del estado era magnificada alrededor de ellos, el esclavo elegido susurraba en el oído del victorioso una frase en general reservada para aquellos tentados a pensar de sí mismos como un dios en cualquier generación: «Recuerde, ¡usted sólo es un humano!»

Ya sea que esta corrupción se manifieste en la escandalosa *deificación de la humanidad* (como se ve en el culto romano del siglo I que adoraba a emperadores muertos y vivos) o en la sacrílega *humanización de la deidad* (como se vio en la producción del siglo XX de la ópera rock *Jesucristo Superst*ar), la humanidad ha tratado de redefinirse constantemente como algo más que una criatura con el fin de adorar a su propia imagen.

La idolatría estadounidense y el pecado de la egolatría

La idolatría es un pecado del corazón (cf. Ezequiel 14:3-7). Se produce cuando los hombres y las mujeres aman otra cosa más que lo que aman a Dios (Marcos 12:30-31; cf. Apocalipsis 2:4-5); cuando sirven a algo distinto de Él (cf. 1 Tesalonicenses 1:9); cuando Él no es el objeto de su alabanza y su adoración (cf. Deuteronomio 6:14). Aunque el término puede evocar imágenes de fieles vestidos con túnicas inclinándose ante estatuas de oro en edificios adornados, la idolatría a menudo se manifiesta en formas más sutiles, como la egolatría que impregna la cultura estadounidense de la autoexaltación y la autogratificación. Cuando la gente quiere ser como Dios, es inevitable que caiga en pecado (cf. Génesis 3:5).

Uno de los ejemplos más dramáticos del culto idolátrico se encuentra en el relato del Antiguo Testamento de la entrega de los Diez Mandamientos. Cuando el Señor entregó en medio de truenos su santa ley en el monte Sinaí, comenzó denunciando el pecado de la idolatría: «No tendrás dioses ajenos delante de mí» (Éxodo 20:3, RVR1960) y «No te harás imagen, ni ninguna semejanza de lo que esté arriba en el cielo, ni abajo en la tierra, ni en las aguas debajo de la tierra» (Éxodo 20:4, RVR1960). Sin embargo, sólo un breve tiempo después, Aarón condujo al pueblo de Israel en un delirio idolátrico, ya que adoraron una estatua con forma de becerro hecha de oro puro (Éxodo 32:1-4). A partir de este punto en adelante, a lo largo de la totalidad de la historia de Israel, el engaño de la idolatría permaneció siendo una amenaza constante. Con demasiada frecuencia, la triste ironía de la herencia de Israel fue que el pueblo escogido de Dios había escogido a otros dioses.

En el Nuevo Testamento, el apóstol Pablo explicó la razón de ser de la idolatría en el primer capítulo de Romanos. Dios creó a los seres humanos para que lo adoraran de modo que, cuando lo rechazan por causa de su pecado, naturalmente adoran otra cosa. El hombre no puede echar a un lado la verdad de Dios que ha sido implantada profundamente dentro del corazón humano sin redirigir al mismo tiempo su capacidad de maravillarse hacia expresiones de una especie mucho menor. Pablo lo dijo de esta manera: «Cambiaron la verdad de Dios por la mentira, honrando y dando culto a las criaturas antes que al Creador, el cual es bendito por los siglos. Amén» (Romanos 1:25, RVR1960). Al negarse a adorar a Dios, los hombres pecadores intercambian el verdadero objeto de adoración por una falsificación. En lugar de reconocer correctamente al Creador, irónicamente dan su alabanza a algo que Él ha hecho.

Así que los hombres y las mujeres adoran a la «madre tierra» o a una falsa religión o a sí mismos y a su propia felicidad. Cualquiera que sea el objeto, si no es el verdadero Dios, es idolatría. En todo esto, no tienen excusa. Como lo explicó Pablo, hablando de Dios: «Porque las cosas invisibles de él, su eterno poder y deidad, se hacen claramente visibles desde la creación del mundo, siendo entendidas por medio de las cosas hechas, de modo que no tienen excusa» (Romanos 1:20, RVR1960). Tales idólatras «detienen con injusticia la verdad [Dios]» (v. 18), ignorando el testimonio tanto de la creación que les rodea como de la conciencia dentro de ellos (2:15). Después de haber sido abiertamente confrontados con la realidad innegable de la existencia de Dios ellos, en forma deliberada, rechazaron la verdad en sus corazones duros, por lo que buscan su satisfacción más profunda en gratificarse a sí mismos.

El vacío de la idolatría estadounidense

Hasta que los pecadores se sometan a la verdad acerca de Dios, nunca conseguirán qué es lo que realmente buscan. Son como la mujer samaritana que se encontró con Jesús en el pozo de Jacob, que confundía el verdadero remedio para la sed espiritual con la satisfacción temporal de un manantial terrenal (Juan 4:14). Por desgracia, el incrédulo intenta durante la totalidad de su vida saciar lo insaciable con algo que no es Dios. Así que persigue la fama, el dinero, el poder, la riqueza, la condición física, el trabajo, la sabiduría, la educación, el amor o cualquier otra cosa creada que quizás pueda acallar el grito desesperado de su alma vacía. Pero ninguna de las cosas que encuentra —ya sea política o popularidad o creatividad o cualquier otra cosa que este mundo ofrece— puede alguna vez responder a la llamada de su corazón. Él puede buscar la felicidad, pero nunca la encontrará. Tan pronto como consigue un deseo, se convierte en polvo; al igual que el siguiente y el siguiente después de ese, hasta que la vida finalmente termina en decepción.

Ese es el destino vano, como algodón de azúcar, del sueño americano que acontece a todos los que abrazan el culto a la celebridad. A la distancia parece tan atractivo; una bola grande y hermosa de brillantes hilados de azúcar. Pero los que finalmente lo obtienen y lo saborean se dan cuenta de que no llenan mucho. Claro, es dulce por un momento. Pero no da felicidad duradera. Después de una rápida fusión en la boca, se desaparece para siempre. ¿Y entonces qué?

El rey Salomón entendió esto quizá mejor que nadie. Era el hombre más rico, más famoso y más poderoso de su época. También era el más inteligente, porque Dios le había dado sabiduría sobrenatural. Salomón usó todos los recursos a su disposición en la búsqueda de su propia felicidad. Experimentó con el placer (Eclesiastés 2:1-3), el trabajo duro (2:4-6), las posesiones materiales (2:7-8), la popularidad y el prestigio (2:9-10), e incluso su propia sabiduría (2:12-14), todo en un esfuerzo por encontrar gozo duradero. Sin embargo, se encontró con que todo era vacío, concluyendo finalmente que el verdadero gozo y la satisfacción no se pueden encontrar en las cosas de este mundo, sino sólo en Dios (2:24-26; 12:13-14).

Así como Salomón aprendió después de una vida de ensayo y error, si usted desea la felicidad en esta vida debe mirar a Dios. Debe negar todo lo que una vez pensó que pudiera darle felicidad en aras de seguir al Señor resucitado. Su salvación es la satisfacción que usted busca. No se puede encontrar en la fama y la fortuna más de lo que se puede hallar al final de un arco iris. Sólo se encuentra al abrazar la verdadera fuente de toda satisfacción, Dios mismo.

Una respuesta acertada a la idolatría estadounidense

El culto a la celebridad promete algo que sólo Dios puede dar. Aquellos a quienes les encanta y la persiguen, al igual que todos los que adoran ídolos, al final se sentirán decepcionados y la encontrarán vacía. Pero, ¿cuál es la respuesta adecuada para el apetito insaciable que nuestra cultura posee por el entretenimiento?

La respuesta comienza con encontrar la verdadera vida en Jesucristo. Si usted desea felicidad y gozo en esta vida, debe negar todo lo que una vez pensó que pudiera darle la felicidad en aras de seguir a un Señor resucitado. Cuando se dé cuenta de que toda su vida se ha alejado del Dios que lo creó, cuando usted entienda que su pecado es tal ofensa contra Dios que envió a su Hijo a morir por los pecadores, y cuando usted llegue a ver que lo que busca es, en definitiva, un conocimiento redentor del Salvador y no el reconocimiento del hombre, entonces su corazón se romperá gozosamente en dos, porque en última instancia, su salvación es la satisfacción que usted busca. El Espíritu viene y convierte el deseo de ser conocido por los hombres en el gozo por ser conocido por Dios.

A continuación, tenemos que continuar guardando nuestros corazones de la poderosa seducción del culto a la celebridad. Aunque nos arrepintamos de nuestra idolatría y, en consecuencia, se nos haya concedido la salvación por gracia mediante la fe en Jesucristo, también debemos reconocer que nuestra vulnerabilidad a tales tentaciones todavía persiste. A veces nosotros también redirigimos la gloria que le pertenece a Dios solamente, hacia un medio hecho por el hombre para nuestra propia honra. A veces nosotros también somos como aquellos que el Señor reprendió a través de Jeremías: «¿Y tú buscas para ti grandezas? No las busques»(Jeremías 45:5, RVR1960).

Incluso aquellos que han encontrado su entera satisfacción en Jesucristo a veces puede poner su atención de nuevo en los deseos que tenían antes de la conversión por la adoración propia. Inicialmente vemos la idolatría estadounidense con desprecio y decepción, pero con el tiempo la fuerza de su seducción y la magnitud de su influencia puede erosionar aun nuestras defensas y perspectivas mejor planificadas. No es malo fomentar el talento de nuestros hijos y esforzarnos por desarrollar cualquier talento que podamos haber recibido de Dios. Pero antes de que podamos ser una luz para nuestro mundo lleno de estrellas, en primer lugar, debemos recordar atenuar la llama de nuestra propia gloria.

Por último, hay que utilizar el culto a la celebridad en nuestro evangelismo. Es una realidad que trasciende todas las culturas, ¡que nadie está satisfecho con lo que tiene hasta que tiene al único Dios verdadero! Un joven rico buscó a Cristo a pesar de que tenía riqueza, salud y prosperidad, porque intuía que la *eternidad* era lo que realmente necesitaba (Lucas 18:18). Sabía que lo que estaba llevando a cabo y todo lo que tenía no podía ni lo hacía feliz. Sin embargo, cuando Jesús le dio instrucciones para que dejara todo se negó a hacerlo, creyendo en cambio que tal vez un poco más de riqueza mundana lograría darle lo que buscaba... y que finalmente estaría satisfecho. Todo lo que la gente *quiere* —una oficina más grande, un salario más alto, una mejor carrera, un cónyuge diferente, un cuerpo más sano, una jubilación más temprana, una vida más feliz o un estatus de celebridad exaltada— no es, de hecho, lo que *necesita*, ¡y nunca lo fue! La respuesta de la Biblia para el hombre pecador es la siguiente: Usted nunca estará satisfecho hasta que se dé cuenta de que todos sus deseos por más en esta vida son, en realidad, un deseo por más de Dios. Esa también debe ser nuestra respuesta.

Segunda parte

La moral y la ética

6

Lo que Dios unió

Cuestiones relacionadas con el divorcio y las segundas nupcias

PERSPECTIVA PASTORAL

Hace varios años, los ancianos de Grace Community Church publicaron un folleto titulado: La posición bíblica sobre el divorcio y el nuevo matrimonio: perspectiva de los ancianos. *El material de este capítulo es una adaptación de ese documento.*[1]

Dios aborrece el divorcio, porque siempre implica infidelidad al pacto solemne de la unión en la que dos personas han entrado delante de Dios, y porque trae consecuencias perjudiciales para la pareja y sus hijos (Malaquías 2:14-16). El divorcio, en la Escritura, sólo se permite debido al pecado de la humanidad. Puesto que el divorcio es una concesión al pecado del hombre y no forma parte del plan original de Dios para el matrimonio, todos los creyentes deben aborrecer al divorcio como lo hace Dios y tratar únicamente con ello cuando no hay más remedio. Con la ayuda de Dios, el matrimonio puede sobrevivir a los peores pecados.

En Mateo 19:3-9, Cristo enseñó claramente que el divorcio es una transigencia con el pecado del hombre que viola el propósito original de Dios para la unidad íntima y la permanencia del vínculo matrimonial (Génesis 2:24). Enseñó que la ley de Dios permitía el divorcio sólo por la «dureza de corazón» (Mateo 19:8, RVR1960). El divorcio legal era una concesión para el cónyuge fiel debido al pecado sexual o abandono por parte de su pareja, de tal manera que la persona fiel ya no estaba atada al matrimonio (Mateo 5:32; 19:9; 1 Corintios 7:12-15). Aunque Jesús dijo que el divorcio se permite en algunas situaciones, hay que recordar que su punto principal en este discurso es corregir la noción entonces popular de que la gente podía divorciarse «por cualquier causa» (Mateo 19:3) y mostrar la gravedad de hacer un divorcio pecaminoso. Por lo tanto, los creyentes nunca deben considerar el divorcio excepto en circunstancias específicas (ver más adelante), e incluso en esas circunstancias, debe hacerse a regañadientes porque no hay otro recurso.

Fundamentos bíblicos para el divorcio

Los únicos motivos del Nuevo Testamento para el divorcio son el pecado sexual o el abandono por un incrédulo.

El primero se encuentra en el uso que le dio Jesús a la palabra griega *porneia* (Mateo 5:32; 19:9), un término general que abarca todo lo relativo al pecado sexual, como: el adulterio, la homosexualidad, la bestialidad y el incesto. En el Antiguo Testamento, Dios mismo se divorció del reino del norte de Israel a causa de su idolatría, la que comparó con el pecado sexual (Jeremías 3:6-9).[2] Cuando un cónyuge viola la unidad y la intimidad de un matrimonio cometiendo pecado sexual —renunciando con ello a su obligación en el pacto— el cónyuge fiel es colocado en una situación extremadamente difícil y dolorosa. Después de haber hecho todo lo posible para traer al cónyuge pecador al arrepentimiento (para que el perdón y la reconciliación puedan ocurrir), la Biblia permite la liberación del cónyuge fiel a través del divorcio (Mateo 5:32; 1 Corintios 7:15).

La segunda razón para permitir un divorcio es en los casos en que un cónyuge no creyente no desea vivir con su pareja creyente (1 Corintios 7:12-15). Debido a que «a paz nos llamó Dios» (v. 15), se permite el divorcio y puede ser recomendable en este tipo de situaciones. Cuando un incrédulo quiere irse, tratar de mantenerlo a él o a ella en el matrimonio puede crear una mayor tensión y conflicto. De ahí que Pablo declarara: «Si el incrédulo se separa, sepárese» (v. 15). Además, si el incrédulo abandona la relación matrimonial de forma permanente, pero no está dispuesto a solicitar el divorcio, tal vez debido a un estilo de vida elegido, irresponsabilidad o para evitar obligaciones monetarias, entonces el creyente es puesto en la situación imposible de tener obligaciones legales y morales que él o ella no puede cumplir. Porque «no está sujeto el hermano o la hermana a servidumbre en semejante caso» (1 Corintios 7:15), lo que significa que el cónyuge creyente ya no está vinculado con el matrimonio, el divorcio es aceptable sin temer desagrado por parte de Dios. (El incrédulo podría ser considerado como el violador del pacto, liberando así a la parte inocente.)

Fundamentos bíblicos para las segundas nupcias

El nuevo matrimonio del cónyuge fiel sólo se permite cuando el divorcio se basa en motivos bíblicos (Romanos 7:1-3; 1 Corintios 7:39).

Aquellos que se divorcien por cualquier otro motivo, han pecado contra Dios y su cónyuge, y para ellos el casarse con otro es un acto de «adulterio» (Marcos 10:11-12). Es por eso que Pablo dice que una mujer creyente que se divorcia pecaminosamente debe quedarse «sin casar, o reconcíliese con su marido» (1 Corintios 7:10-11). Si ella se arrepiente de su pecado de divorcio no bíblico, los verdaderos frutos de arrepentimiento incluirían la búsqueda de la reconciliación con su excónyuge (Mateo 5:23-24). Lo mismo es cierto para un hombre creyente que se divorcia por motivos no bíblicos pero más tarde se arrepiente (1 Corintios 7:11). Esa persona podría volverse a casar con otra persona sólo si el cónyuge anterior se ha vuelto a casar o ha muerto, en cuyo caso la reconciliación sería imposible.

La Biblia también da una palabra de advertencia para cualquiera que esté considerando casarse con una persona divorciada. Si el divorcio no fue por motivos bíblicos y todavía hay una responsabilidad de reconciliación, la persona que se casa con la divorciada se considera adúltera (Marcos 10:12)

El divorcio y la disciplina de la iglesia

Los creyentes que van tras el divorcio por motivos no bíblicos están sujetos a la disciplina de la iglesia, ya que abiertamente rechazan las instrucciones de Dios en la Biblia. La persona que obtenga un divorcio no bíblico y se vuelve a casar es culpable de adulterio porque Dios no permitió el divorcio original (Mateo 5:32; Marcos 10:11-12). Esa persona está sujeta a las medidas disciplinarias de la iglesia tal como se describe en Mateo 18:15-17.

Si un cristiano profesante viola el pacto matrimonial abandonando a su cónyuge, y posteriormente se niega a arrepentirse durante el proceso disciplinario de la iglesia, la Escritura enseña que él o ella debe ser puesto fuera de la iglesia y tratado como un no creyente (v. 17). En ese momento, el cónyuge fiel es libre de divorciarse de acuerdo con la disposición indicada en 1 Corintios 7:15 con respecto a los no creyentes que han partido. Sin embargo, antes de tal divorcio, se debe dar un tiempo razonable por la posibilidad de que el cónyuge infiel pudiera volver como resultado de la disciplina.

Los líderes de una iglesia deben ayudar a los creyentes solteros que se han divorciado a entender su situación bíblicamente, sobre todo en los casos en que no parece clara la aplicación adecuada de la enseñanza bíblica. En algunos casos, el liderazgo de la iglesia puede ser necesario para ayudar a los divorciados a determinar si uno o ambos miembros de los otrora pareja eran creyentes genuinos en el momento de su divorcio pasado, porque eso afectará a la aplicación de los principios bíblicos a su situación actual (1 Corintios 7:17-24). Asimismo, puesto que no todas las congregaciones practican la disciplina eclesiástica, los pastores y los ancianos deben reconocer que ciertos casos de cónyuges separados o divorciados podrían ser considerados como incrédulos con razón (sobre la base del pecado sin arrepentimiento y en curso) aunque estén asistiendo a la iglesia en otro lugar. En tales casos, eso afectaría la aplicación de los principios bíblicos a sus parejas creyentes (1 Corintios 7:15; 2 Corintios 6:14).

Cualquier creyente que esté en una situación de divorcio que no parece clara debe buscar humildemente la ayuda y la dirección de los líderes de la iglesia, porque Dios ha colocado a esos hombres en la iglesia para tales fines (Mateo 18:18; Efesios 4:11-16; Hebreos 13:17).

Divorcio antes de la conversión

La salvación indica que una persona ha comenzado una nueva vida. Esa nueva vida se define por un patrón de obediencia a lo que Dios ha revelado acerca de todas las áreas de la vida, incluyendo el matrimonio y el divorcio. De acuerdo a 2 Corintios 5:17, el creyente se ha convertido en una «nueva criatura» cuando cree en Jesucristo. Eso no quiere decir que ya no existirán dolorosos recuerdos, malos hábitos o las causas fundamentales de los problemas conyugales anteriores, pero sí quiere decir que Cristo comienza un proceso de transformación a través del Espíritu Santo y la Palabra. Uno de los signos de la fe que salva es la receptividad y la disposición para obedecer a lo que Dios ha revelado en su Palabra acerca del matrimonio y el divorcio.

Según 1 Corintios 7:20-27, no hay nada en la salvación que exija un estatus social o civil en particular. Por lo tanto, el apóstol Pablo instruye a los creyentes a reconocer que Dios permite providencialmente las circunstancias en las que se encuentran cuando ellos vienen a Cristo. Si son llamados a Cristo mientras están casados, deben procurar permanecer en su matrimonio a menos que el cónyuge no creyente posteriormente quiera irse (1 Corintios 7:15; 1 Pedro 3:1). Si se convierten después de haberse divorciado y no pueden reconciliarse con su excónyuge (debido a que el cónyuge no es creyente, está casado de nuevo, o ha muerto), entonces son libres de permanecer solteros o de casarse con otro creyente (1 Corintios 7:39; 2 Corintios 6:14).

El divorcio no bíblico y el perdón divino

En los casos en que se llevó a cabo el divorcio basado en fundamentos bíblicos y el cónyuge culpable se arrepiente más adelante, la gracia de Dios es operativa al punto del arrepentimiento. Una señal de verdadero arrepentimiento será un deseo de implementar 1 Corintios 7:10-11, lo que implicaría un afán de buscar la reconciliación con su excónyuge, si eso es posible. Si la reconciliación ya no es posible (por los motivos enumerados en la sección «Fundamentos bíblicos para segundas nupcias»), entonces el creyente perdonado podría seguir otra relación bajo la cuidadosa guía y el consejo del liderazgo de la iglesia.

En los casos en que un creyente obtuvo el divorcio por motivos no bíblicos y se volvió a casar, él o ella es culpable del pecado de adulterio hasta que el pecado sea confesado (Marcos 10:11-12). Dios perdona el pecado inmediatamente cuando tiene lugar el arrepentimiento, y no hay nada en la Escritura que indique otra cosa que el hecho de que a partir de ese momento, el creyente debe continuar en su actual matrimonio.

Divorcio y calificación pastoral

La iglesia obviamente tiene la responsabilidad de mantener el ideal bíblico del matrimonio, sobre todo en lo que se ejemplifica por su liderazgo. Primera de Timoteo 3:2 (RVR1960) dice que el líder debe ser «marido de una sola mujer» (literalmente, «hombre de una sola mujer»). Esa frase, repetida en el versículo 12, no significa que un anciano o diácono no puede haberse vuelto a casar,[3] sino que sea solamente y congruentemente fiel a su esposa de una manera ejemplar. No dice nada sobre el pasado antes de su salvación, porque ninguno de los otros requisitos indicados se refieren a actos específicos en el pasado (antes o después de la salvación). Por el contrario, todos ellos se refieren a las cualidades que caracterizan la vida cristiana de un hombre.

El matrimonio de un pastor debe ser una demostración modelo de Efesios 5:22-29, que describe la relación de Cristo con su Iglesia. En los casos en que un potencial pastor, anciano o incluso diácono se haya divorciado, la iglesia debe estar segura de que él ha dado pruebas de gobernar bien a su familia y demostrado su capacidad para dirigir las personas cercanas a él a la salvación y a la santificación. Su familia debe ser un modelo de vida fiel y recta (1 Timoteo 3:4-5; Tito 1:6). Sería necesario examinar cuidadosamente las circunstancias que rodearon su divorcio (si fue antes o después de la salvación, por qué motivos, etc.) y cualquier consecuencia que aún quede que pueda afectar su reputación, porque Dios desea que los pastores de su iglesia sean los mejores modelos posibles de la piedad ante los demás. Si un líder verdaderamente desea ser «irreprensible» (1 Timoteo 3:2, RVR1960), estará dispuesto a someterse a tal escrutinio.

7

CUANDO LA VIDA SE REDUCE

A UNA ELECCIÓN

Oposición al aborto mientras se alcanza a las mujeres heridas

BILL SHANNON

Nunca olvidaré cuando vi mi tercera nieta por primera vez. Era hermosa. Como mi esposa y yo nos quedamos en esa habitación común del hospital, miramos con fascinación y gozo el extraordinario milagro de la vida. Nos expresamos en voz alta maravillados de la manera en que Dios había formado sus pequeños brazos, sus piernas y sus dedos. Nos preguntamos a qué lado de la familia se iba a parecer al crecer; y nos regocijamos en el hecho de que estaba sana y fuerte. Casi no podíamos apartar nuestros ojos de ella. Era, sin duda, parte de nuestra familia, y estábamos tan agradecidos de que Dios la trajera a nuestras vidas.

Ahora sólo teníamos que esperar que naciera.

Pero, sería más de siete meses antes del día de su nacimiento. De hecho, nuestra nieta estaba todavía en su primer trimestre de vida cuando nos encontramos con ella por primera vez. Su madre había sido hospitalizada por una enfermedad relacionada con el embarazo; y nuestros primeros destellos de ella fueron a través de una máquina de ultrasonido tridimensional. Pero allí estaba ella, como un feto de siete semanas de edad —cariñosamente conocido como *Cacahuete*— con oídos, ojos, codos, dedos de los pies y una nariz reconocibles. Yo estaba asombrado al ver cuán nítidas eran sus características. «¿Cómo puede alguien pensar que esto no es un ser humano?», le pregunté a mi mujer. Las imágenes que vimos no eran de una mancha indistinta. No, vimos claramente a nuestra nieta, su pequeño corazón latiendo dentro de su pequeño cuerpo. Allí estaba ella, completa en toda la belleza de la persona.

El aborto en la cultura estadounidense

Mi nieta no tenía siquiera dos meses cuando la conocí. Por imposible que sea imaginármelo, en esa misma fase de desarrollo millones de bebés no nacidos mueren cada año. Según estadísticas recientes, el 22 por ciento de todos los embarazos (excluyendo abortos involuntarios) en los Estados Unidos terminan en aborto. Desde que sucedió el caso *Roe v. Wade*, en 1973, se han efectuado más de 45 millones de abortos en Estados Unidos. Alrededor del 61 por ciento de estos ocurren antes de que el feto tenga nueve semanas de edad, con otro 28 por ciento que se produce entre las nueve y las doce semanas. Por el momento, las razones más comunes para practicarse un aborto son de naturaleza social, lo que significa que el embarazo es un inconveniente, o el niño no es deseado por la madre por una razón u otra. Y de aquellas mujeres que tienen abortos, al menos el 65 por ciento se consideran a sí mismas cristianas (con el 43 por ciento identificándose como protestantes y el 27 por ciento como católicas).[1]

El sistema legal de Estados Unidos, desde que se hiciera el dictamen del Tribunal Supremo de Justicia del caso *Roe v. Wade* en 1973, ha declarado que las mujeres en Estados Unidos tienen el derecho constitucional de hacerse un aborto en las primeras etapas del embarazo, es decir, antes de considerar al feto «viable» (o capaz de vivir por su propia cuenta fuera del útero de la madre). Más allá del hecho de que la «viabilidad» es una norma subjetiva en sí misma, lo cual es un punto admitido incluso por los defensores del aborto, la ironía es que a un bebé recién nacido se le conceden inmediatamente todos los derechos legales como ser humano; sin embargo, sólo unos pocos meses (o incluso horas) antes, ese mismo niño no es ni siquiera considerado persona.

El aborto y la Biblia

Desde que el Tribunal Supremo decidió en contra de los no nacidos, el aborto como práctica médica ha sido ampliamente aceptado en la sociedad estadounidense. Pero, ¿la legalización del aborto a los ojos del gobierno hace lo correcto ante los ojos de Dios? Para responder a esta pregunta, hay que empezar por determinar el punto de vista de Dios con respecto al feto humano. ¿Considera Dios al feto una persona o simplemente protoplasma? Si la Biblia no otorga el estatus de persona al feto no nacido, entonces tal vez el exterminio prematuro de tal vida es moralmente irrelevante. Pero, si la Palabra de Dios demuestra que el feto no nacido es de hecho una persona, entonces el aborto es nada menos que asesinato (Génesis 9:6; Éxodo 20:13).

Una serie de pasajes de la Biblia deja en claro que Dios se refiere a la concepción como el momento en el que comienza la vida de la persona. Job 10:8-12 y 31:13-15, por ejemplo, atribuyen valor divino y cualidades humanas al feto no nacido. Salmos 139:13-16 exalta de manera similar a Dios por su trabajo creativo en la hechura del bebé nonato. Isaías 49:1-5, Jeremías 1:4-5 y Gálatas 1:15-16 comentan que Dios puede obrar en la vida de sus siervos escogidos incluso antes de nacer. Por otra parte, Lucas 1:41-45 documenta la alegría que expresó el niño Juan el Bautista aún no nacido, cuando María visitó a Elizabeth. Y Salmos 51:5 apunta a la concepción como el comienzo de la naturaleza pecaminosa de la persona. Ninguna de estas cosas sería posible si el estatus de persona no se logra sino hasta después del nacimiento.

En algunos pasajes, la Biblia habla de un niño no nacido de la misma manera que lo hace de aquellos que han nacido, mostrando así que Dios ve a los dos de la misma manera. Por ejemplo, en Éxodo 21:4 y 21:22 se usa la misma palabra hebrea que traduce «niño» o «niños», a pesar del hecho de que el versículo 4 se refiere a un niño después del parto mientras que el versículo 21 se refiere a una vida en gestación. El Nuevo Testamento también usa la misma palabra griega para la vida antes del nacimiento (Lucas 1:41,44) como lo hace para la vida fuera del útero (Hechos 7:19). No es sorprendente, por lo tanto, saber que los no nacidos a menudo se describen en la misma forma que los nacidos (Génesis 25:22-23; Job 31:15; Isaías 44:2; Oseas 12:3). Por lo demás, el profeta Jeremías señala que de haber sido su muerte prenatal, la matriz hubiera sido su tumba (Jeremías 20:17); y la muerte prenatal de uno de los profetas de Dios no se puede equiparar con la muerte de una no persona.

La Escritura propugna además el hecho de que todos los seres humanos son descendientes de otros seres humanos. Después de todo,

Génesis 1:24-25 ordena de manera decisiva que cada «especie» dentro de la creación se reproduzca únicamente de su propia «especie». Por lo tanto, la procreación de las personas humanas existentes se limita exclusivamente a la generación de nuevas personas humanas. En otras palabras, a través del proceso de reproducción, es imposible para personas existentes producir una no persona.

La imagen de Dios en el hombre (ver Génesis 1:26; Santiago 3:9) es particularmente atacada por el aborto. Después de todo, el aborto no sólo destruye la imagen de Dios en el feto matando al bebé, sino que también hace caso omiso de la orden de Dios para multiplicar su imagen en las generaciones futuras mediante la terminación del proceso reproductivo. Al final, como el feto resulta de dos personas, cada una hecha a la imagen de Dios, la Biblia indica que él o ella también es una persona que se encuentra en la imagen de Dios.

La Biblia argumenta abrumadoramente a favor de la persona del feto prenatal, mientras que denuncia al mismo tiempo el horrible asesinato de seres humanos no nacidos (cf. Éxodo 21:22-23).[2] Cuando todos los hechos son presentados, el aborto puede haber sido legalizado por el Tribunal Supremo, pero no se puede ver como algo menos que un asalto directo a la ley moral de Dios.

Las consecuencias devastadoras del aborto

El derecho al aborto es sin reparo impulsado por un plan feminista que pretende poner los sentimientos e intereses de la madre por encima de cualquier otra cosa. Así, *el derecho a elegir* por parte de la madre prevalece sobre *el derecho a la vida* por parte del niño por nacer. Como resultado,

Apelar a la moralidad bíblica, al derecho constitucional a la vida, a los hechos científicos sobre el desarrollo de la vida en el vientre materno, a la brutalidad de las técnicas del aborto, todas ellas cuestiones objetivas, no tiene ningún peso con personas cuya cosmovisión no permite ningún absoluto externo, que no aceptan criterios morales más allá de la elección arbitraria de una mujer, o que aceptan sin crítica la línea del movimiento feminista ortodoxo.[3]

El Dr. Larry Epperson explica que «la razón subyacente por la que la gente quiere tener la opción del aborto es para mantener la "libertad sexual" y la conveniencia personal. Su demanda de estos "derechos" es tan abrumadora que su solución a las consecuencias no deseadas de las relaciones sexuales no es detener la promiscuidad, sino matar a los niños no nacidos que resulten».[4]

Aunque las mujeres que deciden abortar pueden estar haciendo caso omiso de las normas morales de Dios en el momento, rara vez escapan a la culpa y al dolor para toda la vida que resulta de su elección trágica. Ellas han sido diseñadas por Dios para nutrir (ver 1 Timoteo 2:15; Tito 2:4); ellas tienen la ley de Dios escrita en su conciencia (cf. Romanos 2:14-15); y a menudo han sido manipuladas por otros en su decisión (tal vez un novio o esposo). Como resultado, a menudo quedan marcadas por sentimientos de pesar y vergüenza, incluso si no conocen al Señor (cf. Salmos 32:3-4).

Estas mujeres generalmente desean sanidad, pero no saben dónde encontrarla. Algunas se deprimen y se suicidan. «En comparación con las mujeres que no han estado embarazadas en el año anterior, las muertes por suicidio, accidentes y homicidios son 248 por ciento más alto en el año después de un aborto, según un nuevo estudio de 13 años de toda la población en Finlandia. El estudio también encontró que la mayoría de las muertes adicionales entre las mujeres que tuvieron abortos se debió a un suicidio».[5] Otro estudio encontró que «una de las más preocupantes de estas reacciones es el aumento de la conducta autodestructiva entre mujeres que han abortado. En una encuesta de más de 100 mujeres que habían sufrido de trauma postaborto, un total del 80 por ciento expresó sentimientos de "autoodio". En el mismo estudio, el 49 por ciento informó de abuso de drogas y el 39 por ciento comenzó a utilizar o aumentar el consumo de alcohol».[6] Aunque no son definitivos, informes como estos ilustran la angustia mental y emocional que pueden producirse por un aborto.

La culpa y la vergüenza presuponen pecado, el que sólo puede ser resuelto por el perdón que se encuentra en el Evangelio de Jesucristo. A pesar de que la madre ha pecado contra Dios y contra su hijo, hay una esperanza real que se encuentra en la gracia de Dios, tal como la hay para cualquier pecador. Como exclamó David en Salmos 32:5-6 (RVR1960), escribiendo después de su adulterio con Betsabé y el asesinato de Urías: «Mi pecado te declaré y no encubrí mi iniquidad. Dije: Confesaré mis transgresiones a Jehová; y tú perdonaste la maldad de mi pecado».

El aborto y la iglesia

¿Cómo puede ayudar la iglesia a las mujeres que están embarazadas (y considerando un aborto) o que ya han terminado un embarazo?

La iglesia, básicamente, debe ayudar a educar a las mujeres para que, en primer lugar, no tomen esa decisión. Eso incluye enseñar bíblicamente sobre el tema y proporcionar los recursos disponibles a las personas pro-vida en la congregación (incluyendo la información sobre la adopción y el apoyo postparto). Además, asociarse a un Centro de Recursos para el Embarazo cercano es una forma útil para ofrecer asesoramiento y apoyo adicional a las mujeres que tienen preguntas.

Los centros de recursos para el embarazo, por ejemplo, tienen a menudo máquinas de ultrasonido que pueden ayudar a las mujeres embarazadas a conocer a sus bebés por nacer; de la misma manera que mi esposa y yo conocimos nuestra nieta antes de nacer. Entre las mujeres que pensaban abortar y visitaron el Centro de Recursos de Embarazo en North Hills, California, en 2006, quienes no se hicieron un ultrasonido optaron por abortar el 61 por ciento de las veces. Sin embargo, aquellas que se realizaron el ultrasonido abortaron solamente el 24,5 por ciento de las veces.[7] Esto es sólo un ejemplo de cómo un Centro de Recursos para el Embarazo puede complementar los esfuerzos de la iglesia para convencer a las mujeres de que el aborto no es la respuesta.

¿Qué puede hacer la iglesia por las mujeres que ya han tenido un aborto? Obviamente, el escenario ideal es tener la oportunidad de aconsejar a una madre embarazada antes de que cualquier decisión irreversible se haya hecho sobre el feto. Pero incluso cuando ya es demasiado tarde, los pastores y otros cristianos todavía pueden ofrecer la esperanza del evangelio a una madre que necesita desesperadamente el perdón y la salvación. Aunque la conversión no puede borrar el recuerdo ni el dolor de una decisión equivocada, saber que todo pecado ha sido perdonado por medio del sacrificio de Cristo en la cruz trae una paz sobrenatural con Dios. Salmos 103:8-12 (RVR1960) promete esto a los que abrazan la gracia de Dios:

Misericordioso y clemente es Jehová;
Lento para la ira, y grande en misericordia.
No contenderá para siempre,
Ni para siempre guardará el enojo.
No ha hecho con nosotros conforme a nuestras iniquidades,
Ni nos ha pagado conforme a nuestros pecados.
Porque como la altura de los cielos sobre la tierra,
Engrandeció su misericordia sobre los que le temen.
Cuanto está lejos el oriente del occidente,
Hizo alejar de nosotros nuestras rebeliones.

¿Qué ocurre con la respuesta de la iglesia al movimiento de los derechos al aborto? Grace Community Church cree que los cristianos deben emplear vigorosamente todos los medios legislativos y legales para terminar con el aborto. Eso incluye nuestros derechos constitucionales de expresión, de prensa, de petición y de reunión. Sin embargo, incluso en el ejercicio de nuestros derechos legales debemos tener cuidado de mostrar el amor de Jesucristo, no sólo con los no nacidos sino también con aquellos que se oponen a nosotros, al verlos no como el enemigo, sino como el campo misionero.

La iglesia nunca debe rebajarse a usar métodos ilegales o deshonestos con el fin de detener el aborto. Tal cosa ni es bíblica (cf. Romanos 13:1-7), ni honra al glorioso nombre de Cristo (2 Corintios 10:3-4). Por tanto, nosotros no aprobamos el uso de la violencia para lograr los propósitos de Dios. En vez de eso, nos gustaría hacer hincapié en la predicación del evangelio. Después de todo, la esperanza de un cambio duradero y verdadero (ya sea a nivel individual o nacional) se puede encontrar solamente en las buenas nuevas de Jesucristo.

8

PLANIFICACIÓN FAMILIAR

Control de la natalidad, fertilización in vitro y subrogación

PERSPECTIVA PASTORAL

Este capítulo es una adaptación del material que nuestros pastores y ancianos han reunido en los últimos años sobre estas cuestiones. Es representativo de la posición general de Grace Community Church.

No hay duda de que a Dios le agrada tener hijos. Eso es evidente en Tito 2:3-5 y en la exhortación de Pablo a las viudas jóvenes en 1 Timoteo 5:14. Además de los placeres de la compañía íntima (Proverbios 5:19), la procreación es uno de los propósitos principales del matrimonio (Génesis 1:27). De ahí que Salmos 127:3-5 afirma que los hijos son un regalo de Dios y los que tienen muchos de ellos son bendecidos. Una familia grande significa un aumento de la responsabilidad, pero los niños criados en una manera piadosa influirán en el mundo para bien y para Dios.

No obstante, nada en la Escritura prohíbe que las parejas de casados practiquen el control de la natalidad, ya sea por un tiempo limitado para demorar la maternidad, o de forma permanente una vez que creen que su familia está completa.[1] Al mismo tiempo, las parejas cristianas deben considerar en oración sus motivos ante el Señor, evaluando cuidadosamente sus razones para posponer o evitar el embarazo. Al igual que en todas las decisiones éticas que los creyentes hacen, las razones para el uso de anticonceptivos deben reflejar un punto de vista bíblico y no deben ser simplemente dictadas por la práctica predeterminada de la cultura.

Aunque el uso de métodos anticonceptivos (en principio) no está prohibido en las Escrituras, no todos los métodos de control de natalidad son aceptables. La abstinencia prolongada entre marido y mujer está prohibido en 1 Corintios 7:5, haciéndola una forma bíblicamente inaceptable de control de la natalidad. Por otro lado, cualquier tipo de método anticonceptivo que pudiera causar un aborto también debe ser desestimado. La vida comienza en la concepción (es decir, la fertilización), y la destrucción intencional de esa vida es equivalente al asesinato. Cualquier forma de control de natalidad que destruye el feto o el óvulo fertilizado en vez de prevenir la concepción es, por lo tanto, malo. (Para más información acerca de nuestra posición sobre el aborto, ver el capítulo anterior de este libro.)

Otros métodos de control de la natalidad, incluidos los anticonceptivos orales no abortivos, los condones y los procedimientos quirúrgicos comunes de la ligadura de trompas o la vasectomía no plantean ningún problema en la Biblia. Si ambos cónyuges están convencidos ante Dios y en su propia conciencia que deben tener más hijos, la Escritura no les prohíbe seguir adelante con esa decisión.

En todo eso, el marido debe estar especialmente consciente de su responsabilidad de servir desinteresadamente y apreciar a su esposa (Efesios 5:25-29). Nunca se debe forzar a la esposa a usar algún tipo de método anticonceptivo con el que ella no se sienta del todo cómoda. Los efectos secundarios físicos, emocionales y hormonales deben ser considerados cuando el marido y la mujer determinan juntos qué tipo de método anticonceptivo, si lo hay, es el adecuado para ellos.

Estamos de acuerdo con Albert Mohler, que escribe:

> Las parejas evangélicas pueden, a veces, optar por utilizar anticonceptivos con el fin de planificar su familia y disfrutar de los placeres del lecho matrimonial. La pareja debe considerar todas esas cuestiones con cuidado y deben ser verdaderamente receptivos al regalo de los hijos. La justificación moral para el uso de anticonceptivos debe estar clara en la mente de la pareja, y ser totalmente compatible con los compromisos cristianos de ellos.[2]

¿Qué pasa con «la píldora»?

En los últimos años ha habido mucho debate en cuanto a si la píldora anticonceptiva oral (PAO, más comúnmente conocida como «la píldora») puede, en raras ocasiones, causar abortos tempranos o no. Si la evidencia revela que sí, tendríamos necesariamente que rechazar la PAO como una forma ética de control de la natalidad.

En esencia, esa píldora previene el embarazo engañando al cuerpo de una mujer haciéndole creer que está embarazada. El tipo más común de píldora anticonceptiva es el anticonceptivo oral combinado (o AOC), que consta de estrógeno y progestina. En conjunto, estas hormonas trabajan para prevenir la ovulación (impidiendo de ese modo la posibilidad de que haya un huevo disponible para ser fertilizado) y para espesar la mucosa cervical (inhibiendo de este modo la capacidad del esperma para viajar a través de las trompas de Falopio). Como resultado de estos dos mecanismos principales de acción, la píldora es 99 por ciento eficaz en la prevención de la fertilización.[3]

Los anticonceptivos orales se componen de dos hormonas que están presentes en cantidades mínimas. Las dos hormonas son estrógeno y progesterona. La píldora se inicia en el quinto día del ciclo menstrual, mientras que los niveles de todas las hormonas (HEF [hormona estimulante del folículo], HL [hormona luteinizante], estrógeno y progesterona) están en su punto más bajo. Las píldoras continúan durante un total de veintiún días sobre una base diaria. Las hormonas en la píldora se absorben muy rápidamente y comienzan sus efectos de inmediato. Estos efectos son idénticos a los que producen las hormonas de origen natural ya que el cuerpo no es capaz de distinguir entre las dos. Las hormonas de la píldora afectan a la glándula pituitaria suprimiendo la secreción de HEF y HL. Esto ocurre porque la glándula pituitaria detecta que hay un nivel adecuado de estrógeno y progesterona en el cuerpo, y no es necesaria más producción. Esta inhibición de la producción de HL y HEF conduce a la prevención de la maduración de los óvulos y la ovulación. Sin ovulación, obviamente, no puede ocurrir el embarazo. Por lo tanto, la prevención de la

ovulación es la forma como los anticonceptivos orales previe-
nen el embarazo.[4]

Pero, de vez en cuando, la ovulación *se produce* en las mujeres que
toman AOC, lo que significa que de vez en cuando un huevo (llamado
un «huevo de avance») *puede* ser fertilizado. Es en esas circunstancias
relativamente raras que surgen cuestiones éticas relacionadas con la
píldora. En concreto, ¿inhibe la píldora la implantación de un óvulo
fecundado en el útero (adelgazando el revestimiento del útero y creando así lo que se denomina una «endometrio hostil»)? Si lo hace, este
tercer mecanismo de acción sería potencialmente abortivo en el sentido
de que podría impedir que un óvulo fertilizado de otra forma viable se
implante en el útero, lo que resultaría en su rechazo por parte del cuerpo de la madre.

Gran parte del debate gira, entonces, alrededor de si la píldora inhibe o previene la implantación a través de la creación de un endometrio
hostil, o no. Los argumentos, a veces más emocionales que científicos,
se han planteado a ambos lados del asunto.[5]

Pero, ¿qué deben pensar los cristianos acerca de estas cosas?

Como aquellos que se han comprometido firmemente a la posición
provida, y creen que la vida comienza en la fecundación (y no después
de la implantación), no vemos ninguna evidencia científica o médica
convincente que nos lleve a la conclusión de que los AOC, tomados en
un modo adecuado, causen abortos.

Es generalmente aceptado que el endometrio se adelgaza durante el
uso de AOC *cuando la ovulación se previene con éxito* (lo cual ocurre
en más del 99 por ciento de las veces). Pero, ¿ese adelgazamiento hace al
endometrio hostil cuando los dos primeros mecanismos de acción fallan,
y la ovulación (y en última instancia, la fertilización), de hecho, ocurre?

Basados en nuestra comprensión de la literatura médica actual, no
vemos ninguna razón para concluir que lo hace. Para empezar, sigue
siendo algo incierto hasta qué punto un endometrio adelgazado afecta
la capacidad del óvulo fecundado a implantarse. De hecho,

recientes estudios *microscópicos* del endometrio demuestran
que no podemos predecir la receptividad basados en la delgadez

o espesor [de] el revestimiento del uterino, planteando nuevos interrogantes sobre el significado del adelgazamiento del endometrio observado en ciclos de AOC. La mayoría de los obstetras han recibido bebés que fueron concebidos mientras las madres estaban tomando PAO. Estos bebés han estado muy bien, y el riesgo de anomalías congénitas o abortos espontáneos no fue mayor que para los bebés en la población general.[6]

En segundo lugar, y más importante aún, hay buenas razones para cuestionar la suposición de que el endometrio de la madre permanece delgado (u «hostil») si la fertilización efectivamente ocurre (incluso durante el uso de AOC). La evidencia médica sugiere que si se produce —y cuando se produzca— la fecundación, ocurrirán cambios hormonales significativos en el cuerpo de la madre, los que anulan los efectos hormonales de la píldora y resultan en un endometrio receptivo.

Una vez que el óvulo ha sido fecundado, se necesita normalmente de cinco a siete días para que continúe el viaje y se implante en el útero. Durante ese tiempo, la producción de estrógenos y progesterona se ha incrementado en virtud de la ovulación. ¿No contrarrestaría eso todos los efectos de la píldora?[7]

En un artículo de 2005 publicado por la Asociación de Médicos Provida, James P. Johnston responde a estas preguntas con una respuesta afirmativa.

Los proponentes de la «teoría del endometrio hostil» argumentan que los AO [anticonceptivos orales] son abortivos basados en el tercer mecanismo de acción. La literatura médica apoya claramente la afirmación de que el útero se vuelve más delgado y menos glandular como resultado de los anticonceptivos orales; sin embargo, la literatura médica llega a esta conclusión a partir de ciclos de píldoras no ovulatorias. Se supone que este hallazgo en ciclos de píldoras no ovulatorias prevendría la implantación del embrión concebido en un ciclo de píldora ovulatoria; pero esta presunción es falsa. Si una mujer que está tomando AO ovula y concibe, todo cambia: a través del efecto de la GCH [hormona gonadotropina coriónica humana] sobre el cuerpo lúteo, y la liberación por parte del cuerpo lúteo de altos niveles de estrógeno y progesterona, el útero es capaz de alimentar muy bien a su nuevo invitado.

Es de destacar que en un ciclo menstrual normal, en el día de la ovulación, el endometrio no es receptivo a la implantación. Si el embrión fuera a caer a través de las trompas de Falopio hacia el útero en ese día, se podría llamar con razón un «endometrio hostil». Pero después de la ovulación, el cuerpo lúteo transforma este endometrio hostil en un hostal receptivo, nutritivo, donde el embrión se adhiere aproximadamente una semana más tarde después de su viaje a través de la trompa de Falopio, y donde el bebé se va a seguir desarrollando hasta el nacimiento.[8]

En otras palabras, según Johnston, la píldora no causa un endometrio hostil si es que ocurre la fertilización, ya que las hormonas liberadas después de la fertilización son de mucha mayor magnitud que las que se encuentran en la píldora.[9] Por tanto, «si ocurre la ovulación, existe una medio hormonal completamente diferente»[10], que resulta en un endometrio engrosado que está listo para recibir el huevo fertilizado.

Esto es esencialmente la misma línea de razonamiento que Joel E. Goodnough empleó en su artículo en el 2001 en respuesta a los que dicen que la píldora puede impedir la implantación:

[Su] contención de que sí causa abortos es especulativa, que se basa principalmente en la observación de que la PAO crea un endometrio que parece ser hostil a la implantación cuando funciona haciendo aquello para lo cual fue diseñada, prevenir la ovulación. Lo que no está claro es lo que ocurre con el endometrio cuando la PAO no logra hacer aquello para lo cual fue diseñada y se produce la ovulación. He citado algunos estudios que sugieren que el endometrio es más normal cuando la ovulación se produce mientras se está usando la PAO...

No es posible, basado en los estudios [actuales], concluir que la PAO provoca abortos. De hecho, en base a los estudios más recientes, parece que la PAO, cuando se toma correctamente, se acerca a un 100% de efectividad en la prevención de ovulación.[11]

Habiendo examinado ampliamente estos temas, nuestro propio experto médico Michael Frields (ginecólogo obstetra y miembro destacado de Grace Community Church) ha llegado a la conclusión de que las píldoras anticonceptivas no son en absoluto un método abortivo de control de la natalidad. Así que escribe:

Los anticonceptivos orales actúan para prevenir el embarazo evitando la ovulación lo que, a su vez, impide la concepción. Esto sin duda cumple con el criterio de un método anticonceptivo aceptable actuando antes de la concepción. Si bien es cierto que el anticonceptivo oral no es cien por ciento efectivo, y que un pequeño número de embarazos sí ocurren a pesar de que la píldora se toma correctamente, los estudios han demostrado claramente que los embarazos concebidos mientras se esté tomando la píldora no tienen un aumento de probabilidad de aborto involuntario u otros problemas relacionados con el embarazo...

En resumen, basados en nuestra comprensión del mecanismo de acción de la píldora, esta es un método aceptable para el control temporal de la natalidad desde un punto de vista bíblico. Los anticonceptivos orales son el método temporal más eficaz para el control de la natalidad disponible en la actualidad, además de tener un alto margen de seguridad si se utiliza de acuerdo a las directrices actuales. Si se tolera bien, la píldora no sólo es segura y eficaz, sino que también ofrece varios beneficios para la salud.[12]

Las conclusiones del Dr. Frields son coherentes con las de otros médicos evangélicos destacados. En 1999, un grupo de cuatro médicos provida produjo una declaración extensa en la que afirman que el supuesto tercer mecanismo de acción (la creación de un endometrio hostil en el que se inhibe la implantación) carece de evidencia creíble. Así, ellos llegan a la conclusión de que «no hay evidencia que muestre que los cambios endometriales producidos por los AOC, contribuyan al fracaso de la implantación de las concepciones, ni existe evidencia de que los AOC causen una mayor proporción de gestación de embarazos ectópicos».[13]

Un documento anterior, titulado: «Pastillas para el control de la natalidad: anticonceptivo o abortivo» fue producido en 1998 y firmado por 21 médicos provida que estuvieron de acuerdo en que los AOC no plantean la amenaza de ser abortivos.[14] Del mismo modo, una declaración en el 2005 publicada por el Consejo de Revisión Médica de la organización Enfoque en la Familia indicaba que, después de dos años de investigación y deliberación extensa, «la mayoría de los médicos [en el consejo] creen que la píldora no tiene un efecto abortivo».[15]

En líneas generales, otras organizaciones cristianas (como la Asociación Americana Provida de Ginecología y Obstetricia y la Asociación Cristiana Médico y Dental) han adoptado la postura de esperar y ver, lo que sugiere que se requiere más investigación médica antes de poder alcanzar un veredicto final.[16] Estas organizaciones respetan las posiciones informadas y conscientes sostenidas por médicos en ambos lados del debate.

Reconocemos el hecho de que todavía se realizan más investigaciones en este tema tan importante. Y nos gustaría animar a las parejas casadas cristianas que están considerando el uso de anticonceptivos orales combinados (o cualquier otra forma de control de la natalidad) a reflexionar en oración su decisión, para estudiar con diligencia los problemas por sí mismos, y hablar de sus preocupaciones con su médico.

En resumen, no vemos una razón de peso, dada la evidencia médica actual, para oponerse categóricamente al uso de PAO (y en particular de AOC). No obstante, nunca animaremos a un creyente a violar su propia conciencia. Como se ya señaló, estamos profundamente comprometidos con la vida de los no nacidos, y respetamos a otros líderes cristianos provida que no estén de acuerdo con nuestras conclusiones sobre este tema. Al mismo tiempo, debemos prevenir a los laicos bien intencionados pero insuficientemente informados de usar la especulación con carga emocional para juzgar a otros o para suscitar temores injustificados.

¿Qué pasa con la fertilización in vitro y la subrogación?

Lo que sigue es una lista de conclusiones iniciales que nuestro personal pastoral ha alcanzado basado en nuestras conversaciones con médicos evangélicos. Todas las conclusiones reflejan los siguientes enunciados bíblicos:

- Dios abre y cierra la matriz conforme a su voluntad soberana (Génesis 29:31; 30:22; 1 Samuel 1:5-6; Salmos 127:3).
- Es aceptable para los cristianos aprovechar la tecnología médica existente, siempre y cuando los métodos específicos no violen la clara enseñanza de la Escritura (cf. Romanos 14).
- La vida comienza en la concepción (Salmos 51:5; 139:13-16).
- El aborto no es una opción, porque destruye la vida humana (Génesis 9:6; Éxodo 20:13).
- La intimidad física entre marido y mujer es el medio que Dios diseñó para producir descendencia (Génesis 2:24).

Conclusiones iniciales

Dados estos enunciados bíblicos, aquí tenemos las diez primeras conclusiones:

1. Todas las parejas que deseen tener hijos, ya sea naturalmente o con asistencia médica, deben examinar con sumo cuidado sus motivos para asegurar que el deseo de tener un niño no se ha convertido en una especie de idolatría. Este tipo de autoexamen debe seguir realizándose incluso después de que los niños nazcan.
2. Ni la fertilización in vitro, ni la subrogación es una opción legítima para una persona sola que esté tratando de tener un hijo sin un matrimonio bíblico.
3. Ni la fertilización in vitro, ni la subrogación es una opción legítima para una pareja involucrada en una unión no bíblica (por ejemplo, una relación homosexual o lesbiana, o un hombre y una mujer solteros que viven juntos).
4. Cada embrión creado entre un marido y su mujer —es decir, cada huevo fertilizado— debe poder ser implantado.

5. Un máximo de tres huevos (de preferencia, sólo dos) deberían ser fecundados, ya que es el número más grande que la matriz puede sostener razonablemente; cuando más de tres están implantados, los embriones adicionales por lo general se enfrentan a la muerte o graves defectos.

6. Si la congelación es necesaria como parte del proceso in vitro debido al inminente tratamiento médico (por ejemplo, radiación o quimioterapia), los óvulos de la mujer y el esperma del esposo deben ser congelados por separado.

7. De existir huevos fecundados congelados, deben ser manejados de la siguiente manera: (a) Todos ellos (aunque no más de tres a la vez) deben ser implantados en la madre biológica; (b) nunca deben ser desechados o destruidos.

8. La Escritura no aborda específicamente la fertilización in vitro y la subrogación per se. Sin embargo, como se dijo al principio, la intimidad física entre marido y mujer es el medio que Dios ha diseñado para producir descendencia. Por esta razón, creemos que los cristianos no deben utilizar métodos que empleen óvulos donados o esperma de un tercero. Tampoco deben utilizar métodos que utilicen un tercero como el portador de un bebé resultante de la implantación del espermatozoide de un marido y el óvulo de su mujer (tal como en la subrogación). Aunque no es exactamente un caso paralelo, las consecuencias desastrosas del intento de Abraham y Sara de utilizar a Agar como un tercero con el fin de continuar la línea familiar de Abraham en Génesis 16 —particularmente la tensión que resultó entre las dos mujeres— pueden servir de advertencia para aquellos que pretendan ejercer métodos que implican un tercero.

9. Los crecientes problemas legales y de custodia que rodean la subrogación proporcionan una advertencia adicional para aquellos que están considerando un método como la subrogación.

10. Junto con diversas opciones médicas, las parejas cristianas deben considerar seriamente la adopción, que es a la vez viable y honra a Dios (cf. Santiago 1:27).

9

ESPERANZA, SANTIDAD Y HOMOSEXUALIDAD

Una estrategia para ministrar a los cristianos que luchan con eso

JOHN D. STREET

Uno de los retos más importantes para los cristianos en la actualidad es encontrar un ministerio efectivo, sin concesiones y, al mismo tiempo, compasivo con los homosexuales y las lesbianas. Aunque puede ser difícil mantener un equilibrio bíblico en una cultura eclesiástica radical, es de vital importancia para los cristianos pensantes y las iglesias bíblicas. Por un lado, hay iglesias que han rechazado cualquier noción de ministrar a los homosexuales y deciden rechazarlos con desdén. Por otro lado, hay iglesias que los abrazan y aceptan en su convivencia religiosa sin cuestionamiento. Ambos enfoques son erróneos. El primero carece del amor de Cristo y el segundo de discernimiento bíblico. Al considerar una respuesta correcta, vamos a empezar por examinar varios ejemplos específicos.

Derek, después de convertirse en cristiano, ha salido de un verdadero estilo de vida homosexual. Él siente las debilidades de su cuerpo habituado y de las tendencias pecaminosas de su corazón y sus pensamientos. Pero insiste en que quiere desesperadamente ser liberado de su control y su dominación. Es más, cree que Jesucristo es la solución a su batalla y a la miseria que esta ha engendrado, pero está enfrentando problemas para hacer la conexión entre su nueva fe y las soluciones bíblicas que producirán un cambio sustancial y duradero. De grave preocupación es que Derek se casó con una mujer cristiana no mucho después de su conversión. Su desesperación lo hace lucir como un hombre a punto de ahogarse que apenas está agarrado de un muelle en un océano en el que las poderosas corrientes del deseo amenazan con tirar de él. Un segundo joven, Chas, es soltero y muy afeminado; muchas personas en la iglesia suponen que es homosexual debido a sus gestos. Su forma de vestir, caminar, hablar es notablemente diferente del de los otros hombres de la iglesia. Es indiscutible que sus amigos más cercanos son las mujeres jóvenes solteras del grupo de universitarios y profesionales, a pesar de que nunca ha expresado interés romántico especial en ninguna de ellas. A pesar de que sus temas de conversación son más femeninos que masculinos (ropa, estilo, cortes de pelo, etc.), nunca ha confesado ninguna tendencia homosexual a nadie. Sin embargo, la evidencia parece convincente y, para empeorar las cosas, parece estar cerrado a discutir ese tema con alguien.

Luego está esta mujer soltera, de mediana edad, Rosie, que se convirtió supuestamente después de dos décadas de relaciones lésbicas. Ella ha llegado a ser muy activa en el ministerio de mujeres y estudios bíblicos en la iglesia. Rosie nunca se casó y reconoce abiertamente que desde que era niña nunca le han gustado los hombres. Su apariencia es inequívocamente masculina y usa un peinado corto. En los últimos años Rosie había sido conductora de camión para una empresa de transporte de la localidad. Con orgullo, afirma: «¡Puedo hacer cualquier cosa que un hombre pueda hacer!» Una de las esposas de los pastores, incluso se ha preocupado por el interés de Rosie en el establecimiento de una estrecha relación con ella bajo el pretexto del discipulado.

Casos como el de Derek, Chas y Rosie son cada vez más frecuentes en la iglesia. Cada vez más, los pastores y consejeros están buscando orientación para ministrar a cristianos profesantes plagados con deseos homosexuales y lésbicos que son «contra naturaleza» (Romanos 1:26).[1] Nuestro propósito en este capítulo es proveer al lector cristiano algunos puntos de ministerio bíblicamente precisos y eficaces para ayudar a los demás cristianos tentados con deseos homosexuales, así como para proporcionar parámetros descriptivos para hacer frente a la «agenda gay» en nuestra época posmoderna.

Debe tenerse en cuenta que estoy usando el término «cristiano» de manera calificada. Entiendo perfectamente que una persona que *es* homosexual (gay o lesbiana) o afeminado *no es* un verdadero creyente, no importa cuán apasionada su afirmación (cf. 1 Corintios 6:9-11).² El evangelio, por tanto, debe constituir la discusión central al comenzar a ministrarles. Los incrédulos no pueden ser aconsejados eficazmente a partir de las Escrituras a menos que sean evangelizados primero y respondan con fe a Jesucristo. ¿Por qué? Porque ellos siguen siendo esclavos del pecado, muertos en sus iniquidades, no han sido regenerados, transformados ni perdonados (cf. Romanos 6:6,17-18; Efesios 2:1-3; Tito 3:5-8). Ellos no viven bajo la misma autoridad bíblica, ni son habitados por el Espíritu Santo (1 Corintios 6:19; Gálatas 5:19-23). Dado que su alma está muerta, ellos tienen un corazón insensible y hostil cuando se trata de la verdad de la Palabra de Dios (Efesios 2:5; cf. Romanos 3:10-18). Muchos cristianos bien intencionados han tropezado aquí, tratando de proporcionar ayuda bíblica a los homosexuales que son incapaces de dar una respuesta espiritual a nivel del corazón. Esto sólo conduce al desánimo y a la frustración por parte de ambos. Un ejemplo vívido de ello proviene de un pastor no salvo que finalmente salió a la luz con respecto a su homosexualidad en lo que llamó una «Carta abierta a la familia y a los amigos».

Esta carta es con el deseo de romper el silencio de los últimos dos años. Algunos de ustedes han estado tratando de ponerse en contacto conmigo, y no he respondido por una variedad de razones. Sin embargo, ha llegado el momento de abordar algunas cosas para limpiar el aire durante algunos cambios obvios en mi vida y en las vidas de mis seres queridos.

Ustedes pueden pensar que nunca me conocieron realmente. Esa es una declaración exacta, en verdad. El hecho es que mi vida estuvo dedicada a un objetivo principal en los últimos 25 años, el de escapar de mi orientación sexual. Eso requirió mucha falsedad, ya que nunca fui capaz ni estuve dispuesto a revelar esto a ninguno de ustedes.

Para el tiempo en que tenía dieciséis años, le prometí a Dios que iba a hacer todo lo posible por encontrar la sanidad y evitar decepcionar a mi familia. Para mí, como joven ingenuo, eso tuvo que ver con la universidad, el seminario, el matrimonio y el ministerio. A través de los años pasó a significar un sinnúmero de horas en asesoramiento cristiano, grupos de apoyo, libros y seminarios. Pasé por una depresión severa durante semanas y meses, desesperado al punto que pensé en el suicidio. Día tras día, año tras año he estudiado, llorado, orado y memorizado grandes porciones de las Escrituras. Muchos de ustedes piensan que no lo he intentado. A eso digo, sólo Dios sabe los extremos a los que he ido para hacerme plenamente heterosexual.

Llegué al límite en junio... con un colapso emocional, la renuncia al ministerio y un gran cambio en mi vida... Vivo con mi pareja...

Estoy seguro de que no quieren creer esto. Muchos de ustedes han orado por mí, unos pocos me han escrito. Algunos me han llamado. Lo siento en verdad por el daño que he causado, pero ese dolor nunca podrá cambiar lo que soy. Mi familia sigue haciendo ajustes. La preocupación que tienen por ellos ha sido muy apreciada.

...Sé que me van a marginar. Algunos de ustedes nunca más hablarán conmigo. Lo entiendo. Yo no pido que estén de acuerdo conmigo o que me acepten. Las iglesias conservadoras no tienen lugar para gente como yo, eso es claro. Sólo quiero que conozcan los hechos y que estoy aquí. Tengo muchos seres queridos que han permanecido conmigo en estos tiempos difíciles.

Aprecio los recuerdos que muchos de nosotros compartimos. Por favor, sepan que me preocupo por ustedes y los extraño.

Él se refiere a «un sinnúmero de horas en asesoramiento cristiano, grupos de apoyo, libros y seminarios» que fueron ineficaces para lograr un cambio.[3] Con el tiempo se hizo evidente que él nunca había rendido su vida a Jesucristo como Salvador. Cuando se entiende esto es que empieza el cambio verdadero y duradero. Todo el consejo y la lectura no podían cambiar su corazón pecaminoso, porque nunca hubo un verdadero arrepentimiento. Obligar a un incrédulo con los principios cristianos de la conducta moral sólo lo convierten en un fariseo.

Aunque se les dé amplio consejo a los incrédulos, ellos no pueden cambiarse a sí mismos. Tenga en cuenta cómo este hombre reconoce «los extremos a los que he ido para *hacerme* plenamente heterosexual». Muchos homosexuales que dicen ser cristianos tratan sin éxito de hacer lo mismo. Pero esto sólo puede suceder como resultado directo del poder regenerador y radical del Espíritu Santo. Así, los cristianos que aconsejan a un homosexual no creyente, como con cualquier no creyente, deben concentrar sus esfuerzos en el evangelio y en un llamado al arrepentimiento. Aunque ese consejo puede requerir persistencia y paciencia durante un período prolongado de tiempo, ningún cambio verdadero puede ocurrir hasta que el creyente genuinamente abrace a Jesucristo como Señor y Salvador.

En nuestros tres escenarios introductorios cada individuo decía ser cristiano. Como amigo cristiano, estoy bastante seguro de que Derek es creyente puesto que entiende el evangelio y su deseo de cambiar es tan fuerte, como lo demuestra su profundo remordimiento y el arrepentimiento por su pecado. Es sensible a la enseñanza bíblica y a la amonestación. El problema de Chas es más complicado. He visto casos en los que algunos hombres, aunque heterosexuales, tienen actitudes afeminadas y necesitan consejo sobre cómo ser más masculinos en el liderazgo, en su comportamiento y al actuar. Son personas dispuestas a cierta confrontación amorosa sobre la forma de actuar más de acuerdo con la masculinidad bíblica. Pero si Chas persiste en no responder al consejo bíblico, hay razón para dudar de que posea el espíritu enseñable que acompaña a la salvación. Él no se siente obligado por la verdad, porque no hay nada en su corazón que la muestre.

Luego está el triste caso de Rosie. Una vez que usted entiende su pasado, así como su actitud y sus acciones con las otras mujeres en la iglesia, hay una buena razón para creer que no es cristiana. ¿Cuál es la diferencia con su caso? Es su total indiferencia por la instrucción bíblica y el evitar al liderazgo masculino designado por Dios en la iglesia. Como pastor del rebaño de Dios, me preocuparía que Rosie sea una mujer depredadora que se ha dado cuenta que el rebaño de Dios es presa desprevenida para su apetito ilícito. Se ha dado cuenta de que los cristianos tienden a aflojar su discernimiento cuando otro dice ser uno de ellos. Es más, muchos incluso defienden a tales personas si alguien pone en duda la autenticidad de su fe. Y, sin embargo, la advertencia de nuestro Señor es clara:

No todo el que me dice: Señor, Señor, entrará en el reino de los cielos, sino el que hace la voluntad de mi Padre que está en los cielos. Muchos me dirán en aquel día: Señor, Señor, ¿no profetizamos en tu nombre, y en tu nombre echamos fuera demonios, y en tu nombre hicimos muchos milagros? Y entonces les declararé: Nunca os conocí; apartaos de mí, hacedores de maldad.

Rosie tiene un espíritu rebelde. Algunos homosexuales y lesbianas con sentimiento de culpa se han refugiado en la iglesia con el fin de tranquilizar su conciencia (cf. Romanos 2:15). Posteriormente, a pesar de sus vacilantes intenciones para sentirse mejor, sus fuertes deseos todavía son dominados por la depravación y proceden a practicar su lascivia entre el pueblo de Dios. Las mujeres como Rosie a menudo se aprovechan de las cristianas que tienen relaciones infelices con su cónyuge. Ella entiende cómo piensa la mujer y, a menudo, empezará por ser una oyente atenta y comprensiva con el pretexto de cierta preocupación espiritual. Los estudios bíblicos con frecuencia se convierten en largas discusiones sobre temas personales (algo que el marido a menudo no hará con su esposa). En un caso como el de ella, la iglesia necesita protección y Rosie necesita a Cristo. Al igual que los «falsos maestros» mencionados por Pedro, que atraen a los cristianos a seguir su «sensualidad», Rosie podría estar llena de sordidez sensual en su intento por explotar a las mujeres infelices de la iglesia (2 Pedro 2:1-10).

Si Rosie está dispuesta a entregar su vida al Señor Jesucristo y rendir cuentas al liderazgo de la iglesia, se dará cuenta de que la obediencia bíblica, con la capacitación del Espíritu Santo, puede traer un cambio real y duradero. Si usted no está razonablemente seguro de que la profesión de fe en Cristo que hace su amigo es verdadera, entonces una ministración seria de la Palabra puede empezar a provocar cambios en su vida.

Una estrategia para ministrar a los cristianos que luchan con sus pasiones

Una vez que esté seguro de que su amigo tiene un auténtico deseo de cambiar y ser obediente a Cristo (como Derek), sería fructífero hacer un cuidadoso inventario de su estilo de vida y de sus hábitos en cuanto al pensamiento. Con frecuencia encontramos que los homosexuales se criaron en un hogar caracterizado por una o más de las siguientes características: irresponsabilidad de los padres, abuso sexual, ausencia de modelos bíblicos (en el matrimonio de los padres) y, o una total falta de influencia religiosa o una crianza muy dura, exigente y legalista. Comprender la historia particular de su amigo afectará en gran medida la dirección de su consejo bíblico. Por ejemplo, cuando Chas estaba creciendo era pequeño de estatura. A menudo, los otros chicos lo condenaban al ostracismo. A pesar de que se esforzó mucho por ser aceptado, lo excluyeron. Desde sus más tempranos recuerdos a regañadientes gravitó hacia las niñas y aprendió a resignarse a un estilo de vida afeminado. Sus pensamientos estaban llenos de ira hacia Dios por haberlo hecho de esa manera hasta que al fin reveló que iba a exagerar a propósito sus gestos femeninos por despecho, especialmente en la iglesia y en torno a los cristianos. Tuvo que arrepentirse de su ira profundamente arraigada contra Dios y reconocer que Dios no había cometido un error al hacerlo de la manera que lo hizo (cf. Salmos 5:4; 92:15; Isaías 46:9-10). Hay, después de todo, algunos grandes hombres de la Biblia que fueron de pequeña estatura (cf. 1 Samuel 16:7; Lucas 19:3). A través de un discipulado bíblico efectivo, Chas llegó a reconocer que a una edad temprana —a medida que su deseo de aceptación entre los hombres jóvenes fue rechazado— sus ansias se invirtieron, de modo que respondió pecaminosamente. Comprender la historia de su amigo es imprescindible si usted va a rastrear sus motivaciones, sus pensamientos, y sus deseos dominantes y pecaminosos.

Veamos algunos principios útiles para cuando vaya a discipular a cualquier cristiano que es tentado por la homosexualidad:

1. La identidad debe formarse «en Cristo»

El entendimiento teológico de que el cristiano está «en Cristo» es crucial para los que luchan con la homosexualidad (Romanos 8:1; cf. Gálatas 3:26-29; Efesios 1:1; Filipenses 1:1; 2 Timoteo 1:1).[4] A veces, al principio del discipulado, sus aconsejados le van a expresar con muchas palabras que: «Soy homosexual». Están convencidos —por su propia lucha infructuosa con las debilidades sexuales o por el golpeteo implacable

del mundo que les dice que están cableados genéticamente de esa manera— y que no pueden cambiar.[5] Por supuesto, eso es una mentira cultural y priva a sus aconsejados de esperanza.

Lo que ellos son «en Cristo» debe ser el planeta alrededor del cual
todos sus pensamientos y acciones orbiten. Esto es algo más que una
metáfora; esto tiene que ver con cómo los cristianos se ven a sí mismos,
como pecadores no merecedores que disfrutan de las provisiones bon-
dadosas y la justicia de Cristo con el fin de tener la plena aceptación
con Dios el Padre. Es fundamental establecer desde el principio el asesoramiento y el discipulado centrados en el evangelio. Cuando su vida
y su pensamiento se practican «en Cristo», eso trae esperanza y cambio
de pensamientos, deseos y comportamientos. De modo que piensan y
actúan en nuevas maneras y abandonan el vestido, las palabras, y los
gestos homosexuales y afeminados. Es especialmente eficaz enseñarles
fielmente los principios de Romanos 6:1-14 a la vez que consideran el
contexto anterior de Romanos 1:24-27. La manera en que se vean los
cristianos a sí mismos y a su posición en Cristo, afectará en gran medida
su cambio y su crecimiento en la santificación. Un cristiano tentado por
deseos homosexuales (o lésbicos) no es homosexual, ¡es *cristiano*! Este
pensamiento y toda su riqueza teológica es vital para entender si sus
aconsejados van a poseer la perseverancia para derrotar a este enemigo.

2. La confesión debe incluir la condición, así como el comportamiento, de la homosexualidad

El cambio comienza cuando se ve el problema como Dios lo ve. Esto
es cuando su percepción espiritual puede identificar con franqueza los
aspectos del hombre interior y exterior en pecado. Es cuando usted se
da cuenta de que su vida es una afrenta a la santidad de Dios y a causa
de ello está abrumado (Proverbios 28:13; Santiago 4:8-10).

Algunos cristianos, estando más persuadidos sicológicamente, abogan por la idea equivocada de que la homosexualidad es una enfermedad (causada por una sustancia química o predisposición genética) que
nadie puede ayudar o cambiar. Así que, dicen que aunque la *práctica* de
la homosexualidad es pecado, la *condición* no lo es. Pero en las Escrituras no se hace tal distinción. Dios no sólo considera las acciones exter-
nas; mira el corazón (cf. 1 Samuel 16:7; Salmos 7:9; Jeremías 17:10). Los

fariseos creían que mientras no adulteraren en realidad, ellos estarían bien. Pero Jesús reprendió esa idea y dijo que un hombre que codicia a una mujer en su corazón ya es adúltero (Mateo 5:28). Cuando Dios ve el problema no separa lo interno de lo externo.

Tanto la condición como el comportamiento son «contra naturaleza» y gravemente pecaminosos, y la única esperanza de un verdadero cambio *por dentro y por fuera* es Jesucristo (Lucas 5:32; 1 Corintios 6:11). Cuando existe una orientación homosexual, la condición del cuerpo (impulsos biológicos) y el comportamiento (pensamientos, anhelos y acciones) están todos en rebelión contra el plan y el orden de Dios. Al darse cuenta de ello, el corazón verdaderamente regenerado responderá con una sentida aflicción y confesión a Dios, a medida que los pensamientos, los deseos específicos y los hechos son reconocidos como pecaminosos delante de Él. La confesión le da una etiqueta apropiada y lo llama como Dios lo llama: ¡pecado! El arrepentimiento es lo siguiente que sucede como prueba de la confesión genuina.

3. El arrepentimiento debe implicar una renuncia completa al pecado homosexual

Los cristianos que tienen una historia de luchas con la homosexualidad se encuentran en una categoría especial de pecados en la Escritura. Todo cristiano lucha con el pecado a diario y con las formas sutiles en que se manifiesta en su vida (cf. Romanos 7:23-24).[6] Estas requieren la confesión y el arrepentimiento continuo. Juan Calvino dijo que la vida cristiana es una carrera de arrepentimiento, no una carrera para alcanzar el arrepentimiento, sino una que se caracteriza por el arrepentimiento. Todos los cristianos practican el arrepentimiento diario de los pecados, pero el creyente tentado por la homosexualidad tiene un pecado en particular que ha sido persistente e implacable desde hace tiempo.

Es posible que algunos pecados como este aflijan la vida de los cristianos durante un periodo prolongado. En el asesoramiento bíblico los llamamos «pecados que dominan la vida», con el fin de distinguirlos teológicamente de los pecados diferenciados individuales. Los pecados que dominan la vida son aquellos que el cristiano sigue cometiendo porque se siente incapaz de cambiar, aunque sabe que están mal (cf. Salmos 19:13; 119:133; Romanos 6:12-13). Jay Adams los ha definido así:

> Cuando un hombre (como hombre; una persona en su totalidad) puede ser etiquetado de forma justa como borracho, homosexual, drogadicto, etc., tiene un problema que va a dominar toda su vida. Ya no sólo es un hombre, sino que la Biblia habla de él como cierto tipo de hombre (borracho; mentiroso, de doble ánimo, etc.); es decir, uno que se caracteriza o está dominado por el problema particular que le da su nombre. La Biblia etiqueta a aquellos que tienen problemas que dominan su vida.[7]

El cambio requiere un arrepentimiento inicial de largo alcance por los pecados que se han convertido en dominantes de la vida. El arrepentimiento genuino es un cambio de mente que es tan completo que conduce a un cambio de vida (Mateo 3:8; Lucas 3:8; 2 Corintios 7:10). Así que el arrepentimiento de la homosexualidad que domina la vida debe ser tan completo que renuncie a la totalidad del estilo de vida. Cada pensamiento, motivación, deseo, palabra, hábito y acción que ha facilitado la homosexualidad deben ser confesados ante el Señor como pecado. Esto puede requerir más de una entrevista de asesoría para lograrlo. Luego, los puentes tienen que ser quemados en la vida de esa persona para hacer difícil la repetición del pecado (ver Marcos 9:42-50). Si la persona tiene amigos (incluso llamados cristianos) que promueven ese pecado, esas amistades deben terminarse de inmediato. Si el puente es un compañero de trabajo o el ambiente de trabajo, la persona tiene que cambiar de trabajo. Cualquier tubería que alimente el pecado de la homosexualidad debe ser cortada. Por supuesto, el aconsejado debe entonces centrarse en amigos, actividades y pensamiento que faciliten la justicia (cf. Colosenses 3:5-11).

La confesión y el arrepentimiento no acaban aquí. Cada vez y en cualquier forma que este pecado sensual levante su cabeza, deberá ser derribado a través de la confesión y el arrepentimiento. La oración confesional es una herramienta fundamental para el cristiano atraído homosexualmente.

4. El modelo original de Dios para la sexualidad debe ser enseñado

La mayoría de las personas que buscan ayuda bíblica para la superación de los deseos homosexuales están muy conscientes de que la Biblia condena el pecado homosexual (Génesis 18:20-21; Levítico 18:22; 20:13; Deuteronomio 23:18; 1 Reyes 14:24; 15:12; 22:46; 2 Reyes 23:7; Romanos 1:27; 1 Corintios 6:9; 1 Timoteo 1:8-11). Sólo aquellos que han sido infectados con la falsa doctrina de la teología liberal (por las «iglesias metropolitanas» que defienden la homosexualidad y denuncian la clara enseñanza bíblica sobre este tema como «sin amor») se niegan a reconocer que es pecado.[8]

A pesar de que acusan a los cristianos creyentes en la Biblia de ser homofóbicos, ellos mismos son teofóbicos (aversión a Dios). Se ven obligados a escribir de nuevo lo que la Biblia dice acerca de la homosexualidad por temor a lo que Dios dice.

Sin embargo, la mayoría de los cristianos que están luchando y que desean ayuda real saben que la homosexualidad es una ofensa grave contra Dios. Para ellos, rara vez necesito repasar las fuertes prohibiciones bíblicas contra la homosexualidad. Sin embargo, examino los pasajes prohibitivos en profundidad si creo que el aconsejado ha adoptado una actitud arrogante hacia lo que la Palabra de Dios revela sobre este tema.

Un enfoque mucho más beneficioso ha sido la cuidadosa instrucción en el diseño original de Dios para la sexualidad. Esto incluye la instrucción teológica detallada sobre el paradigma, instituido por Dios para la intimidad sexual (en el matrimonio heterosexual) y la importancia de la especificidad de género de Adán y Eva. En Génesis 1:26-27, vemos que los géneros distintivos son plurales (masculino y femenino), lo cual refleja la pluralidad de la Deidad («Hagamos al hombre») y que, sin embargo, se unen en una unidad esencial de personas. Dios en relación crea al hombre en relación, masculino y femenino, en perfecta unidad con su imagen (singular). Las relaciones lesbianas y homosexuales deforman y destruyen la imagen reflectora de Dios que la humanidad debe tener en el complemento de géneros. Ayude a su discípulo a ver el diseño divino y la belleza de la complementariedad de género, que se exhibe correctamente en el matrimonio (cf. Génesis 2:18-25).

Podemos ver una instrucción adicional en la orden que dio el Creador cuando dijo: «Fructificad y multiplicaos; llenad la tierra y sojuzgadla» (Génesis 1:28). Este mandato no fue dado a dos hombres ni a dos mujeres, sino a un hombre y a una mujer. Sin medios artificiales, las parejas homosexuales o lesbianas no pueden procrear o cumplir con el mandato de Dios. Esto sólo se puede cumplir de forma natural y virtuosa a través del matrimonio heterosexual monógamo.

Dos personas del mismo sexo pueden ser amigos cercanos, pero es imposible que puedan disfrutar de la profundidad de la compañía que Dios planeó para marido y mujer en el matrimonio. Eva fue creada como la contrapartida eficaz para Adán en Génesis 2:18. La palabra «idónea» en ese pasaje se refiere a ella siendo creada para corresponder a Adán y por consiguiente, complementarlo en todos los sentidos. Dios diseñó la relación varón y hembra, cuando se vive rectamente como marido y mujer, para una compañía profunda. Esto es algo que las relaciones homosexuales no pueden imitar.

Por último, todas las relaciones homosexuales y lésbicas deben pedir prestado del diseño original de Dios para sobrevivir, porque todas las relaciones entre personas del mismo sexo tienen un papel dominante (macho) y un papel de sumisión (hembra). Incluso en su rechazo pecaminoso al mandato original de Dios, los homosexuales tácitamente dan tributo al diseño «natural» de la complementariedad de géneros.

5. Las relaciones sexuales deben ser vistas como una cuestión de culto

Cualquier perversión del orden de la creación de Dios en las relaciones sexuales muestra idolatría. Todo pecado sexual viene de un corazón codicioso que rinde culto a algo más que al Dios de la gloria. El apóstol Pablo advierte en Colosenses 3:5 (RVR1960): «Consideren los miembros de su cuerpo terrenal como muertos a la fornicación, la impureza, las pasiones, los malos deseos y la avaricia». Cada uno de estos términos está directamente relacionado con los pecados sexuales. Después añade: «que es idolatría». En Cristo, los fieles han muerto a esos males, pero la advertencia que Pablo dio asumía que sus lectores todavía luchaban con ellos a veces. Por lo tanto, necesitaban pensar correctamente acerca de sus cuerpos terrenales siendo liberados de tal esclavitud. Antes de la salvación, ellos eran esclavos de los pecados sexuales. Pero la muerte libera a los esclavos. Como los lectores de Pablo habían muerto con Cristo y habían sido liberados, ellos tenían que entender que volver a esos pecados era volver a la esclavitud y a la idolatría total. Los cristianos que se rinden a las tentaciones homosexuales y lésbicas están inclinando su corazón al ídolo de la sordidez sexual (cf. Efesios 5:3). Es un culto falso. Por lo tanto es imperativo que regresen y adoren al Señor verdadero y viviente en obediencia sincera. Una vez comprendido esto y el tipo de culto es restaurado, habrá una profunda satisfacción que proviene de una nueva y vibrante vida rendida al Salvador.

10

EL DERECHO A MORIR Y EL DERECHO A MATAR

Eutanasia, suicidio y pena de muerte

PERSPECTIVA PASTORAL

Este capítulo es una adaptación del material que nuestros pastores y ancianos han reunido en los últimos años sobre estas cuestiones. Es representativo de la posición general de Grace Community Church.

La eutanasia, el suicidio y la pena de muerte se relacionan en al menos dos frentes. En primer lugar, cada uno de ellos implica una muerte prematura intencional, lo que quiere decir que la muerte se induce de forma activa en vez de permitir que se produzca de forma natural. En segundo lugar, todos son temas controvertidos; especialmente la eutanasia (incluido el suicidio asistido por un médico) y la pena de muerte (ejecución ordenada por el gobierno). Muchos estadounidenses, incluidos protestantes, tienen opiniones diferentes acerca de si debería o no legalizarse la «muerte por compasión», y si la pena de muerte debe seguir vigente.

De acuerdo con las estadísticas mundiales recientes, cada año casi un millón de personas se suicidan de forma intencionada, con un promedio de un suicidio cada 40 segundos. Ese número, significativamente, es más alto que aquellos que son asesinados o muertos en combate. Por otra parte, se estima que los intentos de suicidio fallidos son hasta 20 veces más frecuentes que los suicidios consumados. En base a estas estimaciones, cada 2 segundos se intenta un suicidio. En todo el mundo, el suicidio se ubica entre las tres primeras causas de muerte de personas cuyas edades oscilan de 15 a 44 años; e incluso en Estados Unidos, el número de suicidios (más de 32.500 en 2005) es casi el doble que la de los homicidios (alrededor de 18.000 en 2005).[1]

El suicidio asistido por médicos, aunque legal en algunos países, es ilegal en los Estados Unidos, excepto en los estados de Oregón y Washington, donde se aprobó la «Ley de muerte digna» en 1994. Por otro lado, la pena capital es legal en 38 estados, aunque ha sido abolida en más de 90 países en todo el mundo. En 2007, más de 1.200 personas (y probablemente muchas más) fueron ejecutadas en 24 países, con China, Irán, Arabia Saudí y Pakistán como líderes mundiales en cantidad total de ejecuciones. En el mismo año, 42 criminales convictos fueron condenados a muerte en Estados Unidos.[2]

Aunque las estadísticas como estas son alarmantes, las cuestiones planteadas a veces golpean mucho más cerca de casa cuando un ser querido está en terapia intensiva, un amigo está luchando con episodios de depresión severa o una propuesta en la boleta de votación implica la pena de muerte. ¿Qué deben pensar los creyentes acerca de esas cosas? ¿Y cómo pueden los pastores y los líderes eclesiales ayudar a su gente a procesar estos asuntos de una manera que sea a la vez reflexiva y bíblica? Nuestra esperanza es que las breves imágenes presentadas en este capítulo proporcionen un punto de partida útil para pensar con claridad sobre estos temas polémicos y oportunos.

Eutanasia

La *eutanasia* implica un acto médico deliberado u omisión llevada a cabo por uno mismo, su médico o un tercero con el propósito determinado de causar la muerte de uno y tener éxito en el intento. Los defensores de la eutanasia creen que la muerte causada es por el bien de la persona a quien se le está provocando la muerte (es por esa razón por la que la eutanasia es a veces llamada «homicidio misericordioso»).[3]

La *eutanasia activa* se produce cuando una persona toma medidas proactivas para causar su propia muerte o la de otro. Con la eutanasia activa, la razón médica por la muerte no es una enfermedad o lesión, sino más bien la acción específica adoptada para terminar con la vida.

La *eutanasia pasiva* se lleva a cabo cuando el tratamiento médico disponible que podría permitir a una persona claramente vivir mucho más tiempo se suspende o retira de forma deliberada. La intención de la eutanasia pasiva es causar la muerte de una persona en un momento en que la muerte natural no es inminente.

Dejar morir (que es distinto de la *eutanasia*) implica la retención o la retirada de medicamentos y tecnologías de soporte vital y para prolongar la vida de un paciente con una enfermedad irreversible, para quien la muerte es inminente, incluso con tratamiento. La intención de «dejar morir» no es provocar la muerte, sino mejorar el bienestar del paciente, evitando la prolongación inútil del proceso de morir.

La diferencia entre la eutanasia pasiva y dejar morir, entonces, es la siguiente: Con la eutanasia pasiva, la muerte no es inminente y el tratamiento médico podría permitir claramente que una persona viva mucho más tiempo; pero al dejar morir, la muerte del paciente es inminente incluso con el tratamiento (es decir, las tecnologías médicas ya no pueden prevenir el deceso). Mientras que lo primero busca causar la muerte de una persona, lo segundo pretende «mejorar» el bienestar del paciente, evitando la prolongación del proceso de morir.

Al considerar detenidamente una respuesta bíblica, hay que recordar que aunque la muerte es inevitable, el momento en última instancia, descansa en las manos de Dios (Deuteronomio 32:39; 1 Samuel 2:6; Hebreos 9:27). La vida es un regalo de Dios y todo el mundo tiene la obligación de valorar su propia vida, así como la de los demás, independientemente de las circunstancias.

Debido a que la Escritura prohíbe el asesinato y el suicidio (Génesis 9:6; Éxodo 20:13; Deuteronomio 5:17), la eutanasia (activa o pasiva) no es una opción aceptable para el creyente. Además de violar la prohibición del suicidio, el acto de quitarse la vida, es la máxima expresión de egoísmo.

Por otro lado, en el caso de que el paciente esté en una etapa irreversiblemente terminal y la muerte sea inminente independientemente del tratamiento médico aplicado, es aceptable para el paciente o —si el paciente está inconsciente— un tercero legalmente autorizado (por ejemplo, un cónyuge o miembro de la familia) optar por retener o retirar la medicación o los sistemas de soporte vital. En tales circunstancias, el paciente moriría poco después por medios naturales.

Por lo tanto, aunque la Escritura prohíbe toda forma de eutanasia (porque la Escritura prohíbe el asesinato), creemos que dejar morir es una opción aceptable cuando la muerte es a la vez inminente e inevitable. Los creyentes y sus seres queridos pudieran considerar la creación de un testamento vital que indique los deseos del individuo respecto al tratamiento médico con el fin de orientar al personal médico en caso de que sea incapaz de tomar decisiones o elegir opciones de tratamiento.

Como acotación útil, el Dr. Keith Essex, profesor de The Master's Seminary, ofrece cuatro pautas bíblicas con respecto a la muerte:

Primero, la muerte es inevitable (Eclesiastés 3:2). Por lo tanto, cada persona debe hacer los preparativos para su deceso. Con el actual ambiente legal, es imprescindible que cada creyente tenga una instrucción médica adelantada. Un poder notarial es mejor que un testamento vital. El sustituto elegido debe tener la misma perspectiva cristiana que el creyente.

Segundo, la muerte es un enemigo (1 Corintios 15:26). Por lo tanto, cuando la esperanza de recuperación a través de un tratamiento médico sigue siendo una posibilidad, el creyente debe aprovechar todas las oportunidades para prevenir la muerte de modo que pueda seguir sirviendo al Señor.

Tercero, la muerte es un proceso (Hebreos 11:21,22). Por lo tanto, cuando es razonablemente seguro que la enfermedad de un paciente es incurable y terminal, se deben instituir medidas destinadas a controlar el dolor físico, proporcionar alimentos y agua, dar cuidados de higiene normal y asegurar la interacción personal, así como también la estimulación mental y espiritual. «Dejar morir» no se debe equiparar con la «eutanasia pasiva».

Cuarto, el sufrimiento es parte de la vida terrenal y la muerte (Romanos 8:18; 2 Corintios 4:17-18; 1 Pedro 5:9-10). Por lo tanto, el cristiano soportará con paciencia cualquier dolor, especialmente al final de la vida. El dolor no se debe convertir en la razón para cometer el acto no bíblico de la eutanasia.[4]

Más tarde, el Dr. Essex concluye con esta exhortación pastoral:

En primer lugar, es imprescindible que mostremos compasión a los moribundos. Los defensores de la eutanasia afirman que desean mostrar piedad matando a los que sufren o permitiendo que se maten a sí mismos. Pero esta supuesta expresión de piedad desafía la instrucción de Dios en cuanto a todas las misericordias (Salmos 119:156). En vez de homicidio misericordioso, los cristianos tienen que exhibir una vida misericordiosa en tanto que oramos, visitamos y cuidamos de los moribundos entre nosotros. En segundo lugar, para morir bien, los creyentes deben confiar en Dios. ¡La eutanasia no es una muerte buena! Más bien, el cristiano que mantiene su fe en el Señor hasta la muerte y deja esta vida con gozo es el que realmente muere bien.[5]

Suicidio

El suicidio es un pecado grave, es un autoasesinato (Éxodo 20:13; 21:23), pero puede ser perdonado como cualquier otro pecado. Y la Escritura dice claramente que los redimidos por Dios han sido perdonados de todos sus pecados: pasados, presentes y futuros (Colosenses 2:13-14). Pablo dice en Romanos 8:38-39 que nada nos puede separar del amor de Dios en Cristo Jesús.

Así que si un verdadero cristiano cometiera suicidio en un momento de extrema debilidad, él o ella podría ser recibido en el cielo (cf. Judas 24). Al mismo tiempo, sin embargo, un acto de tal egoísmo o desesperanza casi nunca caracterizaría a un verdadero creyente, ya que los hijos de Dios se definen varias veces en la Escritura como los que tienen esperanza (Hechos 24:15; Romanos 5:2-5; 8:24; 2 Corintios 1:10) y propósito en la vida (Lucas 9:23-25; Romanos 8:28; Colosenses 1:29). Además, el suicidio es a menudo la última evidencia de un corazón que rechaza el señorío de Jesucristo, ya que es un acto en el que el pecador se quita la vida por completo por sus propias manos en vez de someterse a la voluntad de Dios. De modo que, aun cuando puede ser posible que un verdadero creyente cometa suicidio, creemos que es un hecho inusual. Alguien que está considerando el suicidio se debería instar, sobre todo, a examinarse a sí mismo para ver si está en la fe (2 Corintios 13:5).

La Biblia deja claro que sólo Dios está autorizado para dar y quitar la vida (Deuteronomio 32:39; 1 Samuel 2:6). Por lo tanto, cuando el suicidio se menciona en las Escrituras se presenta en un contexto de juicio, vergüenza y pecado, como se ve sobre todo en los casos de Saúl (1 Samuel 31:4-5) y Judas (Mateo 27:5). Otros ejemplos incluyen Abimelec (Jueces 9:54), Ahitofel (2 Samuel 17:23), Zimri (1 Reyes 16:18-19), y casi el carcelero de Filipos (Hechos 16:27-28). La Biblia nunca aprueba el suicidio como algo honorable, noble o correcto.[6] El acto de autoasesinato es una ofensa a Dios, ya que viola la imagen de Dios en el hombre (Génesis 1:27; 9:6), y porque —en esencia— culpa a Dios por las circunstancias difíciles mientras que al mismo tiempo deja de confiar en Él para su liberación.

De manera que, para que quede claro, el suicidio *no* es el pecado imperdonable. Ese pecado, que Mateo 12:30-32 describe como la blasfemia contra el Espíritu Santo, se refiere a un nivel de tal rechazo voluntario y dureza de corazón que el arrepentimiento ya no es posible (cf. Hebreos 6:4-6; 10:29).[7] El suicidio no está en el contexto de los pasajes de la Escritura que abordan el pecado imperdonable.

Los creyentes que expresan sentimientos de profundo desánimo, depresión o incluso desesperanza deben ser animados a encontrar su esperanza en Dios (Salmos 42:11; 62:5-8; 130:5-7; 1 Timoteo 6:17; 1 Pedro 1:13). La respuesta de Dios a la desesperación de Elías (1 Reyes 19) es ilustrativa en este sentido, ya que el Señor hizo hincapié tanto en su grandeza (a través de un impresionante despliegue de fenómenos naturales) y su dulzura (a través de un susurro apacible). A los creyentes que se sienten sin esperanza se les debe recordar tanto la soberana grandeza como la bondad paternal de Dios.

También se les debe hacer conscientes del hecho de que la depresión es a menudo fruto de cuestiones pecaminosas subyacentes, tales como la ansiedad, las expectativas no satisfechas (una forma de egoísmo y orgullo), o la culpabilidad (Salmos 32:3-4). Aunque a veces los medicamentos pueden estar involucrados (por la determinación de un doctor en medicina), los aconsejados deben entender que las drogas no son una cura para los problemas más profundos del corazón. Las Escrituras solas son suficientes para hacer frente a los problemas del corazón

(2 Timoteo 3:16-17; Hebreos 4:12; 2 Pedro 1:3). Los que buscan respuestas definitivas en lugares distintos de la Palabra de Dios se decepcionarán. Desde una perspectiva de asesoramiento, cada situación debe ser manejada, caso por caso, utilizando los principios bíblicos y la sabiduría en oración (1 Tesalonicenses 5:14). Algunos aconsejados pueden estar amenazando con suicidarse simplemente para manipular a los demás o para llamar la atención. Si es así, es posible que deban ser reprendidos directamente. Otros, sin embargo, pueden estar sinceramente luchando con sentimientos de desesperanza y depresión, por lo que necesitan ser consolados.

En todos los casos, los aconsejados (tanto los que profesan a Cristo como los que no lo hacen) necesitan ser dirigidos hacia la verdad y la esperanza del evangelio. También hay que recordarles que el suicidio es un pecado que nunca se justifica, ni tampoco es la mejor solución para cualquier problema que puedan estar enfrentando. Incluso en la más oscura de las pruebas, los creyentes están llamados a confiar plenamente en Dios y depender de Él en oración para tener fuerza y gozo (Mateo 6:25-34; Romanos 8:28; Santiago 1:2-3).

La pena de muerte

No hay duda de que Dios ha autorizado a los gobiernos para ejercer la pena capital. El principio es establecido en Génesis 9:6, confirmado implícitamente por Cristo en Mateo 26:52 (donde a Pedro se le advierte de las consecuencias de un asesinato), y reiterado por el apóstol Pablo en Romanos 13:4 (cf. Hechos 25:11, donde Pablo indica que entiende que algunos crímenes son dignos de muerte).

Bajo la teocracia del Antiguo Testamento, Dios prescribe la pena de muerte para delitos como el asesinato, la blasfemia, la hechicería, la falsa profecía, la violación, la homosexualidad, el secuestro y la idolatría. La pena de muerte fue muy pública y administrada con rapidez, aunque no sin el debido proceso. El propósito no sólo era para traer retribución sobre el culpable, sino también para disuadir a otros de cometer crímenes similares. Así, la pena capital como fue instituida bajo la ley mosaica era una parte clave de la protección y la purificación de la sociedad judía.

Los creyentes del Nuevo Testamento no están bajo los específicos mandatos civiles del código de la ley mosaica. Pero el *principio* de la pena capital (específicamente como consecuencia de asesinato) fue instituido por Dios mucho antes de Moisés (a Noé en Génesis 9:6), y es reiterado por Pablo en Romanos 13. De este modo, el Nuevo Testamento subraya un derecho dado por Dios al gobierno para imponer la pena de muerte por los delitos dignos de muerte.

Romanos 13 dice que el gobierno es establecido por Dios (v. 1), por su ley divina (v. 2), con el fin de restringir el mal y promover el bien (v. 3). Así que, el gobierno es un ministro de Dios (v. 4), al cual se le da la autoridad para castigar el mal (hasta e incluyendo el uso de la «espada» o pena de muerte). Parte del mandato divino del gobierno es proteger a sus ciudadanos haciendo que los malhechores teman las consecuencias que vienen de actuar perversamente. En un mundo caído, la amenaza de castigo es una parte necesaria para disuadir a la delincuencia y mantener la paz. Como señalara Robert Culver:

> Lo que no se debe perder de vista es que, desagradable como es la tarea del carcelero y el uso del látigo, la celda, el lazo, la guillotina, estas cosas están detrás de la estabilidad de la sociedad civilizada y están allí necesariamente, porque Dios lo ha declarado así, en armonía con la realidad, más que con la opinión sociológico apóstata. El gobierno, con sus poderes coercitivos es una necesidad social, pero determinada por el Creador, ¡no por las tablas estadísticas de algunos miembros del personal de investigación social universitaria! Ninguna sociedad puede votar con éxito que cesen las multas, encarcelamiento, castigos corporales y la pena capital de forma permanente. La sociedad que lo intente ha perdido el contacto con la realidad del hombre (su estado caído pecaminoso), las realidades del mundo y la verdad de la revelación divina en la naturaleza, la conciencia del hombre y la Biblia.[8]

Por designio divino, el castigo civil existe para disuadir la maldad. En la medida en que el gobierno falle en aplicar las justas consecuencias por hacer el mal, pone en peligro tanto la estabilidad nacional de su sociedad como la seguridad individual de sus ciudadanos.

Los críticos pueden alegar que la pena capital es odiosa y destructiva, pero en realidad es una manifestación exterior de la gracia común de Dios con la humanidad, capacitando a las sociedades pecaminosas para mantener el orden civil y disuadir la actividad delictiva. Cuando se ejecuta correctamente, la pena capital sirve para aterrorizar a los malhechores, restringiendo a los pecadores depravados de hacer lo que de otro modo estarían propensos a cometer (cf. Romanos 3:10-20), salvando vidas de esa manera. Por otro lado, cuando la sangre se derrama y no ha sido correspondida, esa nación está bajo el juicio de Dios (Génesis 4:9-11; 9:6; 42:22; Josué 2:19; 2 Samuel 4:11; Ezequiel 7:20-27; 18:10-3). Creemos que el nivel actual de la decadencia moral de nuestra nación es en parte el resultado de una práctica inconsistente y, a menudo, ineficaz de la pena capital. Si los autores fueran tratados adecuadamente, los criminales potenciales serían disuadidos y el número de actividades ilegales disminuirían.

Esto no significa, por supuesto, que los cristianos deban tomar la ley en sus propias manos. Los creyentes están llamados a perdonar a los que les hacen daño (Mateo 5:38-45), y a confiar en que Dios traerá la venganza en su propio tiempo (Romanos 12:14-21). La falta de voluntad de David para matar a Saúl es un ejemplo maravilloso en este sentido (1 Samuel 24:1-22; 26:1-25). Sin embargo, es la responsabilidad corporativa del gobierno civil hacer cumplir la ley y castigar a los infractores de acuerdo con la naturaleza de sus crímenes. Los cristianos que sirven en fuerzas del orden público, el gobierno civil o incluso en un jurado, tienen la responsabilidad dada por Dios de defender la justicia y oponerse a la corrupción. Por otro lado, los creyentes deben someterse al gobierno civil como ciudadanos ejemplares (1 Pedro 2:13-20). Deben obedecer la ley en todo momento, a menos que ello les obligue a violar una orden clara de Dios (Hechos 5:29).

Para terminar, algunos podrían preguntar cómo podemos mantener una ética provida (uno que se opone al aborto, la eutanasia y el suicidio) y, sin embargo, apoyar el derecho del gobierno para ejercer la pena capital (en concreto, como consecuencia del asesinato). John Feinberg y Paul Feinberg proporcionan una respuesta útil a esta pregunta:

¿Puede uno argumentar sistemáticamente en contra del aborto y la eutanasia a la vez que abraza la pena capital? Nosotros creemos que sí en por lo menos tres campos: una ética de la santidad de la vida, una demanda para tratar a todas las personas con justicia y un compromiso con la ética no consecuencialista. Dada una ética de la santidad de la vida, la vida humana es sagrada y debe ser protegida. Por lo tanto, el aborto y la eutanasia se descartan. La ejecución de asesinos destaca la santidad de la vida y de la gravedad de tomar la vida de otros. En cuanto a la justicia, los no nacidos, los ancianos y los enfermos no han hecho nada digno de muerte. El asesino convicto sí. La justicia exige rechazar el aborto y la eutanasia, y ejecutar a los asesinos. Por último, en una teoría no consecuencialista de la ética como la nuestra, Dios prescribe la protección de los inocentes y el castigo de los que toman la vida de otros. Si uno sigue los mandatos divinos, tendrá que rechazar el aborto y la eutanasia, y favorecer la pena capital.[9]

Tercera parte

La política y el activismo

11

Dios, el gobierno y el evangelio

¿Cómo deberían pensar los cristianos acerca del activismo político?

John MacArthur

Al momento de escribir este capítulo, nuestro país se encuentra al borde de una nueva elección presidencial. No es sorprendente que la escena política de Estados Unidos haya llegado a un tono febril. Desde las convenciones hasta los anuncios de campaña, la televisión, la radio y los periódicos estadounidenses, todos hacen eco del resurgimiento emocional que solemos esperar cada cuatro años. Las tertulias acerca de los deportes y las películas han sido reemplazadas con un sinfín de discusiones sobre la política económica, la educación pública y los asuntos internacionales. La elección está en el primer plano del pensamiento de todos mientras la sensibilización y el activismo barren la nación.

Como suele ser el caso, gran parte de la iglesia evangélica ha abordado con entusiasmo el carro de política. Los púlpitos resuenan con elogios por uno u otro candidato y con la aprobación o desdén por ciertas leyes y planes. Se han formado comités y coaliciones, comprometiéndose a proteger los Diez Mandamientos y denunciar cualquier avance de la «minoría inmoral». Algunos incluso sugieren que ser cristiano significa que usted debe ser republicano y no demócrata, y que no votar es un pecado grave. Después de todo, dicen, ser buen ciudadano implica participa en política.

Tales preocupaciones políticas son algo irónicas teniendo en cuenta la escatología premilenarista dominante del movimiento evangélico conservador. Nuestra teología de los últimos tiempos nos dice que hasta que Cristo regrese, nada puede ni va a solucionar este sistema mundial que se está desmoronando. Sin embargo, nuestra práctica política sugiere que estamos no obstante tratando desesperadamente de arreglarlo. En poco tiempo, esta elección actual terminará, una parte pronto olvidada de la historia del proceso democrático en nuestro país. Pero no pasará mucho tiempo hasta que nuevos temas, nuevas políticas y nuevos candidatos surjan. Cuando lo hacen, ¿cómo deberían responder los cristianos? En este capítulo, vamos a explorar cinco principios bíblicos que los cristianos deben tener en cuenta al pensar correctamente acerca del gobierno y el activismo político.

Pensar correctamente del gobierno

1. Nuestra comisión es el evangelio

Aunque puede que usted no lo sepa durante la temporada de elecciones, el verdadero cristianismo se preocupa más por salvar almas que por ganar votos. La Gran Comisión no es un llamado para efectuar un cambio de política, sino una orden de «id, y haced discípulos a todas las naciones, bautizándolos en el nombre del Padre, y del Hijo, y del Espíritu Santo; enseñándoles que guarden todas las cosas que os he mandado; y he aquí yo [Jesucristo] estoy con vosotros todos los días, hasta el fin del mundo» (Mateo 28:19-20, RVR1960). En vez de enfocarse en cuestiones políticas y debates, los creyentes deben ser consumidos por su responsabilidad como embajadores de Cristo. Ese es el mandato de la iglesia. Cuando otras prioridades y actividades desplazan a la Gran Comisión, tanto el mensaje como la misión se confunden.

El término *evangélico* proviene de la palabra griega que significa «evangelio» o «buenas nuevas». Fue acuñado por Martín Lutero para referirse a los protestantes como aquellos que se definen por el evangelio de la gracia. Por desdicha, cinco siglos después, el movimiento evangélico está a menudo más asociado con la política partidista, al menos a los ojos del mundo, que a las buenas nuevas de salvación. Tal cosa es indicativo de las prioridades equivocadas que han plagado al movimiento evangélico estadounidense durante décadas. En vez de enfocarse en la prioridad dada por Dios de la evangelización (de la misma palabra griega que significa «evangélico»), el movimiento evangélico estadounidense ha gastado miles de millones de dólares y millones de horas-hombre luchando para legislar sobre moralidad. No sólo es una batalla que no podemos ganar (ya que la moral legislada no puede cambiar los corazones pecaminosos que componen una sociedad depravada), también es una batalla que no hemos sido llamados a luchar.

Sólo el evangelio, a través del poder del Espíritu, puede lograr un cambio real en la sociedad; ya que transforma a los pecadores de adentro hacia afuera. Después de todo, no hay países cristianos, sólo individuos cristianos. Por lo tanto, nuestra comisión es anunciar el evangelio fielmente en cualquier contexto que Dios nos ponga. Cuando permitimos que la política nos distraiga, inevitablemente descuidamos nuestra responsabilidad de predicar el evangelio.

El activismo político también nos puede tentar a difuminar las líneas con respecto a nuestro campo de misión. Los que están en un partido político de oposición se convierten en «enemigos» más que en almas perdidas que necesitan que se les predique a Cristo con amor y compasión. Los que comparten nuestras convicciones políticas son abrazados como «hermanos y hermanas» a pesar de que ellos también pueden ser almas perdidas que necesitan a Cristo. Cuando los cristianos verdaderos se dan la mano con sectas y con otros grupos no creyentes en base a las ideologías políticas comunes pueden desarrollarse asociaciones impías. Y pueden ser adoptadas perspectivas no bíblicas, basadas en el mantenimiento de la línea del partido, aun cuando esas opiniones no concuerden con las Escrituras.

Aunque Él estaba hablando específicamente sobre el dinero, la declaración de Jesús de que «nadie puede servir a dos señores» (Mateo 6:24, RVR1960) sirve como una advertencia adecuada para aquellos que tratan de mezclar el cristianismo bíblico con el activismo político. Los dos no son lo mismo y, de hecho, a menudo son contrarios. En muchos casos, los pastores evangélicos, los líderes y los laicos necesitan volver a enfocar sus esfuerzos en el mandato de Cristo para hablarle al mundo de Él. Si nuestro mayor deseo es glorificar a Dios, haremos de sus prioridades nuestras prioridades y aceptaremos la misión que nos ha dado a obedecer.

2. Nuestra confianza está en Dios

En Dios confiamos. Estas palabras están acuñadas en las monedas de los Estados Unidos, impresas en cada uno de los billetes estadounidenses, y grabadas en las paredes de miles de tribunales de justicia a través de nuestra nación. Para muchos estadounidenses, el lema no es más que un vestigio del pasado. Pero para nosotros, como cristianos que creen en la Biblia, esa frase es una forma de vida.

¿Qué significa eso para los creyentes cuando se trata de política? Para empezar, significa que podemos confiar en Dios con respecto a los asuntos nacionales y extranjeros. No importa quién esté en la Casa Blanca, el Congreso o en las cortes de justicia, Dios está en su trono. Él es aquel de quien Pablo exclamó: «El bienaventurado y solo Soberano, Rey de reyes, y Señor de señores, el único que tiene inmortalidad, que habita en luz inaccesible; a quien ninguno de los hombres ha visto ni puede ver, al cual sea la honra y el imperio sempiterno. Amén» (1 Timoteo 6:15-16, RVR1960).

Un análisis rápido de la Escritura revela que Dios es soberano sobre todos los asuntos de este mundo. Es soberano sobre Satanás y el pecado (Job 1:12; 2:6; Lucas 5:21; 22:31), sobre todos los gobiernos y los poderes militares (2 Crónicas 20:6; Romanos 13:2); sobre la naturaleza y los desastres naturales (Salmos 107:29; Nahúm 1:3-6); sobre las dolencias y las enfermedades (Juan 9:3; 11:4; Apocalipsis 21:4), y sobre todo ser humano (Hechos 13:48; Romanos 9:17-18), incluidos usted y yo (Proverbios 16:9; 19:21; Santiago 4:13-15). En pocas palabras, Dios tiene el control. Él hace «lo que le place» (Salmos 115:3, NBLH), y «obra todas las cosas conforme al consejo de su voluntad» (Efesios 1:11, NBLH).

La soberanía de Dios no es pretexto para el pecado ni para la irresponsabilidad humana. Pero debe dar a los cristianos una gran razón de esperanza cuando ven a la sociedad cada vez más y más pervertida. Eso debe aliviarlos de la ansiedad y la preocupación (cf. Mateo 6:25ss; Filipenses 4:6), así como de la errónea noción de que es su responsabilidad efectuar los cambios políticos. El Señor está dirigiendo nuestra nación dentro de sus propósitos providenciales para sus fines gloriosos. Y está haciendo lo mismo con cualquier otro gobierno terrenal.

Dios ya ha revelado cómo terminará este mundo. En referencia a los últimos tiempos, la Biblia dice claramente que la sociedad va a seguir empeorando hasta el regreso de Cristo (2 Tesalonicenses 2:7-12; 1 Timoteo 4:1-5; 2 Timoteo 3:1-5; 2 Pedro 3:3). Sin embargo, muchos evangélicos abordan la política como si la degradación de la sociedad es algo que pueden detener con leyes. La verdad es que ninguna sociedad jamás será verdaderamente corregida hasta que Cristo venga y establezca su reino (Isaías 9:7; Jeremías 23:5-6; Daniel 2:24; 7:14; Lucas 1:32-33; Apocalipsis 5:10; 20:6). Hasta entonces, a los creyentes no debe sorprenderles que los esfuerzos políticos moralmente conservadores fracasen, ni que esos fracasos son parte del plan soberano de Dios.

En vez de activismo político, una estrategia mucho mejor para los cristianos es enfocarse en ser fieles a lo que Dios realmente los ha llamado a hacer dentro de su propia esfera de influencia: exaltar al Salvador (1 Corintios 10:31; Colosenses 3:17), animar a los santos (Hebreos 3:13; 10:24-25), evangelizar a los perdidos (Hechos 1:8; 1 Corintios 9:19-23; 1 Pedro 3:15), y exhibir una conducta piadosa (1 Tesalonicenses 4:11; 2 Tesalonicenses 3:12; 1 Timoteo 2:2). Por otro lado, los asuntos nacionales e internacionales se pueden confiar a Dios. Eso no quiere decir que los cristianos estadounidenses no deban votar, sino que al hacerlo deben darse cuenta de que Dios ya ha determinado el resultado de cada elección. Cualquiera que sea el resultado, los creyentes pueden estar absolutamente seguros de que concuerda a la perfección con los propósitos soberanos de Dios para el futuro, tanto de nuestra nación como de nuestro mundo.

3. La orden es que nos sometamos

Ninguna discusión sobre política estaría completa sin un recordatorio de que a los cristianos se les ordena someterse espontáneamente a las autoridades superiores. De este modo, seguimos tanto la orden de la Escritura como el ejemplo de Cristo y los apóstoles.

Nuestro Salvador vino a un mundo en el que abundaba la esclavitud, en el que dominaban los dictadores, en el que los fuertes impuestos eran la norma y en el que los seguidores de Dios eran perseguidos con frecuencia. La gente del tiempo de Jesús no tenía ningún proceso democrático, ni tampoco poseían muchas de las libertades que tenemos en esta nación. Pero, ¿cómo respondió Jesús a esas circunstancias? Él les dijo a sus oyentes: «Dad, pues, a César lo que es de César, y a Dios lo que es de Dios» (Mateo 22:21, RVR1960). No llamó a los ejércitos angelicales para derribar gobiernos opresores ni intentar establecer un nuevo orden político. Él no estableció ningún tipo de administración política, ni tampoco organizó protestas públicas contra Roma. Su ministerio no se centró en esas cosas. Al contrario, siempre estuvo dirigido a los corazones de los pecadores que necesitaban desesperadamente la gracia de Dios (Marcos 10:42-45). Jesús no dirigió manifestaciones por los derechos civiles. Más bien, predicó las buenas nuevas del perdón y la salvación. El Señor no lanzó un nuevo orden político, sino uno espiritual; a saber, la iglesia. Por tanto, los cristianos han sido llamados a seguir su ejemplo.

Así que, ¿cómo pueden los creyentes equilibrar la prioridad del reino de Dios con el deseo de ser buenos ciudadanos en la tierra? La política y el activismo social no son la respuesta. Después de todo, Dios ha llamado a su pueblo a asumir sólo dos responsabilidades cívicas fundamentales. La primera está en Romanos 13:1 (NVI): «Todos deben someterse a las autoridades públicas». La segunda está en Romanos 13:7: «Paguen a cada uno lo que le corresponda: si deben impuestos, paguen los impuestos; si deben contribuciones, paguen las contribuciones; al que deban respeto, muéstrenle respeto; al que deban honor, ríndanle honor». La suma de nuestro deber civil, es, pues, someternos y pagar impuestos. Más allá de eso debemos enfocarnos en las cosas que son de valor eterno. El activismo político puede parecer significativo en el momento, pero palidece al lado de las prioridades del reino (Mateo 6:33).

El apóstol Pablo vivió en una época bajo el control y el dominio romano, en la que los cristianos eran vistos con recelo y a menudo recibidos con persecución y sufrimiento. Sin embargo, la respuesta correcta no era la venganza, sino la deferencia y la obediencia. En Romanos 13:1, Pablo estableció este principio fundamental: como cristianos debemos obedecer a nuestras autoridades civiles, no importa quiénes sean. Los creyentes tienen el deber —que Dios les dio— de someterse al gobierno, aun cuando el gobernante sea tan malvado como Nerón.

El apóstol Pedro, del mismo modo, instruyó a sus lectores a someterse a las autoridades superiores: «Mantengan entre los incrédulos una conducta tan ejemplar que, aunque los acusen de hacer el mal, ellos observen las buenas obras de ustedes y glorifiquen a Dios en el día de la salvación» (1 Pedro 2:12, NVI). En otras palabras: «Los de afuera pueden hablar mal acerca de usted, pero asegúrese de que sea mentira». Pero,

¿cómo podemos vivir rectamente en una sociedad que nos odia? Los versículos 13-15 continúan diciendo: «Sométanse por causa del Señor a toda autoridad humana, ya sea al rey como suprema autoridad, o a los gobernadores que él envía para castigar a los que hacen el mal y reconocer a los que hacen el bien. Porque ésta es la voluntad de Dios: que, practicando el bien, hagan callar la ignorancia de los insensatos». Cuando la ciudadanía cristiana está marcada por el comportamiento ejemplar, silencia las burlas de los incrédulos.

Como creyentes, tenemos la gran responsabilidad de vivir la fe cristiana con coherencia e integridad. Nuestra lealtad y nuestra sumisión al Señor (Romanos 12:1-2) nos deben motivar a ser ciudadanos ejemplares. No debemos crearnos una reputación de que buscamos problemas o que degradamos a los que tienen autoridad. A pesar de que estamos llamados a denunciar con valentía la injusticia y la inmoralidad, también hay que dar honra y respeto a los que Dios ha puesto sobre nosotros. Este patrón bíblico se aplica a cada cristiano que vive en cualquier momento y en cualquier lugar. Estamos llamados a someternos.

4. Nuestro compromiso es orar
Además de someternos a las leyes de nuestro país, se nos ordena orar por aquellos que tienen autoridad sobre nosotros. Incluso debemos hacerlo por aquellos a los que consideramos «oponentes» políticos. Fue durante el reinado de Nerón que Pablo le dijo a Timoteo: «Exhorto ante todo, a que se hagan rogativas, oraciones, peticiones y acciones de gracias, por todos los hombres; por los reyes y por todos los que están en eminencia» (1 Timoteo 2:1-2, RVR1960). Pablo oró por el mismo monarca que tiempo después autorizó su ejecución. E instruyó a Timoteo a hacer lo mismo.

El apóstol Pablo continuó delineando dos aspectos de la oración del cristiano por las autoridades gubernamentales. Primero, los creyentes deben orar por los que tienen autoridad sobre ellos «para que vivamos quieta y reposadamente en toda piedad y honestidad» (v. 2). Un derivado inmediato de orar por nuestros líderes es que elimina los sentimientos de ira y resistencia hacia ellos. Eso nos lleva a buscar la paz —en vez de rebelarnos o reaccionar de forma exagerada—, a llevar vidas que son tranquilas, calmadas, piadosas y dignas. Como le dijo Pablo a Tito:

«Recuérdales que se sujeten a los gobernantes y autoridades, que obedezcan, que estén dispuestos a toda buena obra. Que a nadie difamen, que no sean pendencieros, sino amables, mostrando toda mansedumbre para con todos los hombres» (Tito 3:1-2). Cuando nuestros líderes hagan algo que no nos agrade, nuestra primera respuesta debe ser orar, no protestar.

En segundo lugar, los cristianos deben orar por la salvación de sus líderes. Hablando de tales oraciones, Pablo escribió lo siguiente:

Porque esto es bueno y agradable delante de Dios nuestro Salvador, el cual quiere que todos los hombres sean salvos y vengan al conocimiento de la verdad. Porque hay un solo Dios, y un solo mediador entre Dios y los hombres, Jesucristo hombre, el cual se dio a sí mismo en rescate por todos, de lo cual se dio testimonio a su debido tiempo… Quiero, pues, que los hombres oren en todo lugar, levantando manos santas, sin ira ni contienda (1 Timoteo 2:3-6, 8).

Orar por la salvación de nuestros líderes es bueno a los ojos de Dios. La salvación de las almas está de acuerdo con la naturaleza misericordiosa de Dios y sus propósitos soberanos; es la razón por la que Cristo murió en la cruz. Cuando oramos por nuestra nación, no hay que limitar nuestras oraciones a las decisiones políticas y otras cuestiones temporales. También debemos orar por las almas de los que están en el gobierno y en la administración pública, que por la gracia de Dios puedan ser salvos mediante la fe en Cristo.

Un punto final a este respecto proviene del uso que Pablo da a la frase «acciones de gracias» en el versículo 1. Gracias a la libertad de expresión que disfrutamos, a los estadounidenses nos encanta criticar abiertamente a nuestro gobierno, incluido en ello desde las decisiones de justicia y los funcionarios elegidos, hasta los oficiales de policía y los agentes de la oficina de impuestos. Pero la actitud que Pablo expresa aquí fue una de acción de gracias, no de amargura ni resentimiento. Debemos recordar que Dios es el que designa a aquellos que están en posiciones de autoridad (Romanos 13:1). Quejarse de ellos es, en última instancia, quejarse contra Dios.

5. Nuestra ciudadanía está en los cielos

Por último, los creyentes no deben olvidar que a pesar de que habitamos en este país, nuestra verdadera ciudadanía está en los cielos. Estamos en el mundo, pero no somos del mundo. Nuestra lealtad definitiva es al Señor. Seguimos sus instrucciones, sus mandamientos y sus normas como nos son revelada en su Palabra, la cual es vivificada en nosotros por el Espíritu Santo. Vivimos para asuntos eternos y actuamos con un conjunto completamente diferente de prioridades que las del mundo que nos rodea. Aunque ahora residimos en un reino terrenal, nuestros recursos y esfuerzos se centran principalmente en el avance de la obra de un reino eterno (cf. Mateo 6:33).

Pablo era judío por herencia étnica y romano por ciudadanía terrenal. Pero sabía a qué debía su máxima lealtad. Como escribió a los filipenses:

Nuestra ciudadanía está en los cielos, de donde también esperamos al Salvador, al Señor Jesucristo; el cual transformará el cuerpo de la humillación nuestra, para que sea semejante al cuerpo de la gloria suya, por el ejercicio del poder que tiene aun para sujetar todas las cosas a sí mismo (Filipenses 3:20-21, RVR1960).

Nuestra identidad, nuestras prioridades y nuestra misión no se definen por nuestra ciudadanía en la tierra, sino por la del cielo, donde espera nuestro Salvador (Hechos 1:11; 1 Tesalonicenses 4:16), y donde moran nuestros compatriotas (Hebreos 12:23). Es allí donde nuestros nombres están escritos (Lucas 10:20; Apocalipsis 13:8), y donde se almacena nuestro tesoro (Mateo 5:12; 6:20; 1 Pedro 1:4). A pesar de que vivimos en este mundo, lo hacemos como siervos y embajadores de nuestro Rey celestial, Jesucristo. Por lo tanto, cuando nos centramos en la búsqueda espiritual más que en los políticos, vivimos de una manera que es coherente con nuestra verdadera ciudadanía.

Si el espacio lo permitiera, podríamos contar los numerosos intentos fallidos que algunos creyentes han llevado a cabo a través de la historia de la iglesia para cristianizar al gobierno a través de medios políticos. Una y otra vez, los esfuerzos políticos de ciertos cristianos han dado como resultado, a lo sumo, algunas ganancias políticas inmediatas. Pero esas ganancias son solamente aparentes, carentes de todo poder para cambiar el corazón de la sociedad no cristiana que nos rodea. Y la historia ha demostrado que esas ganancias son siempre temporales, que a la larga han resultado en mayor confusión espiritual y decadencia moral.

Volvamos a nuestra misión principal

Aun cuando a los cristianos estadounidenses se nos ha dado una voz en los asuntos de nuestra nación, una voz que debemos ejercer, debemos recordar que nuestra lealtad es primeramente al cielo y sólo en segundo lugar a nuestro gobierno terrenal. Nuestra principal preocupación, por tanto, debe ser salvar almas más que ganar votos. En vez de ser consumidos por los debates políticos, debemos ser consumidos por nuestra responsabilidad como embajadores de Cristo. Esos son los esfuerzos y actividades que tienen valor eterno. Y mientras nos preocupemos por lo espiritual más que por lo político, podemos descansar sabiendo que Él es soberano sobre los gobiernos y los asuntos de este mundo.

Un día Jesucristo regresará. Cuando lo haga, establecerá su reino, el gobierno perfecto en el que Él gobernará con equidad y justicia absoluta. Como sus siervos, vamos a tener la alegría de participar en su administración impecable e incorruptible. De hecho, vamos a reinar con Él a la vez que lo adoramos en su gloria resplandeciente.

Entre tanto, haríamos bien en recordar que nuestra principal misión es predicar el evangelio, no instigar el cambio político. Aunque nos sometemos y oramos por las autoridades gobernantes que Dios ha puesto sobre nosotros, lo hacemos recordando que nuestra verdadera ciudadanía está en los cielos. En Juan 18:36 (RVR1960), Jesús le dijo a Pilato: «Mi reino no es de este mundo; si mi reino fuera de este mundo, mis servidores pelearían… pero mi reino no es de aquí». La iglesia tiene que vivir a la luz de esto, por lo menos hasta que regrese nuestro Rey y nos diga lo contrario.

12

LA FE, LA FIDELIDAD Y
EL LIBRE MERCADO

Cómo vivir bíblicamente en una economía secular

JONATHAN ROURKE

E l asesor político James Carville acuñó la frase: «Es la economía, estúpido» como lema para la campaña de Bill Clinton a la Casa Blanca en 1992. La frase estaba destinada a diferenciar a su candidato del presidente en ese periodo George H. W. Bush, que había visto la economía estadounidense a la deriva en una recesión. La campaña, al final eficaz, llevó al inicio de Bill Clinton como presidente, lo que destacó el hecho de que la gente se preocupa mucho más por los problemas económicos que por los morales. Si hay algo en lo que los partidarios de ambos lados del espectro político concuerdan, es en la importancia de la economía en general y cómo afecta a la riqueza privada en particular.

El propósito de cualquier economía es gestionar la escasez. En esta los recursos son limitados y la demanda supera la oferta, por lo que se inventó la moneda, para regular la distribución y la adquisición de los bienes. En la sociedad moderna, esa moneda es *dinero* (o cada vez más, el crédito).

En este capítulo nos enfocaremos en cómo deben ver los cristianos su relación con la economía en general y en cómo deben pensar en su propia riqueza en particular. El primer objetivo es mostrar que Dios es dueño de todo el dinero y que el hombre revela la verdadera naturaleza de su corazón al administrar ese dinero; el segundo es delinear la responsabilidad del cristiano en la economía a medida que trabaja, planea y da.

Dios es el dueño de todo el dinero

La Biblia no guarda silencio en cuanto al tema del dinero; todo lo contrario. Jesús habló más en cuanto al dinero en sus parábolas que acerca del cielo y el infierno; el tema del dinero o de los negocios sirvió de base para muchas de sus ilustraciones al enseñar. Todo el dinero es de Dios (Salmos 50:10-12). No somos más que administradores de lo que Él nos ha dado. En el antiguo Israel, la riqueza no podía ser almacenada por una sola familia o tribu durante demasiado tiempo, porque cada 50 años, durante el lapso del jubileo (Levítico 25), toda la propiedad era devuelta a su propietario original y a los esclavos se les daba la libertad.

La adquisición de riquezas es un don de Dios y no algo por lo que los creyentes pueden atribuirse el crédito. Deuteronomio 8:17-18 (RVR1960), dirigido al Israel del Antiguo Testamento, lo deja muy claro: «y digas en tu corazón: "Mi poder y la fuerza de mi mano me han traído esta riqueza. Sino acuérdate de Jehová tu Dios, porque él te da el poder para hacer las riquezas, a fin de confirmar su pacto que juró a tus padres, como en este día"».

El hombre es el administrador del dinero de Dios

Es importante recordar que el dinero en sí no es malo y que poseerlo tampoco lo es. Lo moral se presenta, en este caso, en la forma en que la gente piensa acerca del dinero y cómo lo usa. Al igual que cualquier otra gracia común que Dios da a toda la humanidad, este puede ser utilizado para la gloria de Dios o para abuso con fines egoístas y pecaminosos.

A largo de la historia bíblica, muchos individuos piadosos fueron materialmente ricos. Adán era rico, no carecía de nada en el jardín de Edén; e incluso después de su exilio, inducido por el pecado, disfrutó de abundantes recursos que le dio la tierra sin competencia alguna. Noé fue igualmente rico, en el sentido de que después del diluvio toda la tierra era suya para poseerla y poblarla. Job, Abraham, Lot, Isaac y Jacob poseían una gran cantidad de ovejas y vacas junto con la infraestructura para criar ese ganado.

A José, Moisés, Daniel y otros, a pesar de vivir en el extranjero, se les dio una responsabilidad significativa y la riqueza que venía con dicho privilegio. Saúl, David, Salomón e incluso los reyes de Israel que siguieron hasta el cautiverio disfrutaron de recursos financieros ingentes.

Jesús nunca condenó a los ricos por tener dinero, sólo les advirtió que su riqueza podría provocar que se convirtieran en autosuficientes y, por tanto, les impidiera entrar en el reino de los cielos (Mateo 19:23-24). Por otra parte, la falta de recursos financieros no es necesariamente una señal de desagrado para Dios. Siempre habrá gente pobre porque a cada quien se le confía diversas cantidades de dinero (Marcos 14:7). Jesús fue pobre, no sólo durante su ministerio enseñando, sino en la mayor parte de su crianza. De hecho, la vez que fue llevado al templo cuando era bebé, el sacrificio que presentaron sus padres fue el de una familia pobre, a saber, «un par de tórtolas o dos palominos» (Lucas 2:24; cf. Levítico 12:1-8, RVR1960). De la misma forma, el apóstol Pablo experimentó la pobreza, al igual que otros santos fieles (Filipenses 4:10-14; Hechos 11:29). Los que enseñan que la abundancia económica es un signo seguro de bendición espiritual o madurez confunden el hecho de que las riquezas terrenales y las recompensas eternas son dos cosas diferentes (Mateo 6:19-24; Lucas 12:13-21), y que el oro y la piedad no siempre van de la mano (1 Timoteo 6:5-10, 17-19).

Sin embargo, no es deseable que los cristianos estén completamente ignorantes de las fuerzas económicas que operan en nuestra cultura. En 11 de sus 39 parábolas, Jesús mostró cierta familiaridad con una variedad de conceptos económicos: inversión (Mateo 13:44-45), ahorro (Mateo 13:52), deuda (Mateo 18:23-35), estructuras salariales (Mateo 20:1-16), arrendamiento financiero (Mateo 21:33-46), banca (Mateo 25:14-30), cancelación de deudas (Lucas 7:41-43), acumulación de reservas (Lucas 12:16-21), análisis de costos (Lucas 14:28-30), planificación patrimonial (Lucas 15:11-32), y facilitación del intercambio de ofertas complejas (Lucas 16:1-12). La Biblia no premia la ignorancia; por lo tanto, los creyentes deben tener un conocimiento básico y un aprecio por los principios y prácticas económicas. El peligro viene cuando la comprensión y la apreciación se convierten en obsesión y ansiedad.

La mayordomía revela el corazón

Aun cuando conocer las fuerzas económicas que operan en la cultura es bueno, conformarse a los motivos o a la mentalidad de dicha cultura es malo (Romanos 12:1-2). La Primera Carta de Timoteo 6:9-10

(RVR1960) advierte que «los que quieren enriquecerse caen en tentación y lazo, y en muchas codicias necias y dañosas, que hunden a los hombres en destrucción y perdición; porque raíz de todos los males es el amor al dinero, el cual codiciando algunos, se extraviaron de la fe, y fueron traspasados de muchos dolores». A los que anhelan el dinero y las posesiones materiales que el dinero puede comprar les esperan ciertas tentaciones engañosas. Observe que el corazón es el centro, no el dinero. Cuando el corazón codicioso tiene ansias de dinero, es atravesado rápidamente con flechas dolorosas.

El apóstol Pablo enumera la avaricia en Romanos 1:29-30 (RVR1960) junto a otros pecados como el asesinato. Proverbios 11:6 (RVR1960) dice que «la justicia de los rectos los librará; mas los pecadores serán atrapados en su pecado». Aunque la gente codiciosa puede acumular una gran cantidad de la riqueza del mundo, Jesús tenía que decir lo siguiente acerca de ellos: «La vida del hombre no consiste en la abundancia de los bienes que posee» (Lucas 12:15, RVR1960). Nuestro mundo puede ser impresionado por el tamaño de la cuenta bancaria de una persona, pero a Dios no lo sorprende eso. Él tiene que ver con el corazón (1 Samuel 16:7; Jeremías 17:10; Hechos 5:1-11). Aun cuando la riqueza no puede hacer espiritual a la gente, puede revelar sus prioridades espirituales. Como dijera Jesús: «Donde esté vuestro tesoro, allí estará también vuestro corazón» (Mateo 6:21, RVR1960).

La mayordomía es un asunto espiritual

La avaricia es la antítesis de la vida cristiana. Pablo advierte a los creyentes a que «consideren los miembros de su cuerpo terrenal como muertos a la fornicación, la impureza, las pasiones, los malos deseos y la avaricia, que es idolatría» (Colosenses 3:5, NBLH). La avaricia es idolatría. La riqueza material puede convertirse en un ídolo que es adorado en lugar de Dios, porque se percibe como la fuente de todo lo que se necesita, todo lo amado y lo deseado.

El materialismo no tiene que ver con cuánto usted posea, sino con su disposición en cuanto a ello. Esto trata acerca de su actitud, no de su valor verdadero. Pablo le dijo a Timoteo: «A los ricos de este siglo manda que no sean altivos, ni pongan la esperanza en las riquezas, las cuales son inciertas, sino en el Dios vivo, que nos da todas las cosas en abundancia para que las disfrutemos. Que hagan bien, que sean ricos en buenas obras, dadivosos, generosos; atesorando para sí buen fundamento para lo por venir, que echen mano de la vida eterna» (1 Timoteo 6:17-19, RVR1960). A Timoteo no se le instruyó para que reprendiera ni para que abandonara a los ricos, él no tenía que redistribuir su riqueza a fin de que todos fueran iguales. Más bien, estaba ahí para instruirlos basado en las Escrituras sobre cómo utilizar mejor su riqueza para la gloria de Dios.

La responsabilidad bíblica en cuanto a la mayordomía

Las Escrituras ofrecen a los creyentes tres criterios básicos para abordar la mayordomía financiera de una manera que honre al Señor.

Sea un obrero fiel

Cuando Dios creó al hombre, el trabajo fue parte importante de su responsabilidad diaria. El libro de Génesis registra el hecho de que Dios tomó a Adán y lo puso en el huerto del Edén «para que lo labrara y lo guardase» (Génesis 2:15, RVR1960). El dominio de Adán en la tierra comenzó con un trabajo, no en una hamaca.

La ética bíblica del trabajo es una ética laboral fuerte. La actitud del cristiano en el trabajo dará testimonio de la fuerza del evangelio en su vida. Efesios 6:5 (RVR1960) exige a todos los empleados, incluso los esclavos lo siguiente: «Obedeced a vuestros amos terrenales con temor y temblor, con sencillez de vuestro corazón, como a Cristo». Trabajar duro para su jefe es trabajar duro para el Señor. Incluso un mundo que es hostil al evangelio es acogedor para los que trabajan duro. Aunque su jefe puede que inicialmente no respete su fe, respetará su ética de trabajo diligente. Como resultado, su trabajo arduo le dará mayores oportunidades de difundir el evangelio en su lugar de trabajo.

El trabajo duro, en circunstancias normales, también producirá la riqueza material y cosechará el respeto de quienes le rodeen. Cuando Pablo escribió a la iglesia en Tesalónica, resumió sus responsabilidades ante un mundo hostil. Ellos debían ocuparse en lo que debían y trabajar con sus manos «para que por su modo de vivir se ganen el respeto de los que no son creyentes, y no tengan que depender de nadie» (1 Tesalonicenses 4:12, NVI). Algunos de ellos se habían vuelto perezosos, rebeldes e indisciplinados (2 Tesalonicenses 3:11), y necesitaban ponerse a trabajar de nuevo. Pablo usa un lenguaje muy fuerte en su exhortación directa: «A los tales mandamos y exhortamos por nuestro Señor Jesucristo, que trabajando sosegadamente, coman su propio pan» (2 Tesalonicenses 3:12, RVR1960). Si el adulto cristiano no está trabajando, está fuera de la expresa voluntad de Dios y no debería sorprenderse de que experimente necesidad. (Considere que, en las familias cristianas, el esposo y padre es el encargado principal de ganarse la vida fuera del hogar [1 Timoteo 5:8]; mientras que la esposa y madre es la encargada principal de ser ama de casa [1 Timoteo 5:14; Tito 2:4-5.] En ninguno de los casos es aceptable la pereza o la inactividad.)

El libro de Proverbios revela las verdades axiomáticas con respecto a la adquisición de riqueza. A partir de sólo una lectura superficial, se promete que en toda labor hay fruto, pero los que pierden el tiempo sufrirán necesidad (14:23). Proverbios 28:19-20 (RVR1960) dice: «El que labra su tierra se saciará de pan; mas el que sigue a los ociosos se llenará de pobreza. El hombre de verdad tendrá muchas bendiciones; mas el que se apresura a enriquecerse no será sin culpa». El principio general es que la persona que trabaja con diligencia tendrá un montón de comida para él y sus dependientes. Más allá de eso, es bendecido con una abundancia de cosas buenas de la mano de Dios como recompensa por su diligencia. El contraste es fuerte para el que persigue planes tontos para hacerse rico rápidamente. No sólo es pobre, sino que es castigado con pobreza en abundancia (Proverbios 20:4).

Hay un viejo refrán que dice: «Trabaje más inteligentemente, no más duro». En nuestra cultura la frase, tal vez, debería ser: «Trabaje más duro *y* más inteligentemente». A menudo las personas enfrentan dificultades económicas, no sólo debido a decisiones insensatas, sino porque no están dispuestos a trabajar tan duro como deberían. Si trabaja con diligencia para hacer el mejor trabajo posible, independientemente de cuánto tiempo se tarde, la Biblia enseña que —como regla general—, el dinero no será problema.

Sea un planificador cuidadoso

Una de las razones por las que los trabajadores diligentes tienen más dinero es porque no tienen mucho tiempo que gastar. Pero, ¿qué van a hacer con los recursos que se acumulan? Esto trae a colación un segundo criterio práctico en relación con los cristianos y la economía. Más allá de ser obreros fieles, los creyentes también deben ser diligentes planificadores. La planificación cuidadosa implica al menos seis consideraciones:

1. Que no lo consuma el consumismo. La cultura moderna se caracteriza por el consumo. Los expertos dicen que el 70 por ciento de la economía estadounidense se basa en la compra que hacen las personas. Ser consumidor no es malo, pero recuerde que el hombre insensato es el que consume todo lo que obtiene y no deja nada para el futuro (Proverbios 21:20). No hay excusa razonable para gastar todo lo que gana o, peor aún, gastar en promedio más de lo que gana, colocando sobre sí la carga de la deuda. La sabiduría bíblica llama a vivir dentro de sus medios.

2. No pida prestado que no termine siendo esclavo. Usted puede estar familiarizado con la frase que dice: «No seas ni prestatario ni prestamista». Sin embargo, no es un versículo de la Escritura, sino el paternal consejo de Polonio en la obra *Hamlet* de Shakespeare (Acto I, escena 3). Un versículo de la Escritura que sí trata con la deuda es Proverbios 22:7, donde al prestatario se le advierte que el endeudamiento y la servidumbre van de la mano. Mientras más se debe a otros, más van ellos a controlar su vida. Qué triste es cuando los cristianos no pueden dar dinero voluntariamente al ministerio, ya que involuntariamente el mismo va a los acreedores.

En el Antiguo Testamento, Dios dio leyes para gobernar la industria del préstamo en Israel, especialmente el tema de las tasas de interés (Levítico 25:36-37). En sus principios, a los judíos se les instruyó que si se prestaban dinero *entre sí* los préstamos tenían que ser libres de intereses (Éxodo 22:25), aunque sí podrían cobrárselos a los gentiles. Cuando el salmista ofrece ejemplos prácticos de los que están delante de Dios, incluye a la persona cuyo «dinero no dio a usura» (Salmos 15:5). Cuando Ezequiel describe a un hombre justo incluye el hecho de que presta a los pobres sin interés (Ezequiel 18:8, 13, 17).

Sin embargo, incluso en la sociedad judía, la corrupción surgió a la superficie rápidamente. Ezequiel condenó a Israel por su comportamiento abominable: «Interés y usura tomaste, y a tus prójimos defraudaste con violencia» (22:12, RVR1960). Jesús tomó las restricciones del Antiguo Testamento acerca de prestar dinero por interés y las extendió aun más. Según sus enseñanzas, no hay nada particularmente encomiable a la hora de prestar dinero a otros por ganar algo a cambio, ya que incluso los no creyentes hacen eso. En vez de ello, su instrucción era: «prestad, no esperando de ello nada; y será vuestro galardón grande» (Lucas 6:34-35, RVR1960). Las palabras del Señor se deben tomar en serio a medida que surgen oportunidades específicas para prestar dinero directamente a los demás, sobre todo dentro de la iglesia.

Por tanto, la Biblia no prohíbe el préstamo razonable o el endeudamiento responsable, siempre que no esté motivado por la avaricia o el materialismo, y que sea precedido por la planificación en oración y sabio consejo.

3. No se acorrale siendo fiador. Otra precaución a tomar es la fianza. El principio bíblico general es que el creyente no debe servir de fiador a otra persona. La persona sabia no se responsabilizará por la deuda de otro. La instrucción de Dios es clara en cuanto a que nunca debemos asumir las deudas u obligaciones de un extraño ni de un vecino. Es cierto que, en el relato de José y sus hermanos, Judá se ofrece como garante para avalar el retorno seguro de su hermano más joven, Benjamín (Génesis 43:9). Sin embargo, en lo que respecta a asuntos de dinero, Salomón ofreció una severa advertencia en Proverbios 6:1-5. Si usted está atrapado por las obligaciones de otra persona, lo más inteligente que puede hacer es ir y liberarse de esa obligación. Hacer eso es liberarse a sí mismo como se liberaría un animal de la mano del cazador (Proverbios 6:5), y debe ser de tal prioridad que hasta que sea resuelto «no des sueño a tus ojos, ni a tus párpados adormecimiento» (Proverbios 6:4; cf. Proverbios 20:13; 27:13, RVR1960). Incluso en el caso de un pariente o amigo cercano, lo mejor es decir que no a servirle de fiador. No vale la pena correr el riesgo de arruinar una relación con ellos, por no hablar de su propia dificultad financiera, en caso de que se encuentren obligados a dejar de pagar el préstamo. Si el prestamista profesional que se gana la vida prestando dinero no cree que son un buen riesgo, entonces debemos tener cuidado de pensar lo contrario.

4. No venda su alma por el éxito. Proverbios 28:19-20 advierte contra la tentación de adquirir dinero a toda prisa mediante «propósitos vanos» (NBLH). Esto lleva a pensar en búsquedas vanas o frívolas sin un resultado en mente. Tales planteamientos especulativos para conseguir más dinero puede que incluyan juegos de azar, esquemas de comercialización de multinivel y prácticas comerciales engañosas que se aprovechan de la ignorancia de los demás.

Proverbios 12:11-12 (NBLH) dice: «El que labra su tierra se saciará de pan, pero el que persigue lo vano carece de entendimiento. El impío codicia el botín de los malos, pero la raíz de los justos da fruto». A través del libro de los Proverbios, los hombres malos se identifican como los que se han enriquecido por tal corrupción como el fraude (13:11), recibiendo sobornos (15:27), utilizando instrumentos de medición engañosas (20:10,23), e incluso despojando de dinero a los huérfanos (cf. 23:10; 22:23,28; Jeremías 22:3; Zacarías 7:10). Es evidente que cualquier persona involucrada en este tipo de prácticas estará sujeta al castigo de Dios.

La estabilidad financiera se basa en el trabajo duro y en un conocimiento cada vez mayor de su campo laboral. Proverbios 24:3-4 (RVR1960) dice: «Con sabiduría se edificará la casa, y con prudencia se afirmará; y con ciencia se llenarán las cámaras de todo bien preciado y agradable». Son la sabiduría, la comprensión y el conocimiento los que trabajan juntos para forjar una base financiera sólida sobre la cual construir cualquier negocio o carrera. No hay promesa hecha para aquellos que quieran crear riqueza a través de intrigas, manipulación o falta de honradez.

5. No confunda riesgo con imprudencia. La especulación monetaria no es lo mismo que asumir riesgos calculados e invertir de modo responsable. Es apropiado invertir e incluso asumir riesgos razonables. No hay virtud en que la duda y el temor nos paralicen después que hagamos lo que debemos. Eclesiastés 11:4 advierte que si uno teme al viento nunca tendrá valor para sembrar una semilla y, si tememos a las nubes, nunca nos expondremos a cosechar, no sea que nos llueva. El hecho es que nadie puede estar completamente seguro de que una inversión traerá retornos rentables. Si una persona quiere aumentar sus inversiones de una manera responsable y proactiva, eso necesariamente implica una cuidadosa planificación, administración sabia y asumir riesgos razonables.

Asumir riesgos deber ser un acto calculado y cuidadoso, no imprudente. Después de todo, «los pensamientos del diligente ciertamente tienden a la abundancia; mas todo el que se apresura alocadamente, de cierto va a la pobreza» (Proverbios 21:5, RVR1960). El trabajo duro, la planificación diligente y el rechazo a ser deshonesto coinciden con la bendición de Dios para hacer de nuestra riqueza una fortaleza contra los problemas de la vida (Proverbios 10:15, 22). Podemos llegar a ser el hombre de confianza de Proverbios 27:25-27, que está seguro en su provisión y preparado para el próximo invierno.

6. No olvide prepararse y protegerse. La preparación para enfrentar el desastre no es poca cosa. A menos que una persona ya tenga una fortuna considerable, debe contar con la protección de los demás. Por supuesto, la máxima confianza del cristiano está en Dios, no en la incertidumbre de las riquezas materiales (1 Timoteo 6:17; cf. 4:10).

Una importante compañía de seguros utiliza el lema «Lo volvemos a lleva a donde usted pertenece». La idea de estar asegurados es relativamente un concepto nuevo. En los tiempos bíblicos, la gente no tenía las garantías que hoy disfrutamos. Job, por ejemplo, perdió todo lo que tenía en menos de un día, quedando con nada más que unos pocos amigos insensatos y una esposa regañona. Y si Dios no le hubiera revelado a José la hambruna de siete años que venía, de tal manera que pudiese prepararse para el futuro, se habrían perdido muchas vidas en Egipto y en las naciones vecinas.

Sin embargo, no es antibíblico o imprudente asegurar sus bienes, diversificar sus inversiones y proteger su vulnerabilidad a la luz de la posibilidad de futuras crisis. Por el contrario, es prudente y una característica de los que prosperan a largo plazo. Esto forma la base del consejo sabio de Proverbios 27:23-24 (RVR1960): «Sé diligente en conocer el estado de tus ovejas, y mira con cuidado por tus rebaños; porque las riquezas no duran para siempre; ¿Y será la corona para perpetuas generaciones?» Mediante una conciencia pendiente de lo que poseía, el antiguo propietario de rebaños podría estar bien preparado para el futuro. De igual manera, el planificador inteligente de hoy se preparará para el futuro, evitando la vulnerabilidad innecesaria a la posible ruina financiera a través del uso de seguros y otros medios legales. En todo esto, una vez más, los cristianos deben darse cuenta de que su seguridad

—en última instancia— reside en Dios; y que, habiendo hecho todo lo necesario para ser responsable, puedan descansar conscientes de que Dios tiene el control de todas las cosas, incluidas sus necesidades físicas y financieras (Mateo 6:25-34; Filipenses 4:6).

Trabajar duro para aumentar sus ingresos y planificar de manera cuidadosa para evitar los errores son sólo dos de los tres principios que los cristianos deben tener en cuenta al pensar correctamente acerca de las finanzas. El tercero es quizás el más importante. Si usted quiere agradar a Dios con su riqueza, debe ser un obrero fiel, un planificador cuidadoso y un dador generoso.

Sea un dador generoso

Lionel Robbins define la economía como «el estudio del uso de los recursos escasos que tienen usos alternativos». Esta es la definición más adecuada para los cristianos porque, a diferencia del resto del mundo, tenemos un uso alterno para nuestro dinero que tiene un significado eterno. Si es asignada correctamente, esta perspectiva celestial de la riqueza terrenal ayudará a los creyentes a navegar con éxito el angosto estrecho entre las playas de la necesidad y la avaricia.

Las estadísticas en cuanto a las donaciones en Estados Unidos son impresionantes, *impresionantemente débiles*, es decir. Las donaciones al ministerio están en una tendencia a la baja. Tanto la cantidad neta de dólares aportados como el porcentaje del ingreso per cápita están disminuyendo. En 2004, un promedio de sólo el 2,5 por ciento de los ingresos brutos de los cristianos evangélicos fue dado al ministerio. En el condado de Los Ángeles el ingreso promedio es de aproximadamente 65.000 dólares de acuerdo con las estadísticas de 2008 del gobierno, por lo que equivale a una dádiva de unos meros 31 dólares por semana. En contraste, las donaciones caritativas estaban en un promedio de 3,3 por ciento durante la Gran Depresión.

Un tercio de los cristianos nacidos de nuevo en Estados Unidos dicen que no pueden dar porque están demasiado forzados por las deudas. Por el momento, la deuda del consumidor supera los 2,5 billones de dólares, con el estadounidense promedio haciendo pagos a plazos de más de $8,500 dólares en deuda del consumidor. A esto se añade el hecho de que el estudiante universitario promedio sale de la escuela con una deuda enorme y no es de extrañar por qué tantas personas se sienten aplastadas bajo una carga desesperada de obligaciones financieras.

Cuando Jesús enseñó sobre el tema del dinero, siempre fue contracultural y contrario a la intuición:

> No os hagáis tesoros en la tierra, donde la polilla y el orín corrompen, y donde ladrones minan y hurtan... Ninguno puede servir a dos señores... No os afanéis, pues, diciendo: ¿Qué comeremos, o qué beberemos, o qué vestiremos? Porque los gentiles buscan todas estas cosas; pero vuestro Padre celestial sabe que tenéis necesidad de todas estas cosas (Mateo 6:19, 24, 31-32, RVR1960).

El tema del Señor era que el materialismo y el cristianismo son incongruentes. La pregunta entonces es, ¿cómo podemos nosotros, siendo creyentes, adorar a Dios con nuestros recursos financieros y al mismo tiempo rechazar las tentaciones que conducen a la idolatría y la avaricia? La respuesta se encuentra en dar al Señor y a sus propósitos. Cuando damos nuestro dinero a la obra del evangelio, no sólo demostramos nuestro amor sincero por Dios (2 Corintios 9:7), también almacenamos tesoros en el cielo (Mateo 6:16-24).

Dar al Señor ayuda a los cristianos a superar la tentación de acaparar sus riquezas (Mateo 6:19-21). Los que tienen éxito en la adquisición de riqueza económica se encuentran inmediatamente con la tentación de acumularla con avidez. Dar contrarresta esa tentación, considerando las necesidades de los demás en vez de ser consumidos por la autoindulgencia. Por otra parte, la acumulación de fortuna es un negocio riesgoso, ya que las riquezas terrenales pueden desaparecer. Dar, entonces, es también un medio para invertir en las cosas eternas, acumulando un tesoro en los cielos que nunca se ha de perder. Con ello, vuelva a enfocar el corazón en las cosas de Dios en vez de estar centrado en las cosas de la tierra.

En segundo lugar, dar al Señor ayuda a los cristianos a superar la tentación de olvidarse de Él (Mateo 6:22-24). En Proverbios 30:9 el escritor pide a Dios que lo proteja tanto de la prueba que asiste a la pobreza extrema como de la comodidad engañosa que proviene de la riqueza. El peligro en esto último es que se tiende a olvidar a Dios y a ser demasiado dependiente de sí mismo y de su dinero. En Mateo 6, Jesús nos recuerda que el ojo debe estar claro y ver correctamente. Si el ojo espiritual está funcionando bien, dirigirá al creyente en el camino correcto con respecto al dinero. Eso hará que vea siempre a Dios como el proveedor de la riqueza y que ha de ser honrado por ello. Puesto que nadie puede servir a Dios y al dinero, el acto de dar dinero regularmente para el Señor demuestra que Él es nuestro verdadero Amo.

En tercer lugar, dar al Señor ayuda a los cristianos a vencer la tentación de estar ansiosos puesto que les recuerda que Dios tiene el control y que su reino es su prioridad más alta (Mateo 6:25-34). «Por nada estéis afanosos», dijo Pablo a los filipenses, «sino sean conocidas vuestras peticiones delante de Dios en toda oración y ruego, con acción de gracias. Y la paz de Dios, que sobrepasa todo entendimiento, guardará vuestros corazones y vuestros pensamientos en Cristo Jesús» (Filipenses 4:6-7, RVR1960). Unos pocos versículos más adelante, Pablo explicó que había aprendido a contentarse con cualquiera que fuera la situación económica en la que se encontrara (vv. 10-13). A menudo, la ansiedad financiera surge cuando se trata de vivir por encima de las posibilidades. El que da aprende a estar contento y a ser agradecido por cualquier estilo de vida que Dios haya provisto, incluso si se trata de uno modesto (1 Timoteo 6:7; Hebreos 13:5). Salomón ofrece una serie de contrastes vivos a través del libro de los Proverbios (Proverbios 15:16-17; 16:8,19; 17:1; 19:1; 28:6), informando al lector en cuanto a que la pobreza —si está acompañada del temor de Dios, el amor, la justicia, la humildad, la tranquilidad y la integridad— es mucho mejor que la riqueza económica acompañada de agitación, odio, injusticia, orgullo, lucha, perversión y un espíritu torcido.

Los dólares y la sensatez

Por la gracia de Dios, las Escrituras contienen una gran cantidad de instrucción doctrinal y práctica con respecto al dinero y la riqueza. La norma bíblica es clara, por lo que seremos sabios si le prestamos atención. Todo le pertenece a Dios y somos, por tanto, administradores de sus recursos. Nuestra actitud hacia el dinero revela las prioridades y las pasiones de nuestros corazones, y nos recuerda que la forma en que pensamos acerca de la riqueza es, en última instancia, un asunto espiritual. Sin embargo, no hay nada inherentemente malo en hacer dinero y usarlo de modo sabio. Considerando esto, el cristiano se ha de posicionar en un lugar de bendición si trabaja en forma fiel, si planea con cuidado y si da generosamente.

13

La divina huella de carbono

El calentamiento global y el movimiento ambiental

Perspectiva pastoral

Este capítulo es una ampliación del material que nuestros pastores y ancianos han reunido en los últimos años sobre estos temas. Es representativo de la posición general de Grace Community Church.

Hace poco, nuestra iglesia recibió una revista publicada por una universidad evangélica. La cubierta era totalmente verde, con gruesas letras blancas y verdes con el siguiente título: «La ecologización de los evangélicos».[1] El subtítulo señalaba: «Un número creciente de cristianos se suman al movimiento para "cuidar la creación"». No es una moda, dicen. Es bíblico. En el interior, un total de ocho páginas estaban dedicadas al tema. Una vez más, se afirma que la protección del medio ambiente es un mandato bíblico —un número creciente de cristianos se están calentando con la idea de «cuidar la creación»—, que nos manda a conservar y proteger el medio ambiente. Varios miembros del profesorado y el personal de la universidad fueron entrevistados para el artículo. Sus comentarios destacan la idea de que la protección del planeta es un asunto de mayordomía bíblica:

En las Escrituras se nos ordena cuidar la creación, mandato que nunca cesó. Cuando uno mide la cantidad de toneladas de dióxido de carbono que bombeamos a la atmósfera cada día, y luego —en un sentido— menosprecia ese hecho o le damos poca importancia, creo que —en realidad— metemos la cabeza en la arena como el avestruz...

A final del día, el hecho de que desperdiciemos y contaminemos pudiera ser un asunto menor pero, el mismo Cristo, en la parábola del mayordomo infiel en Lucas 16, dijo que a aquellos que son infieles en las cosas pequeñas no se les confiarán las grandes cosas...

No tenemos suministros ilimitados de petróleo, aluminio, papel y otras cosas. Así que si podemos usar eso de forma más inteligente, lo cual es parte del mandato de Génesis: sed buenos administradores de lo que os he dado...

[Nuestra escuela] reconoce la importancia de que seamos buenos administradores de la creación de Dios, no porque sea políticamente correcto, sino porque Dios nos llama a ese tipo de gestión con su creación.

El artículo continúa señalando que los estudiantes de esa universidad están dando pequeños pasos para preservar y proteger el medio ambiente; por ejemplo, apagan las luces al salir de una habitación, ponen los computadores en modo de espera cuando no están usándolos, y reciclan las botellas de plástico. El rector de la escuela incluso conduce un vehículo híbrido todo terreno como «un pequeño gesto destinado a confirmar la importancia del cuidado del medio ambiente».

A lo largo del artículo, se les recuerda repetidamente a los lectores que «la responsabilidad ecológica» de los cristianos es algo que Dios encomendó a los creyentes en su Palabra. La ironía evidente es que el artículo de ocho páginas casi no contiene referencias a la Biblia. Se hace una referencia general a Lucas 16 y Génesis 1:28 y 2:15 se mencionan cada uno de pasada. Pero no hay Escritura citada o explicada en el artículo.

Una cosa es afirmar que es bíblica. Otra cosa es apoyar en realidad esa afirmación. Antes que nosotros como cristianos entremos de lleno en la mentalidad ambientalista que está afectando a muchos en el movimiento evangélico en estos días, haríamos bien en considerar el ejemplo de los nobles de Berea, examinando las Escrituras para ver si esas cosas son así.

¿Tienen, los cristianos, que cuidar la creación?

Afirmamos que los cristianos tenemos la responsabilidad de cuidar de todos los recursos que Dios nos ha provisto. Con respecto a los recursos naturales, este principio se ilustra en el Antiguo Testamento cuando Dios puso a Israel en la tierra prometida y ordenó a la gente que dejara descansar la tierra cada siete años:

Seis años sembrarás tu tierra, y recogerás su cosecha; mas el séptimo año la dejarás libre, para que coman los pobres de tu pueblo; y de lo que quedare comerán las bestias del campo; así harás con tu viña y con tu olivar (Éxodo 23:10-11; cf. Levítico 25:1-7, rvr1960).

Dios dio esa orden porque no quería que las personas explotaran la tierra y le extrajeran toda su esencia. Permitir que la tierra descansara cada siete años aseguraba que se repusiera y siguiera fructificando en el futuro. (De manera similar Dios le ordenó a la gente que tratara a sus animales sin abusar de ellos [Deuteronomio 25:4; Proverbios 12:10]).

Cuando el Señor les dio la ley mosaica a los israelitas, les advirtió que si apostataban, los sacaría de la tierra (Deuteronomio 28). Por desgracia, los hijos de Israel hicieron precisamente eso y fueron objeto del juicio de Dios; las tribus del norte cayeron ante Asiria en el año 722 a.C., y las tribus del sur ante Babilonia en 605 a.C. De hecho, Dios designó la cautividad de Babilonia como un cautiverio de 70 años para que la tierra pudiera descansar y compensar todos los años de reposo que Israel violó (cf. Levítico 26:33-35; 2 Crónicas 36:17-21).

Por lo tanto, estamos de acuerdo en que los creyentes no deben ser imprudentes, abusivos ni irresponsables con ninguno de los maravillosos recursos que Dios nos ha dado. Por otra parte, se nos manda a mostrar el amor y la atención a las personas que nos rodean (Filipenses 2:1-5), así como someterse de buen grado a las reglas y regulaciones del gobierno (Romanos 13:1-7). Tales principios necesariamente afectarán la forma en que interactuamos con nuestro entorno.

Pero todo eso, de hecho, tiene muy poco que ver con el movimiento ambiental de hoy ni con la locura del calentamiento global que va con ello. El movimiento ambiental se consume con el intento de preservar el planeta para siempre. Pero sabemos que eso no está en el plan de Dios. La tierra en que vivimos no es un planeta permanente. Es, francamente, un planeta desechable; va a tener una vida muy corta. En contra de las enseñanzas de la teoría evolutiva, la tierra fue creada hace menos de 10.000 años, y su final puede estar muy cercano. Cuando se cumplan los propósitos de Dios para ella, la destruirá con fuego y creará una nueva tierra (2 Pedro 3:7-13; Apocalipsis 21:1). Esta tierra nunca fue diseñada para ser un planeta permanente, no es eterna. No tenemos que preocuparnos de que vaya a existir dentro de decenas de miles o millones de años a partir de ahora, porque Dios va a crear un cielo nuevo y una tierra nueva. Entender este hecho es importante para mantener en equilibrio nuestra libertad de usar la tierra con la responsabilidad de cuidarla.

Cristianos, climas y conservación

A la luz de la naturaleza temporal de esta tierra, ¿qué deberían pensar los cristianos que creen en la Biblia sobre el calentamiento global y el movimiento ecologista que lo sustenta?

El objetivo de este capítulo no es examinar los datos científicos (sobre los cuales hay un debate considerable, al menos con respecto a las implicaciones de las conclusiones recientes[2]). Más bien, nuestra intención es mirar las Escrituras para tener dirección a la hora de pensar detenidamente el asunto de una manera que sea realmente *bíblica*. La Palabra de Dios, no las hipótesis científicas ni las opiniones populares, debe ser nuestra autoridad en estos asuntos. La revelación *especial* (en la Escritura) se nos ha dado para ayudarnos a entender y abordar en forma correcta la revelación *general* (en la creación); es decir que en su Palabra, el Creador ha revelado todo lo que necesitamos saber para la vida y la piedad (2 Pedro 1:3,19).

Al reflexionar en esto, tenemos cinco puntos que considerar —derivados de la Escritura— que nos pueden ayudar a desarrollar un marco para pensar sobre el calentamiento global de una manera que sea claramente bíblica.

1. Debemos usar el texto en forma correcta

Se ha hecho cada vez más popular en los círculos evangélicos tomar versículos (o partes de versículos) fuera de contexto con el fin de hacer que signifiquen algo que en realidad no representan. El apóstol Pedro advirtió de aquellos que «tuercen» el significado de «las Escrituras» (2 Pedro 3:16), y Pablo instruyó a Timoteo: «Procura con diligencia presentarte a Dios aprobado, como obrero que no tiene de qué avergonzarse, que usa bien la palabra de verdad» (2 Timoteo 2:15, RVR1960). Todos los creyentes deben examinar cuidadosamente cualquier mensaje que afirme la autoridad divina (1 Tesalonicenses 5:20-22; 1 Juan 4), a ver si se corresponde con lo que la Escritura realmente dice (Hechos 17:11). Los cristianos, y sobre todo los maestros (Santiago 3:1), deben tener el cuidado de usar correctamente el texto. Tomar versículos fuera de contexto hace que la Escritura signifique algo que nunca tuvo la intención de comunicar y, por lo tanto, atribuye a Dios lo que Él no dijo. Tal cosa es una práctica peligrosa (Deuteronomio 12:32; Proverbios 30:6; Apocalipsis 22:18-19).

Esta es una de las principales preocupaciones que tenemos con gran parte de la literatura evangélica escrita sobre la protección del medio ambiente. Isaías 24:4-6 (RVR1960) es un pasaje que a veces se utiliza para defender la perspectiva a favor del calentamiento atmosférico. Los versículos dicen:

> Se destruyó, cayó la tierra; enfermó, cayó el mundo; enfermaron los altos pueblos de la tierra. Y la tierra se contaminó bajo sus moradores; porque traspasaron las leyes, falsearon el derecho, quebrantaron el pacto sempiterno. Por esta causa la maldición consumió la tierra, y sus moradores fueron asolados; por esta causa fueron consumidos los habitantes de la tierra, y disminuyeron los hombres.

Algunos cristianos preocupados con el clima han interpretado estos versículos como refiriéndose a los efectos devastadores del calentamiento global. A partir de una lectura superficial de los mismos, el pasaje podría parecer que encaja muy bien. La contaminación de los habitantes de la tierra no sólo pone en evidencia su culpabilidad, sino que también conduce a la destrucción masiva relacionada con el calor y la posterior disminución de la población.

Sin embargo, aquellos que utilizan estos versículos para afirmar la existencia del calentamiento global no tienen en cuenta el contexto. Lo más obvio es que los versículos 1-3 indican que Dios es el que causa los acontecimientos en los versículos 4-6. El versículo 1 dice: «He aquí que Jehová vacía la tierra y la desnuda, y trastorna su faz, y hace esparcir a sus moradores». Y el versículo 3 señala que es de acuerdo a la palabra que «Jehová ha pronunciado». Si Isaías 24:4-6 se refiere a la controversia actual del clima, entonces los versículos 1-3 hacen a Dios responsable del incremento de las temperaturas.

Es más, el versículo 5 habla de la contaminación *moral* (no de smog ni de las emisiones de carbono), como se define por la siguiente frase: «Porque traspasaron las leyes, falsearon el derecho, quebrantaron el pacto sempiterno». En otras palabras, el pecado de la humanidad (contra Dios) dará lugar a su juicio de fuego. Por último, estos versículos deben interpretarse en un contexto apocalíptico. Los paralelismos con otros textos apocalípticos (como Apocalipsis capítulos 6, 8—9, 16) toman este pasaje en particular aparte de la esfera de los acontecimientos actuales y lo colocan de lleno en una categoría de futuro juicio profético. De hecho, toda la sección de Isaías 24:1-27:13 es apocalíptica.

En todo caso, esto es sólo un ejemplo de cómo las Escrituras pueden ser tomadas fuera de contexto para significar algo que el Espíritu nunca tuvo la intención de decir. (En ese sentido, debemos advertir a aquellos que toman los pasajes sobre mayordomía en el Nuevo Testamento y los aplican a problemas que van mucho más allá de la intención del texto. También queremos advertir a los que pudieran intentar aplicar textos destinados únicamente a Israel del Antiguo Testamento a los cristianos del Nuevo Testamento.) La conclusión es que hay que tener cuidado de no imponer nuestros puntos de vista sobre las Escrituras, sino que al contrario debemos permitir que la Biblia determine nuestras creencias.

2. Debemos recordar a quién adoramos

No hay duda de que las glorias de la naturaleza revelan la magnificente gloria de Dios (Salmos 19:1-6). Él creó el mundo en tan fastuoso esplendor que su mano creativa se ve a cada paso. La inmensidad del océano (Job 38:16), la belleza de las estrellas (Salmos 8:1-4), la majestuosidad de las montañas (Salmos 65:5-9), la maravilla de la lluvia (Salmos 147:7-8), estos y muchos más, apuntan a la obra impresionante del Creador. A pesar de la maldición a través de la caída, la obra creadora de Dios todavía resplandece. El problema viene cuando el hombre caído rechaza al Creador y, en su lugar, adora a la creación. El apóstol Pablo advirtió de eso en Romanos 1:20-25 (RVR1960):

Porque las cosas invisibles de él, su eterno poder y deidad, se hacen claramente visibles desde la creación del mundo, siendo entendidas por medio de las cosas hechas, de modo que no tienen excusa. Pues habiendo conocido a Dios, no le glorificaron como a Dios, ni le dieron gracias, sino que se envanecieron en sus razonamientos, y su necio corazón fue entenebrecido. Profesando ser sabios, se hicieron necios, y cambiaron la gloria del Dios incorruptible en semejanza de imagen de hombre corruptible, de aves, de cuadrúpedos y de reptiles. Por lo cual también Dios los entregó a la inmundicia, en las concupiscencias de sus corazones, de modo que deshonraron entre sí sus propios cuerpos, ya que cambiaron la verdad de Dios por la mentira, honrando y dando culto a las criaturas antes que al Creador, el cual es bendito por los siglos. Amén.

En muchas maneras, estos versículos describen a los miembros del movimiento ambientalista secular de hoy. En vez de adorar a Dios Padre, adoran a «la madre naturaleza». Ellos cambiaron la alabanza al Creador por la alabanza a la creación de Él (cf. Deuteronomio 4:16-18).

Aunque los evangélicos pueden y deben apreciar la creación, glorificando a Dios como resultado de ello, tienen que tener cuidado de no adoptar la mentalidad secular, naturalista y evolutiva que caracteriza a nuestro mundo. La naturaleza puede ser idolatrada inadvertidamente cuando se le da a la conservación una prioridad más alta que obedecer las órdenes claras del Nuevo Testamento, empezando por el mandamiento más grande, que es amar al Señor Dios de todo corazón (Marcos 12:29-30). Como nos recuerda Isaías 42:5, 8:

Así dice Jehová Dios, Creador de los cielos, y el que los despliega; el que extiende la tierra y sus productos; el que da aliento al
pueblo que mora sobre ella, y espíritu a los que por ella andan...
Yo Jehová; este es mi nombre; y a otro no daré mi gloria, ni mi
alabanza a esculturas.

3. Debemos entender correctamente el mandato de la creación

En Génesis 1:28, Dios mandó a Adán a «sojuzgar» la tierra y «señorear»
sobre ella. Esto incluye la responsabilidad de «labrarla» (Génesis 2:15),
así como la autoridad para dar nombre a los animales (2:19-20). La tierra fue creada para la humanidad, no al revés (cf. Génesis 8:21—9:3).
Por lo tanto, el hombre tenía que hacer uso de los recursos naturales de
la tierra, mientras trabajaba para cuidar y domesticar a su mundo.

Las dos tareas, sojuzgar y labrar la tierra, se hicieron cada vez más
difíciles después de la caída, ya que la creación —que fue originalmente creada perfecta (Génesis 1:31)— cayó bajo la maldición de Dios
(Génesis 3:17-19; Romanos 8:20-22; cf. Apocalipsis 22:3). Todavía, en
la actualidad, estamos sintiendo los efectos de esa caída. El suelo ya no
da su fruto tan fácilmente (Génesis 3:19), los animales ven a la humanidad con terror y sospecha (Génesis 9:2), y la muerte para todos sigue
siendo una amenaza constante (Romanos 5:12ss). Aunque la creación
ya no está más sujeta voluntariamente al hombre (cf. Hebreos 2:5-8), el
mandato de Dios de sojuzgarla no ha cambiado (Génesis 9:1-3).

Las órdenes que se encuentran en Génesis 1:28 y 2:15 (cf. Génesis
9:1-3) dan amplios detalles en cuanto a cómo ha de sojuzgar y labrar
el hombre a la tierra: poblándola y usando sus recursos naturales para
su propia preservación y avance (cf. Salmos 115:16). Aunque algunos
han intentado leer preocupaciones ambientalistas específicas en estos
textos, sus interpretaciones reflejan sus propios prejuicios y leen más en
el texto de lo que realmente está escrito allí. (Irónicamente, muchas de
estas mismas personas se niegan a tomar Génesis 1—2 al pie de la letra;
sin embargo, apelan a estos capítulos para apoyar su agenda ecologista).

Debido a que el mandato de la creación ordena que los seres humanos sean fructíferos y se multipliquen (Génesis 1:28), dominen la tierra (1:28), labren la tierra (2:15), y utilicen tanto los recursos vegetales
como animales para su alimentación (1:29; 9:1-3), necesariamente

rechazaríamos cualquier posición conservacionista que se oponga al crecimiento de la población, que dé una mayor prioridad a las preocupaciones ambientales que al bienestar de los seres humanos, que restrinja indebidamente el cultivo de la tierra para la alimentación, o que prescriba una dieta vegetariana. Los evangélicos con mentalidad ambientalista a menudo citan el mandato de la creación de Génesis para apoyar sus puntos de vista; pero, al hacerlo, deben tener cuidado de no violar inadvertidamente los mismos mandatos a los que apelan. Las políticas que ahogan las oportunidades legítimas para sojuzgar y cultivar la tierra y sus recursos van en contra, no a favor, del mandato de Génesis.

4. Debemos definir con precisión pecado y salvación

El 14 de febrero de 2005, el Consejo Nacional de Iglesias de Estados Unidos publicó un documento titulado: «La tierra de Dios es sagrada: Una carta abierta a la iglesia y a la sociedad de Estados Unidos».[3] La carta insta a los cristianos a arrepentirse de sus «pecados sociales y ecológicos». De acuerdo a la misiva, citando al patriarca ecuménico Bartolomé:

> [L]a comisión de un delito contra el mundo natural es pecado... para los seres humanos, degradar la integridad de la tierra causando cambios en su clima, despojando la tierra de sus bosques naturales, destruyendo sus humedales... para los seres humanos... contaminar las aguas de la tierra, su tierra, su aire y su vida, con sustancias venenosas... son todos pecados.

El documento continúa afirmando que demasiados cristianos han caído en «un falso evangelio que continuamos viviendo en nuestros hábitos cotidianos, un evangelio que proclama que Dios sólo se preocupa por la salvación de los seres humanos y que nuestra vocación humana es explotar la tierra para nuestros propios fines solamente». En el recuento de los pecados de los que hay que arrepentirse, los autores afirman lo siguiente: «Confesamos que en vez de vivir y proclamar esta salvación a través de nuestras propias vidas y nuestra adoración, hemos abusado y explotado la tierra y la gente al margen del poder y el privilegio, alterando los climas, causando la extinción de las especies y poniendo en peligro la capacidad de la tierra para sustentar la vida tal como la conocemos y amamos».

Pero esas declaraciones reflejan una visión del pecado, de la salvación y del evangelio muy diferente a la que presenta el Nuevo Testamento. El evangelio bíblico se centra en la muerte, sepultura y resurrección de Cristo (1 Corintios 15:3-4) como el único medio (Juan 14:6; Hechos 4:12) a través del cual los pecadores individuales (rebeldes contra la ley moral de Dios, Romanos 3:10-18,23) se pueden reconciliar con Dios (2 Corintios 5:17-21; Colosenses 1:21-22). Es el poder de Dios para salvación de todo aquel que cree (Romanos 1:16), el que hace que aquellos que creen en el Señor Jesucristo, sean salvos (Hechos 16:31). Como explicara Pablo a los romanos: «Que si confesares con tu boca que Jesús es el Señor, y creyeres en tu corazón que Dios le levantó de los muertos, serás salvo. Porque con el corazón se cree para justicia, pero con la boca se confiesa para salvación» (Romanos 10:9-10, RVR1960).

En ninguna parte del Nuevo Testamento se define al pecado, la salvación o el evangelio en términos de responsabilidad ecológica de las empresas (ni incluso de los individuos). En vez de ser consumidos por las cosas de esta tierra, a los creyentes se les ordena que se enfoquen en la vida futura. El apóstol Pedro, hablando de la destrucción de esta tierra, lo enfatiza vívidamente:

> Pero el día del Señor vendrá como ladrón en la noche; en el cual los cielos pasarán con grande estruendo, y los elementos ardiendo serán deshechos, y la tierra y las obras que en ella hay serán quemadas. Puesto que todas estas cosas han de ser deshechas, ¡cómo no debéis vosotros andar en santa y piadosa manera de vivir, esperando y apresurándoos para la venida del día de Dios, en el cual los cielos, encendiéndose, serán deshechos, y los elementos, siendo quemados, se fundirán! Pero nosotros esperamos, según sus promesas, cielos nuevos y tierra nueva, en los cuales mora la justicia (2 Pedro 3:10-13, RVR1960).

Como cristianos, no estamos llamados a enfocar nuestros recursos en la preservación de este planeta. Al contrario, debemos mantener nuestros ojos fijos en Cristo (Hebreos 12:1-2) mientras anticipamos el mundo por venir (Filipenses 3:20; Hebreos 11:13-16), viviendo en actitud santa y piadosa (cf. 1 Corintios 6:9; Efesios 5:5). Cuando el Consejo Nacional de Iglesias sugiere que «en este momento más crítico de la historia de la tierra, estamos convencidos de que *el imperativo moral central* de nuestro tiempo es cuidar de la tierra como creación de Dios»,[4] no podríamos estar más en desacuerdo.

El imperativo moral central para la iglesia en esta edad fue articulado por el mismo Cristo en la Gran Comisión:

> Por tanto, id, y haced discípulos a todas las naciones, bautizándolos en el nombre del Padre, y del Hijo, y del Espíritu Santo; enseñándoles que guarden todas las cosas que os he mandado; y he aquí yo estoy con vosotros todos los días, hasta el fin del mundo. Amén (Mateo 28:19-20, RVR1960).

Hemos de llevar el verdadero evangelio (que los pecadores individuales pueden reconciliarse con Dios mediante la fe en Cristo) a las almas perdidas y moribundas. Salvar al mundo, para los cristianos, no tiene que ver con salvar al planeta, sino a los perdidos. Más aun, el mayor legado que podemos dejar a la próxima generación no es un mundo más verde, sino la verdad del evangelio (cf. Deuteronomio 6:5-9; 2 Timoteo 3:14-15). En vez de distraernos con los intentos de salvar a nuestro planeta roto, debemos enfocarnos en la misión principal que Dios le ha dado a la iglesia. Entonces podremos esperar el día en que se creará una nueva tierra que va a durar para siempre (Apocalipsis 21—22).

5. Debemos descansar en los propósitos soberanos de Dios

No es una salida fácil confiarle a Dios el destino global de nuestro planeta. Para estar seguros, la soberanía de Dios nunca excusa que el hombre sea perezoso o irresponsable. Pero saber que Él tiene el control debería guardar a los cristianos de adoptar la mentalidad fatalista que caracteriza al movimiento del calentamiento global. Después de todo, si las capas de hielo se están derritiendo o no, Dios prometió específicamente que no iba a inundar a la tierra nuevamente (Génesis 9:11).

Dios ya nos ha revelado cómo va a terminar este mundo; con el regreso de Cristo (1 Tesalonicenses 4:13—5:3) y el reino (Apocalipsis 20:1-6), seguido de la creación de una nueva tierra (2 Pedro 3:10; Apocalipsis 21:1-7). Durante la Gran Tribulación, Dios mismo va a hacerle mucho más daño a este planeta que el que la humanidad jamás podría. Habrá hambruna (Apocalipsis 6:5-6), peste (6:7-8), desastres cósmicos (6:12-17), la vegetación será quemada (8:7), la vida marina será destruida (8:8-9), las aguas contaminadas (8:10-11), «langostas» demoníacas (9:1-12), plagas mortales (9:13-21), llagas terribles (16:2), mares y ríos convertidos en sangre (16:3), calor abrasador (16:8-9), oscuridad y dolor (16:10-11), sequía (16:12-16), y devastación total (16:17-21). Después de esos juicios divinos, Cristo vendrá y establecerá su reino por la fuerza (19:11-21). Mil años más tarde (20:1-6), cuando el reino milenario haga transición al estado eterno, Dios finalmente destruirá este mundo con fuego (20:9; cf. 2 Pedro 3:10-12) y creará un nuevo cielo y una nueva tierra (21:1; cf. 2 Pedro 3:13).

A pesar de los mejores esfuerzos de la sociedad para enfriar el planeta, la Biblia nos dice cómo se va a acabar el mundo. Se va a poner caliente, pero no a causa de las emisiones de carbono. Cuando la furia divina de Dios al fin se derrame sobre el mundo, ninguna cantidad de protección medioambiental será capaz de detenerlo.

Las palabras del Señor acerca de la ansiedad, aunque específicamente con respecto a la provisión física, sirven como recordatorio apropiado para los cristianos que hayan permitido que los temores ambientales les distrajeran de la misión que Dios les encomendó.

¿Y quién de vosotros podrá, por mucho que se afane, añadir a su estatura un codo?... No os afanéis, pues, diciendo: ¿Qué comeremos, o qué beberemos, o qué vestiremos? Porque los gentiles buscan todas estas cosas; pero vuestro Padre celestial sabe que tenéis necesidad de todas estas cosas. Mas buscad primeramente el reino de Dios y su justicia, y todas estas cosas os serán añadidas. Así que, no os afanéis por el día de mañana, porque el día de mañana traerá su afán. Basta a cada día su propio mal (Mateo 6:27, 31-34 RVR1960).

En ese mismo contexto, Jesús señala que las aves del cielo y los lirios del campo no tienen que preocuparse, porque Dios se encarga de ellos

(vv. 26-29). Al igual que el Creador supervisa a los animales y las plantas que ha hecho (de tal manera que no tienen que preocuparse por su futuro), también se encargará de los que dan prioridad a sus propósitos del reino.

La importancia de una perspectiva eterna

La iglesia no debe dejarse atrapar por la mentalidad fatalista y desoladora que alimenta la publicidad contemporánea sobre el calentamiento global y la ecología. Si bien debemos ser buenos ciudadanos (al someternos a las restricciones del gobierno), buenos vecinos (siendo sensibles a las necesidades de los demás), y buenos administradores (al tiempo que invertimos los recursos que Dios nos ha concedido de forma individual en la obra de su reino), no tenemos que inquietarnos por las agendas o preocupaciones que pueden distraernos de nuestra principal misión en este mundo. Aunque el mensaje que predicamos es una locura para el mundo (1 Corintios 1:18), es sabiduría y poder de Dios (1 Corintios 2:6-9; cf. Romanos 1:16). Los pecadores que buscamos deben entender que están en rebelión contra un Dios santo, y que si no se arrepienten y creen, pasarán la eternidad separados de Él en el infierno. Aunque tener una mentalidad eterna no nos exime de responsabilidades temporales, debería ayudarnos a mantenerlas en la perspectiva correcta. Con esto en consideración, vamos a seguir adelante con la verdad y ser fieles al Rey.

14

DE CADA TRIBU Y LENGUA

El racismo y la reconciliación en la iglesia y en la cultura

MARK TATLOCK

El *racismo* es la profunda creencia de que la etnicidad o la herencia cultural de uno justifica un sentimiento de superioridad sobre los que tienen otros orígenes étnicos, lo que resulta en discriminación, segregación o trato injusto hacia ellos.

La creación y la raza

Dios creó una raza, la raza humana. Como resultado, la igualdad se extiende a todos los miembros de ella. Al diseñar al hombre, Dios grabó su imagen en él (Génesis 1:26-27; Santiago 3:9). Como resultado, el hombre posee una dignidad y un valor inherentes (Génesis 9:6; Santiago 2:1-6). Sin embargo, el racismo viola esa realidad fundamental mediante la elevación de una etnia sobre otra. Debido a la caída (Génesis 3:16-19), el hombre pecador ya no adora sumisamente al Creador, sino que asume una posición de superioridad y soberbia, y como resultado, ve a los demás como inferiores. En el núcleo del racismo hay, entonces, un compromiso consumidor a amarse a sí mismo más que a otros. Tan penetrante orgullo es, en última instancia, una ofensa a Dios y es denunciado constantemente en su Palabra (Proverbios 8:13; 16:19; Santiago 1:9).

Después de haber rechazado el culto del verdadero Dios, los hombres manifestaron comportamientos y deseos contrarios a su naturaleza (Romanos 1:18-32). Sólo una transformación total del corazón a través de la regeneración y la santificación puede traer a los pecadores de nuevo a una relación correcta con Dios. En la conversión, los creyentes se transforman en portadores de la imagen reconciliada, capaces de reflejar una vez más el carácter justo de Dios (cf. 1 Pedro 1:14-16). Como portadores de la imagen redimida, nuestra capacidad para reflejar el carácter de Dios se limita a sus atributos transmisibles, tales como su bondad, su amor, su misericordia, su rectitud, su justicia, su compasión, su paciencia y su perdón (cf. Gálatas 5:13ss). Tales atributos se ven más claramente en la relación de Dios con nosotros. Y nosotros los reflejamos con más claridad en nuestra relación con los demás. Debido a que estamos habitados por el Espíritu Santo, podemos interactuar y relacionarnos con los demás como Dios lo hace con nosotros. Pero cuando degradamos a otras personas o las discriminamos, fallamos en reflejar la naturaleza de Dios. Y cuando decimos que seguimos a Dios, pero fallamos en reflejarlo en nuestra conducta, justificamos la acusación del mundo de que somos hipócritas. Por lo tanto, buscar relaciones correctas con los de otras herencias étnicas es fundamental para el testimonio de la iglesia.

El Antiguo Testamento y la raza

En la creación, Dios dio un mandato claro para que el hombre sojuzgara y poblara la tierra (Génesis 1:28). Tal mandamiento fue dado para que el hombre pudiera gobernar, o manifestar dominio, sobre la tierra para los propósitos de la gloria de Dios. La caída, al cambiar las inclinaciones del hombre, produjo en este el deseo de ejercer dominio para su propio beneficio. En Génesis 11, donde el hombre se negó a cumplir con este mandato, Dios mismo confundió el lenguaje humano para asegurarse de que se lograran sus propósitos. Las variaciones en el lenguaje y la separación geográfica resultaron en el desarrollo de rasgos étnicos, culturas e identidades muy particulares.

A través del Antiguo Testamento vemos ejemplos de cómo el hombre, ahora caído en su pensamiento, pervirtió el mandato de Dios de sojuzgar y gobernar la tierra, a la vez que intentó tener el dominio sobre otros pueblos. Esto lo vemos ejemplificado en la Escritura por los egipcios, los filisteos, los babilonios, los asirios y los medos persas. La guerra, la esclavitud y la injusticia provienen de la violación del propósito intencionado de Dios de que el hombre ejerciera dominio.

A lo largo del Antiguo Testamento, los hijos de Israel a menudo encontraban personas de otras tribus y etnias. Si bien se les dieron muchas prohibiciones a los israelitas para evitar hacer tratados o convenios, incluyendo el matrimonio, con personas no judías, la intención de estas restricciones era limitar la influencia de la idolatría. Dios había llamado a la nación de Israel a funcionar como «un reino de sacerdotes y una nación santa» (Éxodo 19:3-6). Esta misión requería que los israelitas fueran luz para las naciones gentiles. Ellos no podían cumplir este llamado si abandonaban el culto al Señor y abrazaban el culto a los dioses paganos de las naciones (cf. 1 Reyes 8:57-61; 11:1-4).

En el Antiguo Testamento, el matrimonio interracial no estaba prohibido en base al origen étnico sino a la idolatría. Como la pertenencia nacional y la fe estaban vinculados en la identidad, el origen étnico estaba relacionado con la adoración de los ídolos. El fundamento de las prohibiciones de Dios era evitar que la adoración falsa se integrara a la cultura judía; por lo tanto, un israelita no podía casarse con una persona que no era un verdadero adorador de Dios. Esto sigue siendo cierto para el creyente de hoy (2 Corintios 6:14). Para el pueblo de Dios, el matrimonio siempre ha sido un tema de fe, no de raza.

Al mismo tiempo, Israel no debía descuidar las necesidades de los extranjeros. En repetidas ocasiones la ley instruyó a los israelitas a practicar la hospitalidad con los extranjeros y peregrinos, brindando atención, generosidad y protección (Éxodo 22:21; 23:9; Levítico 19:34; 25:35; Deuteronomio 27:19; 31:12). En muchas ocasiones los israelitas practicaban la hospitalidad con extranjeros que, como resultado, se convirtieron en seguidores del Señor. Ejemplos como Rahab, Rut, Naamán, la viuda de Sidón, Nabucodonosor, toda la ciudad de Nínive y otros ilustran este punto.

Cristo y la raza

Con la inclusión de los magos y la declaración profética de Simeón en el relato de la natividad de Lucas 2, vemos que desde el nacimiento de Cristo, su amor y su ministerio se extendieron a hombres y mujeres de todas las naciones.

La cuestión del racismo es vista cuando Cristo comenzó su ministerio terrenal. En varias ocasiones, Cristo identificó a gentiles que mostraban una fe más grande que los judíos de su tiempo (Mateo 8:5-12; Lucas 4:23-29). De ese modo, ilustró que en su reino no hay superioridad de una raza sobre otra. Había razones válidas para que los judíos se enojaran y fueran hostiles con los gentiles. Su larga historia fue marcada por períodos en los que los gentiles los gobernaron en forma abusiva. Fueran egipcios, asirios, babilonios, medopersas o romanos, los judíos sufrieron mucho bajo el gobierno tiránico e inhumano de los gobernantes extranjeros. Su anhelo por el Mesías y por la venida de un rey judío terrenal era tan intenso que la misma noción de un gentil ejerciendo la verdadera fe agitaba al instante la ira de la muchedumbre judía.

Cristo entendió el racismo, ofreciendo no sólo una solución temporal, sino una eterna. El evangelio no estaría limitado por la identidad nacional ni étnica. Todos los hombres tenían igual necesidad de la gracia inmerecida de Dios. El evangelio mismo exige un rechazo del orgullo y el reconocimiento de una total humildad (Lucas 18:9-17). A medida que la iglesia recupera de nuevo la esencia del evangelio, descubre la solución definitiva para el racismo. No es sólo la dignidad humana (que fluye de la creación), sino principalmente el evangelio (que fluye de la cruz), lo que es el máximo nivelador. En las Bienaventuranzas, el Señor delimita el carácter distintivo de los que reciben la fe salvadora. El redimido vive de acuerdo con los valores del reino, que son intrínsecamente diferentes de los valores del mundo.

Esto se hace más claro en el llamado de Cristo a ser pacificadores (Mateo 5:9). Ser pacificador es ser como Dios mismo (cf. Efesios 5:1). Donde existen los conflictos y las divisiones debido al orgullo y la envidia (Santiago 4:1), el cristiano tiene el potencial para mostrar cómo se movió Dios hacia nosotros para salvarnos. La pacificación es un estándar alto que se logra cuando perseguimos activamente la reconciliación con nuestros enemigos y de ese modo establecemos la paz donde no existía. Sólo un creyente humilde, compasivo, lleno del Espíritu puede hacer este tipo de trabajo. Debido a que la división racial es uno de los males más sistémicos en el mundo, hay pocos contextos más dramáticos en los cuales el amor y la paz del evangelio puedan ser mejor ilustrados.

En una ocasión específica Cristo confrontó el pecado de la injusticia. Con ello, dejó claro que cualquier abuso del poder para prevalecer y aprovecharse de los que son impotentes es contradictorio con los valores del reino. Los discípulos Jacobo y Juan, en busca de posiciones de prestigio, audazmente pidieron asientos de honor (Marcos 10:35-45). Mientras lo hacían, Cristo ilustró el modo en que la humildad cristiana debía entenderse en contraste con la lujuria del mundo por el poder y la superioridad. Cristo respondió a la petición de ellos severamente, diciéndoles que no fueran como los gentiles, que se enseñorean de los demás (v. 42).

Al reprender a sus discípulos, Cristo identificó el hecho de que los hombres no regenerados buscan el poder para maltratar, manipular o controlar a otros para beneficio personal. Luego continuó explicando que sus seguidores deben procurar servir a sus semejantes, no gobernarlos. «Enseñorear» es una referencia bíblica a la injusticia. Esta práctica fue condenada en repetidas ocasiones en el Antiguo Testamento (Levítico 19:15; Salmos 58:2; Proverbios 22:8, 22-23; Isaías 61:8; Jeremías 21:12; 22:13). Históricamente, la injusticia ha sido una de las características más coherentes de racismo. Puesto que los discípulos observaron a Cristo modelar su compasión por la mujer samaritana y escucharon su relato acerca del buen samaritano practicando el amor cristiano, comenzaron a ver que su amor era igual para todos los hombres y las mujeres, independientemente de su origen étnico. Su amor confrontó las actitudes de superioridad establecidas que estaban reflejando sus discípulos.

El Nuevo Testamento y la raza

La Gran Comisión (Mateo 28:19-20), dada como la última palabra de Cristo a sus discípulos, define claramente el alcance inclusivo del reino en cuanto a hombres y mujeres de cada grupo étnico. Hacer discípulos a todas las naciones cumplía el plan histórico y redentor de Dios expresado por primera vez a Abraham en Génesis 12. El Nuevo Testamento ilustra la manifestación exterior de ese mosaico multiétnico del pueblo elegido de Dios.

A partir del día de Pentecostés en Hechos 2, el alcance global de la iglesia sería representado por los muchos idiomas representados cuando Pedro subió a predicar. Fue Pedro, instruido a través de una visión de que ya no había ninguna distinción entre judíos y gentiles, quien iría a bautizar al romano Cornelio (Hechos 10). Fue Felipe el que predicaba a los samaritanos y abriría la Escritura con un hombre de Etiopía. Fue Pablo el que, en reunión con el Concilio de Jerusalén (Hechos 15), ayudaría a sus compañeros apóstoles a ver que no debe haber diferencias étnicas en la iglesia. En 1 Corintios 12, Pablo describe la iglesia como definitivamente racial y económicamente diversa, con variedad de dones y habilidades, pero unificada en un solo cuerpo (vv. 12-14). El evangelio es el gran igualador. Comprender el racismo como una violación directa al corazón amoroso de Dios, y en contradicción con el carácter del evangelio, requiere que los creyentes tomen en serio el asunto. El racismo ha dado lugar a gran dolor, separación y división no sólo en la sociedad, sino dentro de la iglesia.

El evangelio capacita al creyente para ver su identidad en Cristo como espiritual, no étnica. Nuestras identidades étnicas y culturales son secundarias puesto que asumimos la identidad principal de ciudadanos del reino de Dios. Aquí y sólo aquí podemos encontrar una identidad común, que es eterna. Esto no quiere decir que hemos de hacer caso omiso a nuestro patrimonio cultural porque Dios, en su providencia, ha ordenado todos los aspectos de nuestras vidas. Las diferencias culturales nos proporcionan a cada uno un marco para ver el diseño distintivo y creativo de Dios, y con oportunidades únicas para ministrar el evangelio en nuestras esferas de influencia. Pero, como ciudadanos del reino de Dios que somos ante todo, hay que reconocer que puede haber partes de nuestra propia cultura que van en contra de un punto de vista bíblico. En tales casos, las Escrituras —no la cultura— debe estimarse como la máxima autoridad.

El racismo en la historia de Estados Unidos

La institución de la esclavitud selló de manera indeleble la práctica y los efectos del racismo en la experiencia estadounidense. Los esfuerzos de la iglesia para defender o bien renunciar a la esclavitud llevaron al significativo cisma denominacional. La esclavitud también dividió a la nación en el tema de la raza, en particular las actitudes de superioridad hacia los negros, dejaron una marca indeleble en la economía, la educación y la cultura norteamericana en sus inicios.

En la época de la Guerra Civil, grandes poblaciones de inmigrantes se estaban estableciendo en los Estados Unidos. La mayoría vinieron al nuevo país empobrecidos y se residenciaron en los centros urbanos en vías de desarrollo industrial. A eso se sumó la expansión al norte y al oeste de los negros que buscaban empleo en las ciudades. A medida que esas poblaciones empobrecidas llenaban la ciudad, las iglesias estadounidenses, que habían sido principalmente protestantes, comenzaron a observar un cambio en la demografía urbana.

Los protestantes blancos, que estaban más establecidos y, por tanto, poseían mayores recursos económicos, tenían los medios para reubicarse más allá de las ciudades. Y las iglesias a menudo seguían a los feligreses. Si bien no todas las iglesias protestantes ignoraron o rechazaron esas nuevas poblaciones urbanas, con el tiempo la influencia dominante protestante se desplazó de las ciudades a los suburbios. Entre la Guerra Civil y la Primera Guerra Mundial, la población urbana en los Estados Unidos aumentó de 6.2 millones a 42 millones. Los inmigrantes étnicos durante ese mismo período sumaban más de 26 millones. Muchos de esos inmigrantes provenían de países menos desarrollados, no protestantes en Europa oriental y meridional.

Después de la Segunda Guerra Mundial, el desarrollo de viviendas económicas del ejército y la creación de desarrollos de viviendas prefabricadas establecen los suburbios como el hogar de la mayoría de los blancos. Para los años 1960 y 1970, el 85 por ciento del crecimiento de la ciudad era suburbano. El dinero invertido para la construcción de nuevas iglesias en ese período creció de 76 millones a más de 1 mil millones de dólares, casi todo se centró en las iglesias suburbanas. A raíz de la legislación de los derechos civiles de 1965, los Estados Unidos ampliaron sus cuotas para los inmigrantes a fin de evitar la discriminación étnica. Como resultado, los nuevos inmigrantes a los Estados Unidos en los últimos 40 años han venido de Oriente Medio, Asia y los países de América del Sur.

Entendiendo que los centros urbanos funcionan como puertos de entrada para los inmigrantes, la iglesia debe considerar la ciudad como estratégica para el cumplimiento de la Gran Comisión. La desvinculación de las iglesias protestantes de los centros urbanos ha llevado a una desvinculación entre las iglesias étnicas y las comunidades suburbanas. Los pastores de hoy deben comprender que el ministerio en los Estados Unidos será intercultural. Las tendencias demográficas muestran que las poblaciones minoritarias reemplazarán a las poblaciones blancas mayoritarias en muchos estados durante el próximo cuarto de siglo. Hoy, los suburbios del siglo XXI se han convertido tan multiétnicos como los centros de las ciudades. Este es un momento estratégico para ver el avance del evangelio, un momento crucial para que la iglesia piense bíblicamente acerca de la cuestión de superar las barreras culturales y las distinciones étnicas.

En Norteamérica, donde la Iglesia y el Estado están tan claramente separados, fallamos en apreciar que la mayoría de los acontecimientos mundiales que vemos que se desarrollan en la actualidad son expresión de profundos conflictos raciales y religiosos. Es fundamental reconocer que las cuestiones raciales y la discriminación son universales y afectan a todas las culturas. No son un fenómeno estadounidense. Ya sea que se trate de enfrentamientos de castas, genocidio, limpieza étnica, migración masiva de refugiados o nacionalismo extremo, todas son expresiones de racismo y conflictos religiosos. Donde raza, estado y fe no se pueden separar tan fácilmente, podemos empezar a entender por qué la paz nunca será en última instancia lograda mediante instrumentos políticos humanos. Los involucrados en el ministerio transcultural, tanto en Estados Unidos como en el extranjero, deben ayudar a sus discípulos a entender el problema del racismo e instruir a la iglesia a vivir bíblicamente.

El futuro de la iglesia ofrece la imagen más completa y hermosa de lo que el plan previsto de Dios ha sido para los pueblos de la tierra étnicamente diversos. Reunidos como una comunidad, un cuerpo y una sola ciudadanía con un único objetivo, todos juntos adoraremos al Creador (Apocalipsis 5:9-10; 7:9; 22:2). Este ha sido el plan de Dios desde la creación, a lo largo de la historia, para su iglesia en la tierra y para la eternidad. En ningún otro lugar en la Escritura ve usted la máxima expresión del amor redentor de Dios que en los cielos. Esta imagen, aunque perfecta y eterna, sirve como la más grande ilustración divina de cómo debe lucir la iglesia hoy. También refuerza que nosotros, como portadores del evangelio, somos mayordomos para cada grupo de personas. La iglesia de Dios es de naturaleza global, por lo que no puede permitirse el lujo de definir estrictamente la identidad de nuestra congregación local o la universalidad de ella a lo largo de las líneas raciales.

Consideraciones para la iglesia de hoy

1. La iglesia debe entender que se pretende abarcar a hombres y mujeres de todas las etnias. Esto debe producir una humildad en el estilo de vida que confronte actitudes pecaminosas de superioridad racial entre los redimidos.

2. La iglesia debe reconocer que, debido a la caída, cada contexto cultural en algún momento de su historia ha sufrido un racismo sustancial. Los cristianos deben entender esta historia y reconocer con sinceridad los efectos sociales, económicos y geográficos con que han sido tratados injustamente. Aunque las personas hoy no pueden ser responsables de las injusticias históricas, ignorar o negar estas realidades no muestra una preocupación amorosa de Dios; al contrario, refuerza las ofensas anteriores.

3. La iglesia debe demostrar compromiso para superar los conflictos raciales, la incomprensión y las ofensas no intencionales. Invitar el consejo de aquellos en su congregación que son de diferentes poblaciones o minoritarias (para ayudar a los líderes de la iglesia a ver su punto de vista sobre cuestiones raciales) requerirá la confianza, el interés genuino y un continuo compromiso de crecimiento y cambio.

4. La iglesia debe animar a los que han sentido los efectos de la injusticia a disponerse a practicar el perdón, la fe y la esperanza, en la creencia de que el pueblo de Dios puede trabajar junto para experimentar la unidad que Dios promete que es posible disfrutar dentro de su iglesia.

5. La iglesia debe discernir las amenazas de la agenda secularista de la diversidad que, al intentar abordar el problema, se basa únicamente en una argumentación fundamentada en los derechos y centrada en el hombre. El razonamiento basado en los derechos es insuficiente. Los cristianos pueden ofrecer más que una solución basada en derechos; pueden modelar una solución asentada en el amor y enfocada en Dios.

6. La iglesia debe anticipar que el plan secular del multiculturalismo también normaliza e iguala la fe y la cosmovisión religiosa de cada cultura. Si bien hay que reconocer la igualdad de todas

las *razas*, no podemos tampoco afirmar la igualdad de todos los *sistemas de fe*. El pluralismo religioso es una gran amenaza para la iglesia, que a menudo viene en los talones de la noble empresa de la diversidad cultural.

7. La iglesia debe observar que los cambios dramáticos en las poblaciones étnicas globales, los patrones de inmigración legal e ilegal, y los conflictos políticos requieren respuestas cuidadosas y prácticas del ministerio bíblico. Las actitudes o políticas simplistas no serán suficientes para ayudar a los cristianos a vivir su fe de manera auténtica.

8. La iglesia debe articular una perspectiva bíblica sobre asuntos como el matrimonio interracial, las familias multiétnicas y la adopción interracial. Entrenar a sus miembros para que piensen bíblicamente sobre estos asuntos también requerirá que las actitudes o las pretensiones raciales sutiles sean confrontadas cuando se muestran hacia miembros de la iglesia.

La reconciliación racial no puede ocurrir de manera genuina a menos que las personas nazcan de nuevo. Porque sólo como individuos redimidos podemos ser primero reconciliados con Dios, para luego poseer la capacidad de reconciliarnos unos con otros. El objetivo de la reconciliación racial, cuando se persigue aparte del evangelio, da lugar a logros menores. Por lo tanto, como creyentes en los que mora Cristo, tenemos la mayor capacidad de ser constructores de paz en nuestro mundo hoy, tanto entre los hombres y Dios como entre los hombres y sus semejantes.

15

CUANDO LAS NACIONES VIENEN A NOSOTROS

La inmigración ilegal y el control de las fronteras

PERSPECTIVA PASTORAL

Este capítulo es una adaptación de las discusiones del personal pastoral sobre este importante asunto. Es representativo de la posición general de Grace Community Church.

De acuerdo a estimaciones recientes, hay más de 21 millones de personas que viven en Estados Unidos de manera ilegal. En el plano político, una gran controversia se centra en cómo podría la inmigración ilegal ser mejor regulada y cómo el gobierno debe responder a los inmigrantes que ya están aquí. En el plano económico, los expertos debaten sobre el modo en que el flujo de inmigrantes ha afectado la economía de Estados Unidos.

Pero nuestra principal preocupación aquí no es ni política ni económica. Más bien, es teológica y pastoral. Desde una perspectiva bíblica y práctica, ¿cómo deben los pastores, líderes de iglesias y feligreses responder a este asunto? Como servidores que somos en la ciudad de Los Ángeles, esta cuestión no es hipotética para nosotros. Tampoco lo es para un número creciente de iglesias a través de nuestra nación.

Aunque no es una respuesta completa, a continuación, veremos diez consideraciones (organizadas en cuatro categorías) que reseñan la perspectiva pastoral de Grace Community Church en esta materia.

La inmigración ilegal y la ley de Estados Unidos

La responsabilidad de los cristianos con el gobierno

Afirmamos el hecho de que, de acuerdo con la Palabra de Dios, los cristianos deben obedecer sumisamente las leyes del gobierno (Romanos 13:1; 1 Pedro 2:13-17; cf. Tito 3:1). La única excepción a esta regla general es cuando un mandato del gobierno requiere que los creyentes desobedezcan a Dios (Daniel 3:16-18; Hechos 5:29). No hay nada en la ley actual de inmigración de Estados Unidos que requiera que los cristianos desobedezcan a Dios; por lo tanto, las leyes de inmigración de esta nación han de ser sumisamente obedecidas por los creyentes.

Si un creyente reside de manera ilegal en Estados Unidos, debe tomar medidas correctivas para remediar esa situación. Esto puede incluir buscar la residencia legal a través de cualquier medio disponible para él (para lo cual le recomendamos consultar con un abogado de inmigración), o puede hacer necesario que salga de los Estados Unidos hasta el momento en que la inmigración se pueda llevar a cabo en forma legal.

Los problemas con la residencia ilegal

A la luz de los mandatos bíblicos señalados anteriormente, los cristianos que residen en Estados Unidos de manera ilegal deben entender que ello constituye un pecado y que el mismo permanece hasta que se resuelva su estado infractor. Permanecer como residente ilegal también trae consigo tentaciones adicionales: mentir y engañar (sobre el estatus legal), robar (evitando los impuestos y otros cargos), preocuparse (por ser atrapado) y así sucesivamente. Cuando el pecado conocido continúa sin arrepentimiento, la relación del creyente con Dios se ve obstaculizada seriamente (Salmos 66:18; Proverbios 28:9).

Al igual que cualquier pecado, violar la ley en este sentido puede ser perdonado a través de la confesión y el arrepentimiento ante Dios (cf. 1 Samuel 15:22; Salmos 32:5; Proverbios 28:13; 2 Corintios 7:9-10). El arrepentimiento se manifestará en un intento proactivo para arreglar la situación, ya sea obteniendo el estatus legal a través de los medios adecuados o saliendo del país hasta que se pueda obtener un estatus migratorio legal.

La necesidad de entender la ley de inmigración

En todo esto, reconocemos que el gobierno de Estados Unidos ha sido incongruente en la aplicación de las leyes de inmigración, lo que resulta en una contradicción y una corrupción generalizada (Proverbios 29:12). Incluso de un estado a otro y de una ciudad a otra, la aplicación de las políticas de inmigración difiere ampliamente. No obstante, el gobierno aún conserva el derecho de hacer cumplir sus políticas, incluso si lo hace de manera incongruente (Romanos 13:1-7).

Aunque las señales mixtas por parte del gobierno no excusan el comportamiento ilegal de los individuos, pueden crear confusión. Como resultado, las cuestiones implicadas en casos específicos a veces son complejas, y deben trabajarse con paciencia y compasión al aplicar mandamientos bíblicos a circunstancias de la vida real.

Los líderes de la iglesia deben familiarizarse con las leyes estatales y regionales que se les aplican a ellos y a su congregación, tal vez incluso reunirse con un abogado de inmigración para discutir esos asuntos. Hacerlo, salvaguardará a los pastores de dar consejos, sin saberlo, que violen la legislación vigente.

Inmigración ilegal y consejería pastoral

Responsabilidades de la iglesia con respecto al estatus de ciudadanía

Nosotros no creemos que la responsabilidad de la iglesia es vigilar el estatus migratorio de las personas que se congregan en ella. Más bien, el papel de la iglesia es proclamar fielmente la verdad de las Escrituras, confiando en que el Espíritu Santo inste las conciencias de aquellos creyentes que están en pecado (cf. Salmos 19:7-14; Juan 16:8; Efesios 6:17; Hebreos 4:12). La iglesia también puede proporcionar consejería privada a aquellos que estén luchando con cómo someterse al gobierno en sus circunstancias dadas (cf. 1 Pedro 5:1-3; Hebreos 13:17). Sin embargo, el rol del pastor no es el de dar asesoría legal sino más bien asesoría bíblica, animando a los creyentes a honrar al Señor viviendo de acuerdo a lo que enseñan las Escrituras. Si se requiere asesoría legal, los pastores deben dirigir a los aconsejados a los canales apropiados (tales como los abogados de inmigración).

Al mismo tiempo, requerimos que todos nuestros líderes laicos en el ministerio y el personal de la iglesia sean residentes legales de Estados Unidos, inquiriendo activamente en cuanto a su estatus de residencia si existe alguna duda. Los requerimientos para el liderazgo espiritual requiere de individuos que sean irreprensibles (1 Timoteo 3:1-13; Tito 1:5-9). Alguien que deliberadamente continúa sin arrepentirse de infringir la ley sería descalificado de cualquier posición u oficina de liderazgo espiritual. Aun más, en el espíritu de Mateo 18:15-17, empezaríamos a dar pasos de amonestación en privado y pastoreo con ese individuo una vez que nos enteremos de su situación.

La necesidad de pastorear a los nuevos creyentes

Reconocemos que hay muchos creyentes que entraron a Estados Unidos de manera ilegal, pero lo hicieron antes de su conversión. Ahora, después de haber llegado a la fe en Cristo, ellos también se han dado cuenta de que la obediencia a su Palabra significa sumisión a las leyes del país (Juan 14:15,21; cf. Lucas 20:25). A esas personas se les puede dar consejo compasivo y confidencial; sin embargo, los pastores no deben comprometer la norma bíblica. Aunque puede ser difícil, los pastores deben alentar a los aconsejados a hacer lo que es correcto y confiar en Dios en cuanto a los resultados (cf. 1 Samuel 24 y 26, donde David obedeció la ley al salvarle la vida a Saúl y confió en Dios por el resultado).

Los pastores también deben explicar a los aconsejados que vivir según la voluntad de Dios comienza por vivir de acuerdo a su Palabra (Salmos 119:105; Romanos 12:2; Efesios 5:17-18; Colosenses 3:16). Persistir en la desobediencia es salir de la voluntad de Dios (cf. Colosenses 1:9-10). Los aconsejados pueden estar seguros de que Dios, en sus propósitos soberanos, está plenamente consciente de sus luchas y preocupaciones (Romanos 8:28; cf. Mateo 6:25-34). A través de la oración y la súplica, ellos pueden descansar en su cuidado paternal y confiar en Él mientras intentan obedecer lo que enseña la Biblia (Salmos 55:22; Filipenses 4:6).

Los pasos a seguir para hacer lo que es correcto

Si un creyente, siendo convencido de pecado en este aspecto, determina la necesidad de volver a su país de origen, la iglesia debe hacer todo lo posible para que la transición sea lo más fácil posible. Esto puede incluir ayuda financiera con los gastos de desplazamiento y reubicación, así como un intento por conectar al individuo con una iglesia en el país de destino. Debido a que el individuo probablemente no era cristiano cuando salió de su país de origen, es crucial que (con la ayuda de la iglesia) se encuentre un sólido grupo de creyentes en su tierra natal con el que pueda disfrutar de la comunión y la adoración normal (cf. Hebreos 10:25). A pesar de que llegó como un extraño, sale como un amado hermano en Cristo, y la iglesia le debe enviar a su país como corresponde (Efesios 2:19; cf. Filemón 1:16).

La inmigración ilegal y el movimiento evangélico

Las naciones han venido a nosotros
Como evangélicos, abrazamos la oportunidad de predicar el evangelio a aquellos que vienen a nosotros, ya sea que vengan por la vía legal o de otro tipo. Los Ángeles, por ejemplo, es el hogar de personas de más de 140 países que hablan más de 220 idiomas y dialectos. En un sentido muy literal, las naciones han venido a nosotros, y esto es cierto en diversos grados en Estados Unidos. Por tanto, tenemos una oportunidad única para cumplir la Gran Comisión sin ir muy lejos de casa (Mateo 28:18-20; Lucas 24:47).

En los encuentros de evangelización con los que son residentes ilegales, si es que tal cosa es posible determinar, el enfoque del cristiano debe ser llegar a ellos con el evangelio y no confrontar su situación migratoria. Puede ser que, al abrazar a Jesucristo como su Señor y Salvador, reconozcan inmediatamente su necesidad de introducir modificaciones en esta área. O, más probablemente, la convicción puede venir más adelante a través del oír de la Palabra de Dios, ya que el Espíritu usa lo que se enseña fielmente cada semana en la iglesia para cambiar el corazón.

Estamos definidos por el evangelio, no por agendas políticas
No estamos de acuerdo con aquellos que quieren que la iglesia evangélica tome una posición política acerca de la inmigración ilegal. Si bien afirmamos el derecho de cada ciudadano americano a votar de acuerdo

con su conciencia, creemos que es una distracción innecesaria (lejos del evangelio) para las iglesias que aboguen por el activismo político en cuestiones como esta. Aquellos que se oponen a la inmigración ilegal corren el riesgo de ver a los inmigrantes ilegales como enemigos en lugar de verlos como un campo misionero (cf. Mateo 9:36). Por otro lado, los que abogan por el aumento de los derechos de los inmigrantes deben tener cuidado de no promover actitudes de insubordinación o desprecio hacia el gobierno (1 Timoteo 2:1-4; cf. Romanos 13:1-7).

En ambos casos, la misión de la iglesia se difumina cuando los problemas políticos ensombrecen la predicación bíblica y el ministerio centrado en el evangelio. Los evangélicos deben tener especial cuidado de recordar que primero somos ciudadanos del cielo antes que ciudadanos de la tierra (Juan 18:36; Filipenses 3:20; cf. Hebreos 11:9-10). El cristianismo bíblico no se define por las agendas políticas, sino más bien por la verdad del evangelio (1 Corintios 2:2; cf. Gálatas 2:20).

No hay lugar para el racismo ni el prejuicio

Denunciamos con firmeza cualquier perspectiva que se oponga a la inmigración (legal o ilegal) por motivos racistas o prejuiciosos. Como cristianos, afirmamos que todas las personas son creadas a la imagen de Dios (Génesis 1:27), y que no hay barreras étnicas o económicas para la plena comunión en la iglesia, ya que todos los redimidos son iguales en Jesucristo (Romanos 3:22; Gálatas 3:28; Efesios 2:11-22). Reconocemos que todos somos extranjeros y peregrinos en este mundo, y anhelamos el día en que los hombres y mujeres de toda raza y toda lengua se unirán en adoración alrededor del trono de Cristo (Apocalipsis 5:9-14).

Inmigración ilegal y empleo

Como nota final, animamos a los empresarios cristianos a cumplir cuidadosamente con todas las regulaciones estatales y federales con respecto a la contratación de inmigrantes ilegales. Los empleadores pecan si a sabiendas violan la ley, además de que también pueden ser objeto de sanciones legales (Romanos 13:1-7; 1 Pedro 2:13-20). Aunque la presentación de los requisitos del gobierno puede ser más costosa económicamente (debido a mayores salarios e impuestos), los empleadores que lo hacen deben confiar en el Señor en cuanto a los resultados. Ellos también pueden descansar al saber que Dios se agrada cuando hacen lo que es correcto.

Si un empleador tiene que despedir a un empleado basado en el estatus migratorio del empleado, el empleador debe tratar al empleado con dignidad y equidad (Colosenses 4:1). Por otra parte, los empresarios cristianos nunca deben aprovecharse de ningún empleado del cual se enteren que es ilegal, abusando de él o maltratándolo porque está desesperado por encontrar trabajo o teme reportar dichos abusos a las autoridades. Un día, los empleadores estarán delante de Cristo rindiendo cuentas de cómo se condujeron ellos mismos y a sus empresas aquí en la tierra (Efesios 6:9; cf. Levítico 25:43). A tal fin, deben gestionar su negocio de una manera que no es ni contraria a la Escritura ni a su propia conciencia (cf. Romanos 14:10-12).

La inmigración ilegal y honrar a Cristo

La inmigración ilegal es un problema real que afecta a millones de personas que viven actualmente en Estados Unidos. Aunque es un tema de debate político, los pastores y los líderes eclesiales no deben permitir que la controversia ni la opinión pública determinen su estrategia para ministrar a los afectados. Más bien, su enfoque debe ser regido por los principios bíblicos en su intento por mantener la clara enseñanza de la Escritura sin comprometerla, mientras que también extienden la bondad y la compasión pastoral a aquellos que lo necesitan. Al final, su principal preocupación debe ser la condición espiritual de cada alma bajo su cuidado, independientemente de la edad, el género, la raza o la ciudadanía.

Cuando las naciones vengan a nosotros, esperamos que podamos ser fieles para recibirlos con la buena nueva de la salvación y, a partir de su conversión, podamos guiarlos de una manera que honre a Cristo.

CUARTA PARTE

La tragedia y el sufrimiento

16

EL DOLOR, EL SUFRIMIENTO Y LA SOBERANÍA DE DIOS

La Providencia divina y el problema del mal

RICK HOLLAND

S i hubiera una palabra en la Biblia que pudiera cambiar, sé cuál sería. Comenzando su epístola en el segundo versículo, Santiago (RVR1960) escribió: «Tened por sumo gozo *cuando* os halléis en diversas pruebas» (énfasis añadido). Cuán esperanzador sería si hubiera utilizado la palabra *si* en vez de *cuando*. Sin embargo, la pluma inspirada de Santiago es inconfundible; las pruebas son inevitables. No se trata de si van a venir, sino cuándo. No, no me gustaría que fuera una palabra diferente (entonces las bendiciones de los siguientes versículos se perderían), pero confieso que trago grueso cuando pienso en esa garantía divina.

El dolor, el sufrimiento y las dificultades son parte de la vida, de la vida de todo el mundo. Aunque hay un amplio espectro de la cantidad y la intensidad de la dificultad en la vida de las personas, nadie está exento de tener que enfrentar los problemas del dolor, el mal y el sufrimiento. Nuestra experiencia con el mal es general y específica, colectiva e individual, global y personal. La pregunta no es, ¿experimentaré sufrimiento? sino más bien, ¿cómo voy a responder cuando venga?

Hay dos maneras de abordar «el problema del mal», como dicen los teólogos y los filósofos. Podemos luchar con él *filosóficamente* o *emocionalmente*; sin embargo, ambos enfoques inevitablemente terminan abordándolo *teológicamente*. El enfoque filosófico (o lógico) implica la *teodicea*. Teodicea es una defensa del carácter declarado de Dios en la Biblia en contra de la acusación de que Él no debe permitir que sucedan cosas malas. El enfoque emocional (o individual) es *personal*. Es simplemente el intento por formular una respuesta razonable a las cosas indeseables cuando suceden. Miles de años de teología y estudio no han dado una respuesta al enfoque filosófico que sea plenamente satisfactorio. Y miles de años de sufrimiento no han disminuido el dolor que sentimos cuando el sufrimiento nos sucede a nosotros en persona.

El problema filosófico del mal

Si durante milenios los pensadores más importantes de la historia no han respondido de forma concluyente a este problema, no me ilusiona mucho que estas pocas páginas puedan hacerlo. Pero entender la formulación del problema filosófico/lógico del mal proporciona una perspectiva útil. Una vez más, esto se llama *teodicea*. En esta categoría, el Dios de la Biblia está en un juicio, y la acusación en contra de Dios está formulada así: Hay tres proposiciones teológicas que la Biblia presenta, pero lógicamente (se argumenta), sólo dos de ellas pueden ser simultáneamente verdaderas. Aquí están las proposiciones:

1. Dios es bueno (lo cual significa que desea el bien y la felicidad de sus criaturas).
2. Dios es soberano (lo que significa que tiene poder para hacer lo que quiera).
3. El mal existe (incluidos los desastres naturales, las tragedias personales, la muerte y el pecado).

Así que lógicamente, si Dios es bueno y el mal existe, entonces Él debe no ser soberano; es decir, Él no es lo suficientemente poderoso como para evitar el mal. O bien, si Dios es soberano y el mal existe, entonces Él no debe ser bueno; es decir, Él no tiene ninguna inclinación moral para prevenir el mal. O por último, si Dios es bueno y es soberano, entonces el mal no existe; es decir, el mal es meramente ilusorio. Esta última opción no es real, ¡o si no nosotros no tendríamos el problema en absoluto!

C. S. Lewis simplifica el asunto: «Si Dios fuera bueno, desearía hacer perfectamente felices a sus criaturas, y si fuera omnipotente, sería capaz de hacer lo que deseara. Pero sus criaturas no son felices. Por lo tanto,

Dios carece de bondad, o poder, o ambas cosas. Este es el problema del dolor en su forma más simple».[1] Es cierto que, si esta fuera la única manera de formular el problema, las únicas soluciones posibles parecerían invalidar la representación que la Biblia hace de Dios y del mal. Sin embargo, esta presentación clásica del problema del mal es incompleta. Sí, Dios es bueno. Sí, Dios es soberano. Sí, el mal existe. Pero hay otros factores a considerar.

Cuando Abraham estaba pidiéndole a Dios que librara a Sodoma y Gomorra, hizo una acotación al pie de sus argumentos con esta percepción teológica: «El Juez de toda la tierra, ¿no ha de hacer lo que es justo?» (Génesis 18:25, RVR1960). En otras palabras, Abraham afirmó que las acciones de Dios son fundamentalmente justas en todos sus tratos. Moisés confesó lo mismo cuando cantaba: «Él es la Roca, cuya obra es perfecta, porque todos sus caminos son rectitud; Dios de verdad, y sin ninguna iniquidad en él; es justo y recto» (Deuteronomio 32:4, RVR1960). Más allá de la bondad y la soberanía de Dios, su juicio para hacer lo correcto debe ser añadido a la ecuación. Dios mismo es el estándar para todas sus acciones. Y el ejercicio de su soberanía siempre es justo (es decir, recto y correcto).

Otro atributo divino que también debería ser considerado es la sabiduría de Dios. Dios tiene razones moralmente suficientes para la existencia del mal, las cuales fluyen de su infinita sabiduría. Todas las cosas se llevan a cabo ya sea por prescripción o permiso de Dios y en perfecto acuerdo con sus propósitos soberanos y sus juicios inescrutables (Romanos 11:33-36). Entonces, existen razones divinas para los males de nuestro mundo tanto en una escala masiva (por ejemplo, los acontecimientos del 11 de septiembre, el holocausto y los desastres naturales) como a un nivel personal (por ejemplo, la enfermedad, el dolor, la pérdida y la muerte). A veces se dan las razones de estos males. Por ejemplo, la mayor catástrofe en la historia, la inundación mundial, fue precedida por una explicación clara de por qué sucedería (Génesis 6:5). Pero a veces las razones de Dios están ocultas, inaccesibles para los que las sufren. Aunque el lector del libro de Job está al tanto de lo que pasa en el cielo que precipitó el sufrimiento de Job (Job 1:6-12), este estaba dolorosamente mal informado (Job 31). Abraham fue probado por la orden divina de sacrificar a su hijo Isaac. Él tampoco estaba al tanto de los propósitos de Dios en esa, su hora más oscura (Génesis 22). ¿Por qué Dios informa a algunas personas de las razones de sus sufrimientos y a otras no? Porque los propósitos de Dios en relación con el mal siempre se rigen por su sabiduría. Y su sabiduría a veces funciona más allá del velo de nuestra experiencia por razones que sólo Él entiende.

Esto plantea una pregunta obvia: ¿Envía Dios realmente el mal a sus criaturas? Para responder, primero debemos entender que esto es, en realidad, dos preguntas. La primera es: ¿envía Dios cosas malas a nuestro mundo y a nuestra vida? La segunda pregunta es: ¿comete Dios maldad al enviar lo malo a nuestro mundo y a nuestra vida? Ambas preguntas son contestadas al definir lo que es el *mal*.

Lamentaciones 3:37-39 (RVR1960) dice: «¿Quién será aquel que diga que sucedió algo que el Señor no mandó? ¿De la boca del Altísimo no sale lo malo y lo bueno? ¿Por qué se lamenta el hombre viviente? Laméntese el hombre en su pecado».

La palabra «malo» (*rāâ* en hebreo), en el versículo 38 tiene una interesante gama de significados. Se traduce con varios términos que indican su rango: «calamidad, mal, miseria, problema, desastre». La fuerza total de este término se siente cuando observamos que se utiliza con Dios como su Emisor (Job 2:10; Isaías 45:7; Amós 3:6). Puesto que Dios no puede pecar (Salmos 5:4; 11:7; 145:17; Isaías 5:16; Habacuc 1:13; Hebreos 7:26; Santiago 1:13; 1 Pedro 1:14-16), estos «males» ordenados por Dios no pueden ser entendidos como inmorales o pecaminosos, cuando Él los envía. ¿Dolorosos? Sí. ¿Pecaminosos? No.

El apóstol Pablo ofrece la síntesis más concisa de esta idea en Romanos 8:28 (RVR1960): «Y sabemos que a los que aman a Dios, todas las cosas les ayudan a bien, esto es, a los que conforme a su propósito son llamados». Tenga en cuenta que «todas las cosas» están bajo la dirección completa de la causalidad de Dios para sus propios fines. Este texto no dice que Él es el autor o el que causa el pecado, sino que hace que todas las cosas —incluido el pecado— ayuden a bien de los que le aman y son llamados conforme a su propósito. La sorpresa revelada en este versículo es que los males percibidos son un guante divino en el cual la mano de Dios da forma a lo bueno, ¡pero para los cristianos! Los incrédulos que están en medio de una dificultad no tienen razones para esperar más que el que termine el sufrimiento de inmediato. Sin embargo, los creyentes tienen la seguridad de que Dios está haciendo que sus sufrimientos les ayuden a bien a tiempo, para la gloria de Él en la eternidad y el mayor disfrute de ellos en el cielo (Romanos 8:18; 2 Corintios 4:16-18). Conocer estas verdades teológicas puede proporcionar comprensión y consuelo para algunos. Sin embargo, para la mayoría, el problema del dolor es más difícil de manejar emocionalmente, cuando nos encontramos en medio de la angustia y el sufrimiento.

El problema emocional del dolor

¿Qué pasa con nuestro dolor personal y la dificultad? ¿Cómo podemos responder?

¿Qué esperanza puede ofrecerse a mis amigos que entraron en la habitación de su bebé y lo encontraron sin vida por SMSL (Síndrome de muerte súbita del lactante? ¿A un amigo de 28 años de edad que le informaron que tiene cáncer cerebral terminal? ¿A un joven de mi ministerio cuyos padres y dos hermanas murieron en un accidente de autos? ¿A los amantes padres que recibieron una llamada telefónica para hacerles saber que su hijo se había suicidado? ¿A mi madre, que me llamó para decirme que pensaba que yo no llegaría al pie de su cama antes de que ella perdiera la lucha final contra el cáncer? ¿Qué esperanza se les puede dar a estas personas de carne y hueso con sus angustias reales?

Tengamos o no una respuesta filosófica al problema del mal, todos vamos a generar una respuesta emocional cuando los problemas nos encuentren. Cuando la tragedia, el sufrimiento y la injusticia están en el plan de Dios para sus hijos, ¿cómo respondemos?

Un protocolo útil es hacer y responder a tres preguntas: ¿Qué siento? ¿Qué pienso? ¿En qué creo?

Cuando las pruebas se cruzan en nuestro camino, la primera pregunta a responder es: ¿Qué siento? Los sentimientos destrozados son la respuesta del alma a la tragedia. Y es más fácil domesticar animales salvajes que los sentimientos heridos. Cuando cualquier tipo de sufrimiento nos visita, podemos esperar que nuestros sentimientos se disparen, a veces de una manera predecible, otras veces de manera sorprendente. Pero identificar lo que estamos sintiendo es el primer paso en la generación de una respuesta piadosa. *¿Me siento enojado, temeroso, amenazado, triste, abandonado, solo, a la defensiva, combativo, avergonzado,* *celoso o maltratado?* Estas son las preguntas iniciales a considerar. Llama la atención la frecuencia con la que tenemos estos sentimientos sin siquiera identificarlos y aislarlos en nuestros corazones. La segunda pregunta a responder es: ¿Qué pienso? Aquí es donde se pone a prueba nuestra teología en la vida real. Nuestro pensamiento es como un barco con dos timones potenciales: sentimientos o creencias. Si se le deja sólo a los sentimientos, el pensamiento puede llegar a ser peligroso y errático. Las emociones que surgen de circunstancias difíciles son casi siempre egocéntricas, autoprotectoras y egoístas. Para estar seguros, Dios nos diseñó con emociones que funcionan de manera protectora, pero las emociones rara vez provocarán el pensamiento centrado en Dios, al menos al principio. Aunque los sentimientos están programados para pensar en uno mismo, la teología está intrínsecamente centrada en Dios. Para los cristianos, la forma en que pensamos debe ser gobernada, ante todo, por lo que sabemos que es verdad, no por lo que sentimos. Las emociones deben ser el furgón de cola en un tren de pensamiento que es alimentado por los verdaderos pensamientos acerca de Dios y su Palabra.

La tercera y más importante pregunta a responder cuando llegan los problemas es: ¿En qué creo? Las realidades que se sabe son verdad por la fe pueden evaporarse fácilmente en la duda cuando se aplica el calor de la emoción. No siempre *sentimos* como que nuestras convicciones bíblicas son verdaderas cuando el sufrimiento y la tristeza llegan. Las emociones como el miedo, la ansiedad y el dolor pueden tragarse la perspectiva de un solo trago. Pero la confianza en las realidades teológicas es la única ancla segura en las tempestades de las pruebas. La verdad puede alterar el curso de nuestro pensamiento y calmar la tormenta de nuestras emociones pero, ¿qué verdad?

La mayor parte de nuestras respuestas emocionales al mal, al dolor, al sufrimiento caen en dos categorías generales: el miedo y la ira. Estas dos respuestas están directamente relacionadas con las dudas teológicas y sus soluciones se basan en certezas teológicas. El miedo tiene que ver con pérdida, ira y confianza.

Siempre que existe la amenaza de la pérdida, la ansiedad temerosa puede atrapar al corazón. Tememos la pérdida de todo lo que creemos que nos da felicidad, comodidad, gozo o placer. La posibilidad de perder a nuestros seres queridos, nuestra salud, nuestro dinero, nuestras posesiones o cualquier cosa que apreciamos pueden despertar sentimientos de miedo y ansiedad. Pero todos esos temores tienen su origen en la ausencia teológica en nuestro propio corazón, la falta de confianza en la suficiencia de Dios. En Romanos 8:31-39, Pablo describe el tipo de razonamiento que debe acompañar a los problemas. Su punto de referencia es Cristo. Después de escribir una larga lista de fuentes de las que emanan las potenciales aflicciones (especialmente los versículos 38-39), el apóstol perseguido hizo una evaluación teológica impresionante. Estas cosas malas —incluyendo la tribulación, la angustia, la persecución, el hambre, los poderes sobrenaturales, el pasado, el futuro, incluso la muerte— no tienen poder para separarnos «del amor de Dios, que es en Cristo Jesús Señor nuestro» (v. 39; cf. Mateo 28:18; Hechos 18:10). Pablo enfrentó esos males contra la separación del amor de Dios expresado en el evangelio. Todos esos males son amenazas que inducen miedo, pero ninguna es tan atemorizante como ser abandonado por Dios. Una perspectiva reconfortante se adquiere al recordarnos lo que dice el evangelio, que ninguna amenaza puede deshacer lo que Dios ha hecho por nosotros en Cristo. Después de todo, «si Dios es por nosotros, ¿quién contra nosotros?» (v. 31, RVR1960). La reorientación de nosotros mismos hacia el evangelio nos obliga a hacer comparaciones útiles cuando nos damos cuenta de que las pruebas de esta tierra son eclipsadas por las glorias prometidas en lo siguiente: «Pues tengo por cierto que las aflicciones del tiempo presente no son comparables con la gloria venidera que en nosotros ha de manifestarse» (Romanos 8:18, RVR1960). El apóstol comparó las peores amenazas posibles con el horror de ser separado de Dios. Su argumento es convincente. Puesto que nada puede quitarle su mayor tesoro —Cristo—, cualquier otra pérdida es manejable. Esta capacidad de comparar la certeza de la seguridad del evangelio con la incertidumbre de las dificultades personales era el ancla emocional y racional de Pablo.

La comparación apropiada también debe traer consuelo al corazón enojado. Las dificultades pueden al mismo tiempo susurrar y gritar la pregunta: «¿Por qué?» Preguntar por qué ha ocurrido algo malo es reconocer que el hecho es contrario a nuestras expectativas. Nuestra expectativa emocional, por defecto, es que no merecemos el dolor ni el sufrimiento. La ira revela una cosmovisión errónea acerca de lo que merecemos. «Pero como las chispas se levantan para volar por el aire, así el hombre nace para la aflicción» (Job 5:7; cf. 14:1, RVR1960). ¿Por qué pasan las cosas malas? Una mejor pregunta es: ¿Por qué nos pasan tan pocas? Las expectativas que tenemos con nuestras vidas rara vez coinciden con lo que realmente merecemos. La mayor amenaza es la eternidad en el infierno. Puesto que esta amenaza ha sido eliminada para los creyentes, cualquier otro suceso o circunstancia dolorosa puede ser relegada a lo temporal. Una vez más, el ejemplo de Pablo apunta a la posibilidad de comparar: «Porque esta leve tribulación momentánea produce en nosotros un cada vez más excelente y eterno peso de gloria; no mirando nosotros las cosas que se ven, sino las que no se ven; pues las cosas que se ven son temporales, pero las que no se ven son eternas»(2 Corintios 4:17-18, RVR1960).

El gran predicador escocés del siglo XIX Horacio Bonar, aisló el verdadero problema cuando escribió: «La aversión del hombre contra la soberanía de Dios surge de su sospecha con el corazón de Dios». Y añadió: «No siempre nos sentimos cómodos con la idea de estar totalmente a la disposición de Dios». Estar enojado con (o acerca de) los acontecimientos de la vida es desconfiar de un Dios amoroso. ¿Cómo podemos sospechar de su corazón cuando recordamos su amor por nosotros en el evangelio? Pero, ¿se acuerda Dios de nosotros? ¿Está Él más allá del alcance del dolor?

La cruz es la solución y la única esperanza para el mal y el dolor

Dios no se ha distanciado del problema del mal. Al contrario, le hizo frente. En el juicio de Jesús ante el procurador romano de Judea, Poncio Pilato declaró que no tenía el poder ni la autoridad para determinar el destino de Jesús. La respuesta de su prisionero galileo debe haberle sorprendido. Respondió Jesús: «Ninguna autoridad tendrías contra mí, si no te fuese dada de arriba» (Juan 19:11, RVR1960). En vez de abogar por su vida, el Salvador accedió a su ejecución con una nota al pie. Jesús repudió la mala interpretación de Pilato en cuanto a su propia autoridad y le alertó del hecho de que Dios era la fuente del poder de su gobierno. Dios es el Otorgador de poder y privilegio, no Roma ni ninguna otra autoridad humana. La inminente crucifixión del Hijo de Dios constituyó el mayor mal e injusticia que jamás se haya cometido. Pero había más cosas de lo que se veía. Lo que Jesús reveló a Pilato era que todos los autores, conspiradores y malhechores actuaron, en última instancia, bajo la autoridad de Dios. Entonces, ¿qué estaba haciendo Dios en este acontecimiento horrible? John Piper responde: «En el eje más importante de la historia de la humanidad, el peor pecado cometido alguna vez sirvió para mostrar la mayor gloria de Cristo y obtener el don de la gracia de Dios para conquistar el pecado. Dios no sólo venció al mal en la cruz. Hizo que el mal se suicidara haciendo su peor mal».[2] Cualquier forma de mal, todo dolor, toda tristeza, todo grado de sufrimiento, toda injusticia, toda dolencia, toda enfermedad y toda «cosa mala» —incluida la muerte— perdió su aguijón en la cruz (cf. 1 Corintios 15:54-57). El sacrificio de Dios con su Hijo Jesús demuestra su misteriosa sabiduría (Isaías 53:10). La pérdida insondable del Padre y el sufrimiento incomprensible del Hijo eran el punto crucial del plan predeterminado de Dios para su propia gloria y nuestro bien eterno. «El que no escatimó ni a su propio Hijo, sino que lo entregó por todos nosotros, ¿cómo no nos dará también con él todas las cosas?» (Romanos 8:32, RVR1960). La única respuesta apropiada es exclamar con Pablo: «¡Oh profundidad de las riquezas de la sabiduría y de la ciencia de Dios! ¡Cuán insondables son sus juicios, e inescrutables sus caminos!» (Romanos 11:33, RVR1960).

El cielo es el tiempo y el lugar donde todos los creyentes podrán disfrutar de la ausencia de todo mal, de todo sufrimiento y de la presencia del gozo absoluto. El problema del mal es que el alma clama por esa experiencia. Es poner en este mundo expectativas que sólo pueden ser satisfechas en el cielo. Considerar nuestra falta de mérito a la luz de los infinitos afluentes de la bondad, la soberanía, la sabiduría, la gracia y la misericordia de Dios puede restablecer el corazón turbado con el poder de la perspectiva.

Las realidades del cielo y del infierno llevan a enfocar nítidamente el mal y el sufrimiento. «Para los cristianos, esta vida presente es lo más cercano que llegarán al infierno. Para los incrédulos, esto lo más cercano que llegarán al cielo».[3] Dios usa los problemas de nuestra vida, que culmina en la inevitabilidad de nuestra propia muerte, para soltar nuestro agarre de este mundo y reorientar nuestro corazón en lo que está más adelante con Él. Como escribe Maurice Roberts: «...el grado de paz mental de un cristiano depende de su capacidad espiritual para interponer el pensamiento de Dios entre él y su ansiedad».[4] Si un creyente puede mantener su mente en Dios, no hay mal en este mundo que pueda robarle su paz. Y eso será suficiente hasta llegar al cielo.

17

CUANDO AL PUEBLO DE DIOS
LE SUCEDEN COSAS MALAS

Responda correctamente a las dificultades y a las pruebas

IRV BUSENITZ

E l 19 de noviembre de 1966, el hogar del rabino Harold Kushner fue sacudido por la noticia de que su único hijo, de tres años de edad, Aarón, estaba aquejado de una enfermedad extremadamente rara llamada *progeria*. Más conocida como la enfermedad del envejecimiento rápido, el síndrome de progeria acelera drásticamente el envejecimiento físico de una persona. Once años más tarde, Aarón falleció, llevando al rabino Kushner a buscar respuestas a la pregunta: ¿Cómo permite Dios que le sucedan cosas malas a la gente buena? Cuando pensó haber encontrado la respuesta, escribió el libro *Cuando a la gente buena le pasan cosas malas*.

Si bien la búsqueda de Kushner para obtener respuestas a su crisis particular es comprensible, el título del libro es engañoso. En primer lugar, la realidad es que no hay gente «buena». Romanos 3:23 (RVR1960) confirma que «por cuanto todos pecaron, y están destituidos de la gloria de Dios». Isaías 64:6 añade que «todas nuestras justicias [son] como trapo de inmundicia». Por otra parte, el libro de Kushner no se trata de qué hacer *cuando* suceden las cosas malas; más bien, se trata de *por qué* ellas ocurren. La búsqueda del autor era acerca de *por qué* o *cómo* un Dios bueno podría permitir que el mal le sucediera a la gente que él creía merecían algo mejor. Esa era en realidad la pregunta del rabino Kushner. Él quería saber *por qué*.

Habacuc, en los dos primeros capítulos de su libro en el Antiguo Testamento, se hizo la misma pregunta.

El primer «por qué» de Habacuc (1:2-4)

Habacuc era un profeta del Antiguo Testamento que ministró durante los últimos años del reino del sur de Judá, unos 100 años después de que Asiria tomara cautivas las diez tribus del norte de Israel (722 a.C.). Siguiendo el camino moral de su hermana del norte, Judá estaba absorto en el pecado rampante. Habacuc, indignado por la maldad que veía a su alrededor, quería saber por qué Dios no actuaba. Dios parecía ser indiferente al pecado de Judá, por lo que el profeta le preguntó, en esencia: «¿Por qué no estás haciendo nada?»

La respuesta de Dios (1:5-11)

En respuesta, el Señor sorprendió a Habacuc con una contestación muy inesperada: «Yo *estoy* haciendo algo; el castigo está en camino». Dios estaba enviando a los conquistadores caldeos (babilonios) bajo la dirección de su siervo Nabucodonosor (Jeremías 25:9). La imagen no era agradable. Los caldeos eran una «nación cruel y presurosa» que vivían con sus propias reglas (Habacuc 1:6-7). Con la rapidez de las águilas, la tenacidad de los leopardos y la astucia de los lobos (1:8-10), los ejércitos de Babilonia abrumaban a todo aquel o toda cosa que se interpusiera en su camino.

El segundo «por qué» de Habacuc (1:12-17)

Habacuc estaba desconcertado por la respuesta de Dios. En el pensamiento del profeta, la respuesta de Dios era *increíble*. Aunque Habacuc estaba contento porque Dios había escuchado su llamado a la acción, estaba asombrado por el drástico castigo que Él había elegido.

La perplejidad de Habacuc es provocada por dos preocupaciones. En primer lugar, Caldea (Babilonia) *no* era simplemente otra nación impía; eran el epítome de los que se oponen a Dios. Los caldeos adoraban a dioses falsos y al poderío militar (1:15-16); sin embargo, sorprendentemente, parecía que Dios estaba prosperando su maldad (1:16-17). En segundo lugar, en el pensamiento de Habacuc, el hecho de que Dios usara a Caldea como medio para castigar a Judea, ¡era una afrenta a su santidad! Israel era su «reino de sacerdotes» (Éxodo 19:6). ¿Cómo podría Dios permitir ahora que su posesión más preciada (Éxodo 19:5) fuera invadida por una nación de impuros «pescadores» idólatras e incircuncisos (Habacuc 1:14-17)? ¿No sería eso, en esencia, ver con buenos ojos la maldad? El profeta, en su primera consulta, cuestionaba la *in*acción de Dios; el mal estaba en todas partes y Dios no estaba haciendo nada al respecto. En la segunda pregunta, se lamentaba de la *acción* de Dios, algo que había que hacer, ¡utilizar a los caldeos malvados era demasiado extremo!

La respuesta de Dios (2:2-20)

Dios respondió a Habacuc esta segunda vez, asegurándole que juzgaría a los caldeos también. ¡Y lo dijo en una manera enfática! Serían saqueados (2:6-8), avergonzados (2:9-11), y dejados para que sufrieran en carne propia la naturaleza temporal y vana de las ambiciones imperiales (2:12-14). Ellos caerían en desgracia, serían devastados (2:15-17), y abandonados para que sintieran el impacto total de la nada inherente a la idolatría (2:18-19). En comparación con el Dios de Israel (2:20), los ídolos de Bel y Nebo no podían ofrecer ninguna protección de una destrucción segura de Babilonia (cf. 1 Reyes 18:27).

Dentro de esos juicios sobre Caldea, dos palabras muy importantes de consuelo le fueron dadas al profeta. La primera vino en Habacuc 2:4 (RVR1960): «Mas el justo por su fe vivirá». Dios le aseguró a Habacuc que el hecho de que usara a los babilonios de ninguna manera los justificaba. Más bien, el vivir de modo justo delante de Dios es por fe. El justo será justificado y preservado por la fe. La segunda palabra de consuelo llegó en Habacuc 2:20: Contrariamente a los ídolos de Caldea, que no ofrecían ninguna ayuda a sus adoradores, el Dios de Israel todavía era soberano; aquel que vive para siempre —el Señor— seguía reinando «en su santo templo».

Estos versículos (2:4,20) proporcionaron el fundamento teológico (que la salvación es por fe y que Dios está en su trono) que Habacuc necesitaba para responder de forma correcta en el capítulo tres. Son la columna vertebral del libro, la cuerda de ayuda que rescató el pensamiento de Habacuc. Eso reformó totalmente la perspectiva del profeta y esculpió su respuesta. Como resultado, ya no quiso saber *por qué*. Al contrario, comenzó a enfocarse en *cómo* iba a responder cuando llegaran el juicio y la devastación. El tercer capítulo brinda una visión de la perspectiva reorientada de Habacuc. Ofrece un paradigma de la forma en que todos los creyentes deben responder a los tiempos difíciles; cinco respuestas piadosas que nos deben caracterizar *cuando* suceden cosas malas.

Primera respuesta correcta:
Presentar el asunto a Dios (3:1)

Habacuc comienza llevando el asunto a Dios en oración. Este es un Habacuc notablemente diferente que en el capítulo uno. Allí, exigió varias veces saber *por qué* (1:3, 13 [dos veces], 14). Al no tener el cuadro completo, estaba claramente teniendo problemas con el plan de Dios.

Sin embargo, en 3:1 su respuesta es diferente, evidente especialmente en su actitud. Las palabras consoladoras de Dios en 2:4, 20 han cambiado totalmente su perspectiva. Sí, todavía está muy sensible en cuanto a todo el asunto (3:16). ¡El corazón le sigue latiendo rápido! Pero, en vez de decirle a Dios cómo debe responder, el profeta está diciéndose a sí mismo cómo responder él. Se ocupa de su propia respuesta a la perspectiva de Dios.

Y, en modo sorprendente, empieza con oración. La oración es el reconocimiento definitivo de la soberanía de Dios. ¿Por qué orar, entonces? La oración reconoce que Dios es soberano, que tiene a control total de las circunstancias y que tiene el poder de hacer algo con la situación.

La oración, en medio de la prueba, fortalece. Lo hizo con Moisés (Éxodo 32:11; Números 14:13; 20:6; Deuteronomio 9:26), David (Salmos 55:16-17), y con Daniel (Daniel 6:10; 9:20-23). Jesús, el gran Sumo Sacerdote, frente a la crueldad máxima de la crucifixión y cargado de los pecados del mundo, pasó su última noche en oración (Mateo 27:36-44; Juan 17).

Haríamos bien en seguir el ejemplo de ellos. La oración no sólo reconoce la soberanía de Dios; sino que también desvía la atención de nuestras circunstancias y coloca nuestros ojos en Dios. Eso es lo que la oración hizo por Habacuc. En los dos primeros capítulos del libro, el profeta se enfocó en su situación. Estaba actuando a nivel humano, tratando de contrastar la bondad relativa de Israel con la maldad relativa de Babilonia.

Sin embargo, una vez que quitó sus ojos de sí mismo, pudo captar un destello de Dios en su santidad (2:20) y, de repente, todas esas cuestiones se desvanecieron. Ahora, todo lo que veía era a un Dios santo y justo. En sus instrucciones a los discípulos, Jesús dijo: «Y todo lo que pidiereis al Padre en mi nombre, lo haré, *para que el Padre sea glorificado en el Hijo*» (Juan 14:13, RVR1960, énfasis añadido). Nos centramos tanto en la primera parte del versículo (conseguir lo que pedimos) que fallamos en ver la segunda parte (el objetivo, que es la gloria de Dios). De repente, el enfoque ya no está en nuestra necesidad, ¡sino en dar gloria a Dios!

Martyn Lloyd-Jones, comentando este texto, lo expone de esta manera:

> Casi todos nuestros problemas pueden remontarse a nuestra insistencia en mirar los problemas inmediatos en sí mismos, en vez de mirarlos a la luz de Dios. [Habacuc] tuvo que dejar de pensar en el hecho de que los caldeos eran más pecadores que los judíos y que Dios iba a utilizarlos... Esa actitud le hacía olvidar el pecado de su propia nación concentrándose en el pecado de otros [haciéndolo] infeliz en la mente y el corazón. Pero el profeta vino... para ver solamente la maravillosa visión del Señor en su santo templo. Cuando las cosas se ven desde un punto de vista espiritual... la santidad de Dios y el pecado del hombre son las únicas cosas que importan.[1]

La oración puede que no cambie su circunstancia, pero *va* a cambiar su perspectiva. Cambió la perspectiva de Habacuc y va a cambiar la suya también. ¡Eso es lo que hace la oración!

Segunda respuesta correcta:
Reconocer sus propias debilidades (3:2,16)

En los dos primeros capítulos, Habacuc estaba irritado y luchando (1:2-4; 2:1), desafiando a Dios en cuanto a cómo lidiar con la situación respecto al castigo de Judá por los babilonios. Daba la impresión de que sabía lo que era mejor y esperaba que Dios respondiera a su manera. Pero en Habacuc 3:2,16 el profeta pareció rendirse y someterse. Y eso no era una cosa fácil de hacer, porque el orgullo puede ponerse en el camino (1 Pedro 5:5-7). Seamos honestos: Habacuc todavía tenía miedo (3:16). Su estómago se revolvía y se hacía nudos. Él sabía que la devastación sería muy larga; que duraría años (3:2). Pero note el contraste. El asunto ya no era lo que Habacuc quería; ahora era «*Tu* obra». Al darse cuenta de que era la obra de Dios y no la propia, el profeta oró para que Dios reviviera su obra de gracia hacia Israel y recreara sus actos poderosos (3:3-15).

Al reconocer su debilidad, el profeta se dio cuenta de que necesitaba la fortaleza divina. Ese fue un paso crucial para Habacuc —y es clave para nosotros también— por varias razones:

La primera, obviamente, es el *factor omnisciencia*. Dios es omnisciente y puede ver el fin desde el principio (Isaías 46:9-10). ¡Nosotros no podemos hacerlo! Nunca tendremos la imagen completa (cf. Efesios 6:12), pero Dios sí.

En segundo lugar, está el *factor instrumental*. Reconocer nuestra debilidad permite que Dios obre a través de nosotros. Habacuc, como profeta, debía entregar el mensaje de Dios al pueblo de este. Sin embargo, en los dos primeros capítulos de su libro, estaba haciendo todo mal. ¡Le estaba diciendo a Dios qué hacer! Hasta que Habacuc no aprendiera que él era sólo un instrumento, Dios no lo podría utilizar. El Señor le dijo a Zorobabel que la construcción del templo «no [era] con ejército, ni con fuerza, sino con mi Espíritu» (Zacarías 4:6, RVR1960). A Gedeón se le dijo que primero redujera sus soldados de 32.000 a 300; sólo entonces podría Dios utilizarlo (Jueces 7:2-7). Nosotros también somos vasijas de barro, instrumentos. Hasta que aprendamos eso, seremos inútiles para Dios. El Señor no da fuerza a la autosuficiencia; Él da fuerza a los débiles (2 Corintios 12:9-10).

Tercero, está el *factor maduración*. Dios usa a menudo el valle de las pruebas para exponer nuestras debilidades y madurarnos. El apóstol Pablo nos exhorta a regocijarnos en nuestras pruebas y dificultades, porque los resultados son grandiosos: paciencia, carácter probado y esperanza (Romanos 5:3-4). En forma parecida, Santiago nos ordenó «tener por sumo gozo» cuando nos hallemos «en diversas pruebas, sabiendo que la prueba de vuestra fe produce paciencia» (Santiago 1:2-3, RVR1960). A. W. Tozer hizo la siguiente observación: «Si la verdad se conociera, los santos de Dios en todas las épocas sólo serían eficaces hasta después que fueran heridos».[2]

Tercera respuesta correcta:
Hacer una revisión de la grandeza de Dios (3:3-15)

Ante el temor de la invasión inminente, Habacuc se recordó a sí mismo lo que sabía que era verdad. La emoción no lo salvaría; la razón tampoco. ¡Sólo el conocimiento de lo que sabía que era verdad acerca de Dios lo salvaría! Y así comenzó la revisión de los grandes hechos de Dios en favor de su pueblo, probando con las tremendas maneras en que Dios había actuado en medio de ellos. A partir de su liberación de Egipto y la entrada en Canaán, destacó las obras de Dios en el Sinaí (3:3), la Shekina gloriosa y la nube entre Israel y el ejército del faraón (3:4), las plagas en Egipto (3:5), el cruce del Mar Rojo (3:8,15), el sol detenido en Gabaón (3:11), y al parecer hasta David matando a Goliat (3:14).

Mírelo de esta manera: Cuando va al banco para obtener un préstamo, a usted le preguntan por su historial de crédito. ¿Por qué? Porque el banco quiere saber cómo ha respondido a los préstamos en el pasado. Del mismo modo, el registro en la Escritura es el historial crediticio de Dios. Si Él fue fiel a su pueblo en el pasado, se puede esperar que lo sea en el futuro. La Escritura nos da el historial crediticio de Dios, el cual podemos revisar a través de la lectura (Salmos 119:105-107, 109-112), la meditación (Salmos 1) y la memorización (Salmos 119:11), e incluso cantando himnos (Colosenses 3:16; Hechos 16:25).

Cuarta respuesta correcta:
Reafirmar su fe en Dios (3:17-18)

Habacuc sabía que la invasión de Nabucodonosor traería una hambruna masiva; no habría comida, ni rebaños o manadas, ni ningún producto agrícola. Cada fuente de alimento en el antiguo Israel se enumera aquí, devorada por las tropas invasoras y sofocada por los estragos de la guerra. Como profeta en Israel, Habacuc sabía lo que Moisés, unos 800 años antes, había predicho que ocurriría si Israel no podía mantenerse fiel al Señor (Deuteronomio 11:16-17).

A pesar de la inevitable tristeza, la determinación de Habacuc es absolutamente extraordinaria. En contraste con su respuesta anterior, el profeta reafirmó su fe en Dios. No importaba lo que pasara, él se regocijaría y alegraría en el Señor (3:18). Sólo cuando mantenemos nuestro enfoque en Dios podemos tener ese tipo de perspectiva. Como le dijera Joni Eareckson Tada —tetrapléjica por más de 40 años—, al famoso conductor televisivo Larry King: «Una silla de ruedas es mi pasaporte al gozo y a la paz de manera tal que nunca hubiera creído posible».

Y observe que la determinación de Habacuc afloró *antes* de que llegaran los problemas. Habacuc sabía qué iba a venir, por lo que estaba preparado. Su decisión de alegrarse estaba establecida firmemente en su corazón mucho antes que el calor de la prueba (cf. Josué 24:15). Como el profeta, es posible que no tengamos tiempo para decidir el curso bíblico de acción en medio de una prueba. Las pruebas a menudo nos llegan de forma inesperada y nuestra resolución debe ser cultivada con antelación, antes de que la aflicción misma nuble nuestro juicio y nuestra perspectiva. De esa manera, no vamos a tener la tentación de dudar en la oscuridad de la verdad que abrazamos en la luz.

Quinta respuesta correcta:
Descanso en la fuerza del Señor (3:19)

Las cuatro primeras respuestas nos llevan a esta sorprendente conclusión. Si las cuatro primeras ocurren, entonces encontrar descanso en Dios es el resultado inevitable. Por otra parte, si las primeras cuatro están ausentes, tal descanso no es posible.

La declaración de Habacuc (3:19) es notable, sobre todo a la luz de los capítulos anteriores. En vez de agitación y miedo (3:16), ahora hay fuerza y vitalidad. El mensaje de 2:4 se estaba cumpliendo en la vida del profeta: «El justo por su fe vivirá». Eso era más que un asentimiento intelectual de Habacuc; era un reconocimiento de que Dios estaba obrando para su bien y para la gloria de Él (2 Corintios 4:16-18). Era una afirmación y un compromiso enérgico con la aplicación del Espíritu de la Palabra a su vida cotidiana.

¡La perspectiva de cada cristiano debe ser vigorizada por Habacuc 2:4! No es una promesa para aprovechar de vez en cuando, según sea necesario; más bien, es una verdad diseñada para llevar continuamente a lo largo de toda nuestra vida. Reiterada en el Nuevo Testamento (Romanos 1:17; Gálatas 3:11; Hebreos 10:38), representa el carácter de la obra de Dios en la vida de cada creyente. La justificación por la fe, no sólo da inicio a la salvación, sino que también es la suma y la sustancia de la vida del creyente. El don divino de la fe inicia la regeneración y luego energiza y sostiene esa nueva vida. Como lo retrata Habacuc tan brillantemente, no hay necesidad de caer en pánico. No hay ninguna razón para temer o dudar de Dios. Sea que lo veamos o lo sintamos, o no, Dios está orquestando todas las cosas para su gloria y para nuestro bien. Él es digno de confianza. Cuando se trata de pruebas, el profeta abrió un camino que haríamos bien en seguir.

El nombre de Habacuc significa «uno que abraza». Al final del libro, el profeta se encuentra abrazando la soberanía de Dios de cara a la agitación y el sufrimiento que viene. Abrazó el plan de Dios porque sabía que Dios era fiel. ¡El historial crediticio de Dios nos invita a hacer lo mismo!

18

POR QUÉ PUEDEN LOS CRISTIANOS
CONFIAR EN DIOS

Ponga su esperanza en el Padre celestial

NATHAN BUSENITZ

N uestra sociedad está plagada de promesas rotas. Se pueden encontrar en la familia, en la escuela y en el lugar de trabajo. Están presentes en el gobierno, a menudo en las promesas de campaña de uno o más candidatos aspirantes. A veces incluso llegan a nuestros buzones de correo, con falsas garantías de que ganamos premios instantáneos y millones de dólares.

Hacer una promesa, y nunca cumplirla se ha convertido en una epidemia estadounidense. De hecho, de acuerdo al libro *The Day America told the Truth* [El día que América dijo la verdad], el 91 por ciento de los estadounidenses admiten que mienten con regularidad. Con más detalle, el 86 por ciento de los estadounidenses rutinariamente miente a sus padres; el 75 por ciento, a los amigos; el 73 por ciento, a los hermanos, y el 69 por ciento a sus cónyuges.[1] Como resultado, nuestra nación ha desarrollado un escepticismo saludable. Todos estamos familiarizados con el dicho de que si algo suena demasiado bueno para ser cierto, es probable que lo sea. Y cuando nos hacen promesas, nos dicen que no tengamos las esperanzas muy altas ya que quizás seamos decepcionados.

Dios no hace promesas vacías

La Biblia, por el contrario, nos *invita* a tener nuestras esperanzas en alto. Por supuesto, la Escritura es muy específica en cuanto a lo que incluye la verdadera esperanza. Esperar que las riquezas instantáneas aterricen en su buzón de correo es probablemente imprudente. Pero esperar en las promesas de Dios, tanto para esta vida como para la otra, es nada menos que la esencia de la fe (Hebreos 11:1). A diferencia de las promesas rotas y vacías de tanta gente que nos rodea, la Palabra de Dios nunca falla (cf. 1 Reyes 8:56-58).

Sin embargo, ¿cómo sabemos que podemos confiar en Dios por completo? ¿Qué garantías tenemos de que Dios nunca va a defraudarnos? La Biblia nos da muchas razones para tener consuelo en Dios y en su Palabra. Una y otra vez las Escrituras nos ordenan y nos compelen a confiar en Dios, tanto para el presente como para el futuro. Las garantías que componen nuestra esperanza cristiana no son demasiado buenas para ser verdad, son infinitamente mejores que cualquier garantía terrenal. Son certezas sobre las cuales podemos construir nuestra vida y nuestra eternidad. Se puede confiar en ellas porque vienen de un Dios en que se puede confiar.

En este capítulo, consideraremos cinco razones por las que los cristianos pueden esperar con confianza en Dios.

Su persona: Usted puede esperar en Dios debido a lo que Él es

En primer lugar, los creyentes pueden esperar en las promesas de Dios porque Él es absolutamente confiable; en su Palabra se puede confiar porque en Él se puede confiar. La personalidad de Dios respalda la fiabilidad de todo lo que dice. A diferencia del vendedor de autos usados promedio, la reputación de Dios no contradice sus promesas. Por tanto, podemos estar seguros de que todo lo que garantice que hará va a suceder exactamente como lo predijo, hasta el más mínimo detalle. Pero, ¿qué es lo que tiene la persona de Dios que lo hace tan digno de confianza? Para responder a esta pregunta, debemos considerar al menos tres atributos divinos:

1. *Dios es sabio.* Los creyentes pueden esperar en Dios porque Él es perfectamente sabio. Salmos 147:5 menciona que su entendimiento es infinito. Y Pablo, en Romanos 11:33-34 (RVR1960), exclamó: «¡Oh profundidad de las riquezas de la sabiduría y de la ciencia de Dios! ¡Cuán insondables son sus juicios, e inescrutables sus caminos! Porque ¿quién entendió la mente del Señor? ¿O quién fue su consejero?» Dios no necesita consejo ni ayuda adicional, porque tiene un

entendimiento infinito. Él sabe todas las situaciones, circunstancias y posibilidades en detalle y por completo. Nunca lo sorprenden ni lo atrapan con la guardia baja. Como cristianos, podemos poner nuestra confianza plenamente en las decisiones de Dios puesto que Él sabe exactamente lo que está haciendo. Nuestra respuesta a la sabiduría perfecta de Dios, por tanto, debe ser confiar en Él y no en nosotros mismos ni en cualquier otra cosa. Incluso Salomón, el más sabio de los hombres, aconsejó: «Fíate de Jehová de todo tu corazón, y no te apoyes en tu propia prudencia» (Proverbios 3:5, RVR1960).

2. *Dios es justo*. La perfecta justicia de Dios también nos permite esperar en Él por completo. La Biblia es clara: Dios es absolutamente santo, sin pecado y moralmente perfecto en todos los aspectos (Daniel 9:14; 1 Juan 1:5). En efecto, la santidad de Dios es una motivación para nuestra propia vida recta. Pedro, citando Levítico, instó a sus lectores: «Al igual que el Santo que los llamó, sed también vosotros santos en toda vuestra manera; porque está escrito: "Sed santos, porque yo soy santo"» (1 Pedro 1:15-16, RVR1960).

Entonces, ¿cómo encaja la justicia de Dios con su confiabilidad? La respuesta es sencilla: Puesto que la mentira es contraria al carácter perfecto de Dios (Proverbios 6:16-17; 12:22; cf. Juan 8:44), su justicia no le permite tener parte alguna en ella. O más concretamente, Dios no puede mentir porque no puede pecar. Su justicia significa que nunca va a actuar en forma alguna que comprometa o contradiga su perfecta santidad. A diferencia de un político indecente que dice una cosa pero quiere decir otra, nuestro santo Dios siempre quiere decir exactamente lo que dice. En Él se puede confiar porque es puro y quebrantar su Palabra violaría su carácter (ver Juan 17:17).

3. *Dios es inmutable*. No sólo es perfectamente sabio y perfectamente justo, sino que el carácter de Dios nunca cambia. Salmos 102:26-27 (RVR1960), comparando a Dios con sus obras creadas, dice: «Ellos perecerán, mas tú permanecerás; y todos ellos como una vestidura se envejecerán; como un vestido los mudarás, y serán mudados. Pero tú eres el mismo, y tus años no se acabarán». Santiago 1:17 reitera este punto, señalando que en Dios no hay sombra de variación. Hebreos 13:8 (RVR1960) afirma: «Jesucristo es el mismo ayer, y hoy y por los

siglos». Aun cuando las personas siempre están cambiando, Dios permanece constante. Su carácter nunca cambia. La naturaleza inmutable de Dios implica que no cambia repentinamente de opinión acerca de las promesas que ha hecho. Él no va a decidir arbitrariamente que la salvación ya no se encuentra en Cristo o que la vida eterna ya no está disponible. Podemos confiar en Él porque sigue siendo el mismo que siempre ha sido y que siempre será. Podemos aferrarnos firmemente a su Palabra porque un Dios que no cambia sólo puede hacer promesas que no cambian.

La persona de Dios —en concreto, su sabiduría, su justicia y su naturaleza que no cambian— nos permite confiar en Él por lo que es. Sus palabras son ciertas, porque su carácter es cierto. Por otro lado, para Él, violar su Palabra sería contradecirse a sí mismo. Sin embargo, eso no es posible, porque «es imposible que Dios mienta» (Hebreos 6:18).

Su poder: Usted puede esperar en Dios porque Él tiene el control

Una segunda razón para confiar en Dios, más allá de su carácter fiable, es su poder perfecto. Una vez más, la Biblia es muy clara: Dios tiene control de todo cada instante de cada día. Su poder es infinito, tanto que no conoce rivales viables ni tiene excepciones. Sólo Dios es Rey y es Rey sobre todos. Veamos a continuación algunos pasajes que afirman la verdad de que Dios ejerce autoridad absoluta:

- Dios es soberano sobre Satanás y los demonios (Job 1:12; 2:6; Lucas 8:31; 22:31; 1 Corintios 15:25; Apocalipsis 20:10-15).

- Dios es soberano sobre el mal y el pecado (Proverbios 16:4; Lamentaciones 3:38; Lucas 5:21).

- Dios es soberano sobre las naciones (2 Crónicas 20:6; Salmos 20:7; Proverbios 21:1; Juan 19:11; Hechos 17:26; Romanos 13:2).

- Dios es soberano sobre la naturaleza, incluidos los desastres naturales (Salmos 50:10; 107:29; Amós 4:7; Nahúm 1:3-6; Mateo 5:45; Lucas 8:24).

- Dios es soberano sobre la dolencia, la enfermedad y la muerte (Éxodo 15:26; Deuteronomio 32:39; 2 Reyes 20:5; Mateo 4:23; Marcos 6:56; Juan 9:3; 11:4; Hechos 4:29-30; 1 Corintios 15:26).

- Dios es soberano sobre otras personas y sus decisiones (Éxodo 8:15; Esdras 6:22; Proverbios 21:1; Hechos 13:48; Romanos 9:17-18).
- Dios es soberano sobre nuestros planes particulares (Proverbios 16:9; 19:21; Santiago 4:13-15).
- Dios es soberano sobre la «casualidad» y el «destino» (Job 20:29; Proverbios 16:33; Jonás 1:3-10; Hechos 1:24-27).
- Dios es soberano sobre todo en el universo (Salmos 115:3; 135:6; Romanos 8:38-39; Efesios 1:11).

¿Hay algo en el universo ajeno al control de Dios? ¡No! Cada peligro potencial que pudiéramos enfrentar en la vida está bajo la supervisión de un Dios todopoderoso. Por supuesto, eso no nos exonera de las responsabilidades que tenemos, como resistir a la tentación (Santiago 4:7) o estar preparados adecuadamente para el futuro (Nehemías 4:9). Pero sí significa que podemos poner nuestra esperanza completamente en Dios y en sus garantías. Debido a que tiene control de todas las cosas, ninguna circunstancia, situación ni individuo existe o actúa sin autorización de Dios. Por lo tanto, cuando Dios promete salvarnos, podemos estar seguros de que nada «nos podrá separar del amor de Dios, que es en Cristo Jesús Señor nuestro» (Romanos 8:39, RVR1960). Nada puede frustrar las promesas de Dios porque, simplemente, su poder no lo permitirá (Juan 10:28-29).

¡Qué consuelo hay en saber que nada en este universo es mayor que nuestro Dios! Incluso las más poderosas fuerzas naturales y artificiales están sujetas a su imperio. ¿Qué viene a su mente cuando piensa en un gran poder? Tal vez sea el poder militar de los Estados Unidos, que tiene más de un millón de soldados en servicio activo, con personal en más de 130 países. Quizás sea un terremoto o un volcán. El Monte Santa Elena, por ejemplo, que fue provocado por un terremoto de 5,1 grados de magnitud, expulsando fuego y lava a 24 kilómetros en el aire. O tal vez sean los vientos fuertes de un huracán o los brillantes destellos de una tormenta eléctrica. Los rayos promedian unos 3 o 4 kilómetros de largo con una corriente de 100 millones de voltios, pero algunos pueden alcanzar hasta 120 kilómetros de longitud.

Usted pudiera pensar en el mar y en las criaturas que viven allí. El océano cubre el 71 por ciento de la superficie de la tierra, con su punto más hondo a más de 11 kilómetros de profundidad. O tal vez sus pensamientos se enfoquen en el espacio exterior, por ejemplo, en el caso del sol, en cuyo volumen podrían encajar 1,3 millones de planetas Tierra, sin contar que hay innumerables estrellas que son más grandes que el sol. Usted pudiera incluso contemplar las fuerzas espirituales, Satanás y sus secuaces, y el poder que ejercen. Sin embargo, no importa lo que venga a su mente, Dios es más poderoso que todo eso. Él es el que le da nombre a las estrellas y cuenta el número de ellas (Salmos 147:4), el que se refiere a las naciones como menudo polvo (Isaías 40:15), el que calma los mares con una palabra (Job 26:12; Mateo 8:26), y el que un día va a ganar la victoria final (1 Corintios 15:20-28). Si Dios es nuestro amparo y nuestra fortaleza, no tenemos nada que temer (Salmos 62:6-8).

Su plan: Usted puede esperar en Dios porque Él sabe exactamente lo que está haciendo

Si Dios fuera simplemente todopoderoso, usando su fuerza bruta de manera arbitraria al azar por todo el universo, podríamos tener razones para preocuparnos. Pero, como hemos visto, Dios no sólo es todopoderoso, también es omnisciente. Eso quiere decir que tiene un plan perfecto que está llevando a cabo fielmente a través de la historia (Isaías 25:1). En Isaías 46:10 (RVR1960), Dios se describe a sí mismo como «que anuncio lo por venir desde el principio, y desde la antigüedad lo que aún no era hecho; que digo: Mi consejo permanecerá, y haré todo lo que quiero». Salmos 33:11 (RVR1960) le hace eco: «El consejo de Jehová permanecerá para siempre; los pensamientos de su corazón por todas las generaciones». Pero, ¿qué incluye, entonces, el plan de Dios? La respuesta viene en, al menos, dos partes.

1. *El plan de Dios ordena que Él reciba la máxima gloria.* La Escritura dice que todos y todo fue creado por Dios para darle gloria y alabanza (1 Crónicas 16:2; 29:11; Salmos 8:1; 19:1; Isaías 43:7; Ezequiel 43:2; 1 Corintios 10:31). De hecho, la principal razón por la que Dios nos salvó fue para promover su reputación como un Dios de gracia, para que le alabáramos por su misericordia (Romanos 9:15-24). La pasión de Dios por su gloria no sólo es correcta, sino que también debería ser

nuestra mayor pasión. Él es el único en el universo digno de nuestro honor y nuestra alabanza.

La pasión de Dios por su reputación garantiza que mantendrá las promesas que ha hecho a sus hijos. Podemos confiar de todo corazón en la Palabra de Dios porque su nombre está en juego (cf. Éxodo 32:9-14). Por el bien de su gloria, sin duda cumplirá con lo que ha dicho que hará.

2. *El plan de Dios ordena que los creyentes reciban el máximo bien.* En perfecta conjunción con su gloria, el plan de Dios también incluye el bienestar de su pueblo. El apóstol Pablo declara que «sabemos que a los que aman a Dios, todas las cosas les ayudan a bien, esto es, a los que conforme a su propósito son llamados» (Romanos 8:28, RVR1960). Dios usa cada circunstancia y cada persona en nuestras vidas para nuestro mejoramiento espiritual, para hacernos más como Cristo. De acuerdo, lo bueno a veces viene en forma de disciplina (Hebreos 12:10) o de pruebas (Santiago 1:2-3). Sin embargo, incluso estas son para nuestro bien, para que a través del arrepentimiento o la resistencia nos hagamos más fuertes en la fe. La definición de Dios acerca del bien no incluye necesariamente los placeres temporales y la riqueza que tan a menudo deseamos. Más bien, lo define en términos de crecimiento espiritual y eterno beneficio.

En su sabiduría perfecta, el plan de Dios combina su pasión por su gloria y su preocupación por nuestro bien. En consecuencia, encontramos nuestro mayor gozo y satisfacción (o bien) cuando lo buscamos a Él —y su gloria— con mayor vigor. Y viceversa. Como dice John Piper: «Dios es más glorificado en nosotros cuando estamos más satisfechos en Él».[2]

Debido a que el plan de Dios incluye nuestro bien, podemos descansar con confianza en Él y en su Palabra. No sólo sus promesas son inquebrantables porque su reputación esté en juego, sino que también son espiritualmente beneficiosas. Se puede confiar en ellas porque se hicieron pensando en nuestro mejor interés.

Su antecedente: Usted puede esperar en Dios porque ha sido fiel antes

Otra razón por la que podemos abrazar a Dios y a su Palabra es porque Él nunca ha roto una promesa. Su trayectoria es perfecta. Él siempre ha mantenido su Palabra en el pasado y lo continuará haciéndolo en el futuro. El registro bíblico es claro: Dios es fiel de una manera impecable. En el Salmo 100:5 (RVR1960), leemos: «Porque Jehová es bueno; para siempre es su misericordia, y su verdad por todas las generaciones». Al principio, en los Salmos, Asaf superó su desesperación recordando «las obras de JAH; sí, haré yo memoria de tus maravillas antiguas» (Salmos 77:11, RVR1960). Y 1 Crónicas 16:15 (RVR1960) señala que Dios «hace memoria de su pacto perpetuamente, y de la palabra que él mandó para mil generaciones». Etán, hablando de las promesas de Dios a David, anunció: «Las misericordias de Jehová cantaré perpetuamente; de generación en generación haré notoria tu fidelidad con mi boca» (Salmos 89:1, RVR1960). Y Salmos 119:90 (RVR1960), hablando a Dios, resuena: «De generación en generación es tu fidelidad».

La fidelidad de Dios no es sólo una parte abstracta de lo que Él es. Más que eso, es un atributo que se ha demostrado a través de la historia una y otra vez. Como cristianos, cuando recordamos la provisión y la protección de Dios en el pasado, podemos esperar con expectación en Él en cuanto al presente y al futuro. Incluso en medio de las pruebas y el sufrimiento podemos estar seguros de que aquel que fue fiel antes, todavía es fiel en todo lo que hace (Salmos 33:4).

Su atención paternal: Usted puede esperar en Dios porque Él le ama

Una última razón para confiar en Dios se halla en el amor que tiene por sus hijos. En el Antiguo Testamento, Dios demostró su amor a Israel una y otra vez (Éxodo 34:6-7; Deuteronomio 23:5). Más de 25 veces, en los Salmos solamente, el amor de Dios es llamado «gran amor» (ver, por ejemplo, Salmos 6:4; 21:7, NVI). Podemos confiar en (Salmos 13:5), alegrarnos y regocijarnos en (Salmos 31:7) el amor de Dios. Salomón, en 2 Crónicas 6:14, se refiere a las promesas de Dios como pactos de amor (ver también Nehemías 1:5). Incluso Jeremías, después de la destrucción de Jerusalén, encontró consuelo en su amor indefectible (Lamentaciones 3:32).

El gran amor de Dios por sus hijos también se encuentra en el Nuevo Testamento. Fue a causa de su gran amor que Dios envió a su Hijo a este mundo (Juan 3:16; Efesios 2:4; Tito 3:4; 1 Juan 4:19). La muerte de Cristo fue la prueba definitiva: «Pero Dios demuestra su amor para con nosotros, en que siendo aún pecadores, Cristo murió por nosotros» (Romanos 5:8, RVR1960). Fue debido a su amor que nos predestinó para salvación (Efesios 1:4-5; 1 Tesalonicenses 4:9). Incluso cuando disciplina a sus hijos, es el amor de Dios, no su ira, lo que motiva su mano (Hebreos 12:6).

La Primera Carta a los Corintios 13:8 afirma claramente que «el amor nunca deja de ser». Si Dios, que es amor (1 Juan 4:8), nos ama (1 Juan 4:10), podemos estar seguros de que nunca nos dejará ni nos abandonará (Romanos 8:38-39; Hebreos 13:5). Con Pablo podemos afirmar con seguridad que «la esperanza no avergüenza; porque el amor de Dios ha sido derramado en nuestros corazones por el Espíritu Santo que nos fue dado» (Romanos 5:5, RVR1960). Podemos aferrarnos a las promesas de Dios porque las garantiza como un Padre amoroso.

Todo junto

Comenzamos este capítulo señalando que este mundo está lleno de falsas esperanzas y medias verdades. Desde los anuncios de televisión hasta el correo basura y el correo electrónico *no deseado*, nuestras vidas se ven inundadas con promesas vacías. Incluso en lugares que no esperamos, las cosas no son siempre lo que parecen; un hecho ilustrado con humor por la estatua de John Harvard, que se encuentra en Harvard Yard:

Para una universidad cuyo lema es «Veritas», lo que uno espera es la verdad, toda la verdad y nada más que la verdad. Pero eche un vistazo a la estatua de quien procede el venerable nombre de la escuela, John Harvard, de pie frente a las instalaciones de la universidad. Es una sarta de mentiras. De hecho, se llama informalmente la «Estatua de las tres mentiras».

La inscripción al pie de la estatua de John Harvard reza: FUNDADOR, 1638. Ni una palabra de eso es cierto.

John Harvard no fue el fundador de la Universidad de Harvard. El colegio (que eso era entonces) fue fundado en 1636 por la Colonia de la Bahía de Massachusetts, en lo que para la época era el pueblo de Newtowne y más tarde se convirtió en

Cambridge. John Harvard fue uno de los primeros benefactores del colegio y él mismo le dio su nombre en 1639, después de que donara su biblioteca a la escuela. La estatua tampoco es de una imagen de John Harvard. No había fotos ni imágenes de él, por lo que el escultor Daniel Chester French, eligió al azar a un estudiante como modelo y lo vistió con ropas del siglo XVII.[3]

A pesar de lo que afirma la inscripción, John Harvard no fue el fundador de la Universidad de Harvard; la universidad no fue fundada en 1638, ¡y la estatua no es ni siquiera parecida a su homónimo! Todo ello frente a la Universidad de Harvard, donde el lema, irónicamente, dice: «Veritas» (término latín que significa «verdad»).

Al igual que el lema de la Universidad de Harvard, la Biblia también afirma ser la «Verdad». Pero, a diferencia del título de la estatua de John Harvard, la Biblia no nos da una falsa impresión de lo que Dios es. Es su propia revelación y lo que Él afirma no son declaraciones estiradas ni engañosas. Más bien, son absolutamente ciertas. Sus atributos, tal como se describe en su Palabra, no son inventos humanos ni mejoras míticas; son la esencia de lo que Él es en realidad. Su Palabra es verdad porque Él es verdad, y podemos confiar en Él de todo corazón.

La esperanza que Dios ofrece a sus hijos es mucho más que sólo una ilusión. Las promesas que nos ha hecho son ciertas. No pueden ser frustradas porque Él siempre tiene el control. No pueden ser rotas porque Él siempre cumple su Palabra. La esperanza bíblica es la verdadera esperanza. Puede ser abrazada con confianza debido al Dios que las garantiza: «Sabrás entonces que yo soy el Señor, y que no quedarán avergonzados los que en mí confían» (Isaías 49:23, NVI). Nuestra respuesta, como apremia Hebreos 10:23 (RVR1960), debe ser: «Mantengamos firme, sin fluctuar, la profesión de nuestra esperanza, porque fiel es el que prometió».

19

AYUDA PARA LOS QUE SUFREN Y ESPERANZA PARA LOS PERDIDOS

Los ministerios de misericordia y la Gran Comisión

JESSE JOHNSON

Hace unos meses, un misionero de Grace Community Church estaba conduciendo en Uganda cuando vio una multitud reunida a orillas de la carretera. Detuvo su auto y descubrió que un hombre había sido atropellado por otro coche y dado por muerto. El sujeto aún respiraba, pero estaba perdiendo sangre rápidamente y la policía no pudo localizar una ambulancia. El misionero recogió al hombre, lo puso en su auto y lo llevó a un hospital. Se quedó allí mientras los médicos le amputaban una pierna a la altura del muslo. Días más tarde, cuando la víctima fue dada de alta del hospital, no tenía a dónde ir, por lo que la familia de los misioneros le brindó su casa y se mudó con ellos. A medida que pasaban las semanas, el hombre no sólo aprendió a caminar de nuevo, sino que llegó a la fe en Cristo a través del testimonio de esa familia.

Lo que es una de las órdenes más frecuentes en la Biblia —amar y cuidar de los pobres e indigentes— a veces puede parecernos abstracto; hasta que la oportunidad para cuidar de ellos se presenta de manera inmediata. Cuando eso ocurre, la autenticidad de nuestra fe se pone de manifiesto.

En Estados Unidos, las oportunidades para mostrar misericordia a los que son verdaderamente destituidos pueden parecer mínimas. Eso se debe en parte a que muchos cristianos «americanizados» han permitido que su ética laboral eclipse los mandatos de la Escritura en cuanto al cuidado de los pobres. El estadounidense promedio tiene una visión de la pobreza similar a la ciega visión que tenían los judíos en Juan 9, tiene que ser resultado del pecado de alguien. Y puede haber un elemento de verdad en eso. Como «pastor de evangelización local», he dedicado mucho tiempo a testificar a las personas sin hogar. Con mucho, la reacción más común que recibo a una oferta de comida o refugio es una crítica a la calidad de lo que se ofrece (por ejemplo: «No me gusta ese alojamiento; son muy estrictos con la hora de cierre»). Pronto se hace evidente que algunas personas necesitadas aceptarán ayuda sólo bajo sus términos; por lo tanto, no se les puede ayudar. Y a veces, hasta darles dinero tampoco es la respuesta correcta. Así que, ¿por qué y cómo deben responder los cristianos ante los necesitados?

La fundación del ministerio de misericordia: La compasión de Dios

Ministerio de misericordia tiene que ver con satisfacer las necesidades de los pobres e indigentes, las viudas y los huérfanos, especialmente en la iglesia, aunque también en el mundo (Gálatas 6:10). Santiago describe este tipo de ministerio como la religión que es «pura y sin mancha» (Santiago 1:27, NVI). Es una modalidad ministerial que está tejida en la tela de la Escritura, ya que tiene su fundamento en el carácter del propio Dios.

En la ley mosaica, si una persona tomaba un abrigo de alguien como promesa de pago futuro, tenía que regresarlo al caer la noche, así el dueño de la capa no sentiría frío. Esa era una orden bastante inocua, pero note la razón por la que se daba: «Porque sólo eso es su cubierta, es su vestido para cubrir su cuerpo. ¿En qué dormirá? Y cuando él clamare a mí, yo le oiré, porque soy misericordioso» (Éxodo 22:27, NVI). Los judíos debían mostrar compasión a los pobres que vivían en medio de ellos porque servían a un Dios compasivo. Es más, nunca debían cosechar del todo sus tierras para que los pobres siempre pudieran hallar comida (Levítico 19:10; 23:22). Si bien hubo muchas órdenes específicas a lo largo de la ley sobre la manera de atender a los pobres en Israel, aquí tenemos una general: «Cuando haya en medio de ti menesteroso de alguno de tus hermanos en alguna de tus ciudades, en la tierra que Jehová tu Dios te da, no endurecerás tu corazón, ni cerrarás tu mano contra tu hermano pobre» (Deuteronomio 15:7, RVR1960).

Docenas de versículos del Antiguo Testamento hacen hincapié en la importancia de mostrar compasión a los necesitados. De manera significativa, esos versículos no son seguidos por excepciones ni limitaciones de responsabilidad si la pobreza resulta de decisiones precipitadas o de pecado. A menudo la pobreza *es* resultado de una vida insensata. Sin embargo, descuidar a los necesitados que se cruzan en nuestro camino es pecado. Vale la pena señalar que Dios destruyó a Sodoma no sólo por la perversión sexual, sino también porque las personas no mostraban respeto a los pobres (Ezequiel 16:49). Israel fue exiliado en gran parte porque las personas descuidaron ayudar a sus pobres (Jeremías 5:28-29; Amós 5:12). Los pobres, que no tienen esperanza en este mundo, siempre tienen esperanza en Dios porque Él es compasivo. Él es la esperanza de los pobres porque los ama y es misericordioso con ellos (Salmos 12:5). Debido a que Dios va a defender a los que estén en pobreza, Job pudo escribir: «Los pobres recobran la esperanza» (Job 5:16, nvi).

A lo largo de su historia, los judíos no guardaron el año de reposo ni el año de jubileo. Por lo general, ignoraban los mandamientos de Deuteronomio 15, que es una de las razones por las que fueron exiliados. Si ellos no recordaban a los pobres, Dios no los recordaría a ellos y perderían su tierra.

En el Nuevo Testamento, la compasión de Dios por los pobres es declarada y afirmada de nuevo. Cuando Zaqueo se arrepintió, le dio la mitad de su fortuna a los pobres (Lucas 19:8). Jesús utiliza a menudo el hecho de dar a los pobres como una norma básica de justicia (Mateo 19:21; Lucas 14:13), e incluso específicamente los bendijo (Lucas 6:20). Cuando Pablo recibió su ordenación para el ministerio, se le encargó una tarea diferente a la de los otros apóstoles. Fue enviado a los gentiles, mientras ellos continuaban trabajando entre los judíos. Cuando los apóstoles enviaron a Pablo, únicamente le dieron una tarea específica: «Solamente nos pidieron que nos acordásemos de los pobres; lo cual también procuré con diligencia hacer» (Gálatas 2:10, nvi). La manera en que Pablo cumplió esa orden se observa en sus epístolas. Él tomó ofrendas de varias iglesias para ayudar a satisfacer las necesidades de los creyentes necesitados en Jerusalén (Romanos 15:26). De hecho, le dijo a la iglesia en Corinto que recogiera una ofrenda cada semana, de manera que cuando él llegara, no habría escasez para los pobres en la iglesia de

Jerusalén (1 Corintios 16:1-4). Es evidente que la atención a los pobres y a los necesitados, sobre todo dentro de la iglesia, es una marca del ministerio del Nuevo Testamento.

¿Es la compasión un mandamiento colectivo o individual?

En el Antiguo Testamento, Israel debía mostrar compasión a los pobres, en parte, porque se trataba de una forma de mostrar la sabiduría de Dios a través de la ley mosaica (ver Deuteronomio 4:5-7). Cuando Dios trabajaba a través de una nación, su pueblo tenía órdenes colectivas que la gente era responsable de obedecer. Cumplir con esas órdenes era una herramienta evangelística poderosa. Otras naciones verían cuán compasivo era el pueblo de Israel y se sentirían atraídas por el Señor a causa de la obediencia de los judíos (Deuteronomio 4:5-7; 1 Reyes 8:41-43; 10:8-9).

Sin embargo, en el Nuevo Testamento, Dios dejó de operar a través de la nación de Israel. En Pentecostés, comenzó a trabajar a través de su iglesia. En el Antiguo Testamento, a los judíos no se les ordenó ir por todo el mundo y predicar el evangelio. A ellos se les ordenó permanecer en Israel y guardar la ley mosaica para que el mundo viera la gloria de Dios por medio de su obediencia. Pero en el Nuevo Testamento, los cristianos son llamados a ir a todo el mundo y predicar el evangelio. Cuando las personas lo reciben y se convierten en creyentes, son añadidas a la iglesia, y obedecen a Dios por amor a Él.

Cabe señalar en este punto que hay una distinción cuidadosa en el Nuevo Testamento entre las tareas dadas a la iglesia corporativamente y las tareas asignadas a los cristianos como individuos. Los cristianos deben amar a sus vecinos, a sus enemigos y a los necesitados. Su labor es satisfacer las necesidades dondequiera que las vean, en la medida de sus capacidades. El primer deber de un cristiano es cuidar de las necesidades de su familia; su segundo deber es suplir las necesidades de las personas en la iglesia; y su tercer deber es con aquellos ajenos a la iglesia (Gálatas 6:9-10; 1 Timoteo 4:10; 5:4,8). Entre tanto, la principal tarea de la iglesia es difundir el evangelio por todo el mundo y equipar a los santos para la obra del ministerio. Asimismo, la iglesia está llamada a cuidar de las viudas y los pobres que están en medio de ella. En otras palabras, la iglesia debe cuidar de los cristianos. La idea central de los mandamientos bíblicos concernientes a los pobres, que fueron dados a la iglesia como un todo, se relaciona con cuidar de las necesidades de los cristianos, y no de los pobres en general. Cuando la gente acude a la iglesia para que acabe con la pobreza, detenga el tráfico de personas, lleve agua potable a África o cure el SIDA, están buscando en el lugar equivocado. La iglesia no fue comisionada para que realizara ninguna de esas tareas. Los ancianos no se nombran en función de su capacidad política o proveedora. Pero a medida que los cristianos lleven una vida santa, es inevitable que se encontrarán en situaciones en las que pueden marcar la diferencia.

Se necesita claridad acerca de lo que la Biblia llama y lo que no llama a hacer a los cristianos. No estamos llamados a acabar con el hambre mundial, ni a luchar contra la falta de vivienda ni a sentirnos culpables por tener agua corriente. Estamos llamados a mostrar compasión a los pobres, a abrirles nuestro corazón, a difundir el evangelio y a odiar al materialismo. Debemos sacrificarnos para hacer avanzar el evangelio en todo el mundo. Y a medida que la iglesia se fortalezca alrededor del orbe, habrá más cristianos amantes de los pobres y cuidando de los huérfanos en los lugares más necesitados.

La Biblia establece la obligación para el ministerio de misericordia a los pies (y en los corazones) de los individuos. Los individuos están llamados a amar a los pobres y a cuidar de los necesitados, en cuanto tengan oportunidad. Esconderse detrás de una donación no es suficiente. Como explica Pablo en 1 Corintios 13:3, es posible dar todo lo que tiene a los pobres sin amarlos. Pero con tal acción, Dios no se agrada.

El ministerio de misericordia y el materialismo

¿Por qué los estadounidenses, que son algunas de las personas más ricas del mundo, son tan rápidos para ser insensibles con los pobres? En cierto sentido, puede deberse a que somos inmunes a la pobreza real. Debido a la intervención del gobierno, los servicios sociales y la generosidad de un sinnúmero de organizaciones, casi nadie muere de hambre en Estados Unidos. Eso no es minimizar el sufrimiento que muchos estadounidenses enfrentan, puede ser difícil mantener una familia, encontrar trabajo o pagar el alquiler. Pero para la mayoría, los indigentes en Estados Unidos parecen tener opciones a la hora de elegir albergue. Y la gente entiende esa realidad. Ellos saben que la persona que ven a un lado de la calle con un aviso que dice: «Trabajo por cerveza», no representa el rostro de la pobreza real.

Debido a eso, hay cierta tensión en muchas iglesias estadounidenses entre el ministerio de misericordia y el ministerio «real», como si ambos fuesen mutuamente excluyentes. Para empeorar las cosas, la mayoría de los ministerios que se enfocan en la misericordia son tan liberales teológicamente o desenfocados que los pastores guían a su gente lejos de ellos. Sin embargo, eso es posible para las iglesias que cumplen fielmente sus deberes principales (evangelizar a los perdidos y edificar a los santos) y al mismo tiempo cuidan de las necesidades materiales de los que están entre ellos. También es posible que los pastores entrenen a su gente para que cuiden a los demás, a medida que difunden el evangelio a través del contexto de su vida cotidiana.

Por lo tanto, hay que señalar de manera inequívoca que los cristianos han de mostrar misericordia y bondad a todo aquel con quien interactúan, tanto dentro como fuera de la iglesia. Un empresario astuto puede construir graneros más grandes mientras que cierra su corazón a su hermano necesitado, pero no puede hacerlo al mismo tiempo que tiene una verdadera relación con Dios (cf. Lucas 12:16-21). El sueño americano puede incitar a la gente a perseguir la salud, la riqueza y la prosperidad, pero el evangelio impulsa a los cristianos a una vida de mayordomía y sacrificio, a la vez que huye del amor al dinero y cultiva el amor por los demás.

El ministerio de misericordia y las misiones

Al mismo tiempo, es importante tener en cuenta que las personas más necesitadas en el mundo en general, no están en Estados Unidos, sino en el extranjero. La mayoría de los pobres del orbe se consumen bajo el control de gobiernos corruptos y religiones falsas. En muchos países, la enfermedad es endémica, el gobierno es indiferente y la religión es opresora. Aun cuando la pobreza en Estados Unidos puede verse reflejada en asuntos como cupones de alimentos, transporte público y falta de seguro de salud (y, en casos extremos, la indigencia), en el sur de África, la pobreza se ve en la escasez de agua corriente y en las muertes por SIDA antes de los 30 años.

Debido a eso, muchas iglesias han captado con razón la pasión por el ministerio de misericordia y han centrado sus esfuerzos en el extranjero. En los últimos años ha habido un empuje de los evangélicos en Estados Unidos para llevar agua potable a América Central y mosquiteros a África. Este resurgimiento de la compasión es alentador y ya está haciendo un impacto en muchos países que, de otro modo, estarían cerrados a los misioneros.

Sin embargo, los mosquiteros no son el fin para el cual Dios creó al mundo. Es de suma importancia para las iglesias ver las misiones por lo que son: la expansión y el fortalecimiento de la iglesia de Jesucristo en todo el planeta. Considere este comentario del presidente del Seminario Bautista de Detroit: «Todo ministerio misionero debe estar conectado estrechamente con la plantación de iglesias locales. Esta plantación no es *una* de las cosas que hacen los misioneros, ¡es *la* cosa!»[1] El plan de Dios para la transformación social es el evangelio. La corrupción nunca será erradicada y a los pobres siempre los tendremos con nosotros. Pero la iglesia en Estados Unidos puede usar su riqueza para llevar el evangelio en medio de la pobreza y, al hacerlo, transformarán vidas. Esto es lo que significa amar a los pobres.

El carácter de Dios se despliega en el ministerio de sus misioneros. Una iglesia puede establecerse en los barrios pobres de México porque los miembros de la congregación aman a las personas de allí. Una iglesia puede establecerse en Johannesburgo, para que los cristianos muestren a los sudafricanos el amor que Dios les tiene y que se manifiesta en la forma en que aman a los huérfanos. A medida que se establezcan iglesias y se capaciten pastores, el cambio social duradero llega. Ese cambio nunca es el objetivo principal, pero siempre es un subproducto de la auténtica vida cristiana.

La compasión: Vivir con amor

Para resumir, los cristianos son llamados a amar a los pobres que Dios les presenta en su camino y ese llamado no se puede cumplir simplemente escribiendo un cheque o asistiendo a una iglesia que tiene ministerios de misericordia. Sólo puede cumplirse a nivel individual: luchando contra el materialismo, dando a los misioneros, mostrando bondad a todos los que conocemos y haciendo sacrificios para promover la difusión del evangelio. Este tipo de vida sacrificial amplía el evangelio, demuestra el amor de Cristo, además de declararlo.

Cuando ese misionero de Grace Community Church recogió aquel cuerpo sangrante a orillas de la carretera en Uganda, hizo algo más que atender a un desconocido. Validó su ministerio y confirmó el amor de Dios tal como se ve en el evangelio. Mostró a la gente de allí qué clase de amor tiene Dios por el mundo y animó a otros a mostrar el mismo tipo de amor. Es sorprendentemente sencillo: Una vez que todo se haya dicho y hecho, el ministerio de misericordia se verá simplemente como un gesto de cristianos que son fieles a la Gran Comisión y que obedecen para amar genuinamente a la gente dondequiera que vayan. Ese es el verdadero ministerio de misericordia y esa es la verdadera religión. Somos llamados a ministrar fielmente a los que nos rodean y a vivir sacrificialmente para que podamos enviar personas a los lugares donde las necesidades son mayores. Este es el medio que Dios ha establecido para llevar esperanza a este mundo herido y quebrantado.

20

Una esperanza inamovible en un mundo roto

El evangelio como la solución de Dios para nuestro mundo caído

Kevin Edwards

T al como lo han dejado claro los capítulos anteriores, el mundo en que vivimos está roto. El mal abunda, la justicia es rara, la delincuencia va en aumento, la pobreza es una epidemia, la catástrofe natural es inminente e incluso el mundo tal como lo conocemos corre peligro (aunque la opinión pública oscila entre si el calentamiento global o el terrorismo mundial es la más grande amenaza a nuestro planeta). ¿Por qué se está cayendo el mundo a pedazos? ¿Qué podemos hacer para que las cosas vuelvan a estar bien? La Biblia no sólo identifica el origen de los problemas de nuestro mundo, sino que también nos da la solución. Nuestro mundo caído. Nuestro mundo se ha roto, pero las cosas no siempre fueron así. Cuando Dios hizo al mundo, evaluó lo creado como que era «muy bueno» (Génesis 1:31). El Dios santo creó un mundo perfecto donde pudiera brindar cuidado amoroso al hombre y en el que el hombre pudiera responder a la perfección con una devoción agradecida a su Creador. Pero cuando el pecado entró en escena, la creación se contaminó y todo cambió.

El planeta roto

La caída en pecado resultó en la expulsión del hombre de la creación perfecta de Dios, poniendo al mundo en un camino que conduciría en última instancia a la destrucción por su Creador (Génesis 3:24; 2 Pedro 3:10; cf. Romanos 8:20-22). No mucho tiempo después de esa caída, el mundo se hundió tan profundamente en el pecado que Dios juzgó la tierra mediante la destrucción de casi todos los seres humanos y los animales sobre la faz de ella (Génesis 6—7). Ese juicio no fue una reacción desenfrenada de Dios ante el mal del corazón del hombre. De hecho, el potencial de aquella inundación destructiva era algo que Dios había diseñado e incorporado a este mundo en la creación. Él hizo la tierra con agua flotando sobre su superficie y con vastos reservorios acuíferos bajo ella (Génesis 1:7; 2 Pedro 3:5-6). El mundo que Dios creó «proviene del agua» (2 Pedro 3:5, RVR1960), y fue esta misma agua la que Dios utilizó para llevar a cabo la destrucción a través del diluvio.

Aunque Dios no destruyó la tierra completamente con el diluvio, habrá una destrucción definitiva —según el plan del Creador— en la que todo lo que el pecado ha contaminado será consumido. El apóstol Pedro describió la destrucción que viene con estas palabras: «Pero los cielos y la tierra que existen ahora, están reservados por la misma palabra, guardados para el fuego en el día del juicio y de la perdición de los hombres impíos… Pero el día del Señor vendrá como ladrón en la noche; en el cual los cielos pasarán con grande estruendo, y los elementos ardiendo serán deshechos, y la tierra y las obras que en ella hay serán quemadas… los cielos, encendiéndose, serán deshechos, y los elementos, siendo quemados, se fundirán» (2 Pedro 3:7,10,12).

El Creador ha previsto con precisión cómo y cuándo se va a terminar este mundo, de modo que ni el calentamiento global, ni el terrorismo mundial serán culpables. Al igual que con el diluvio, la destrucción final será obra de Dios. Esta tierra no va a durar para siempre. Pero una nueva tierra será creada en su lugar, una que va a durar para siempre, porque nunca será tocada por el pecado.

Pecadores rotos

Dios podría haber destruido al mundo cuando el hombre se desvió por primera vez de su voluntad —debido al pecado—; pero en vez de eso, respondió con paciencia y bondad, ofreciendo a la humanidad la oportunidad de ser hechos justos delante de Él (Romanos 2:4). En vez de abrazar prontamente la oferta divina para reconciliarse, el hombre —en su rebelión— corrió a toda velocidad lejos de Dios. En vez de reconocer al Dios de la creación y encontrar significado y propósito en Él, los pecadores suprimen deliberadamente lo que saben acerca de Dios, eligiendo vivir sin un verdadero propósito o sentido (Romanos 1:18-22). Debido a que los pecadores lo han rechazado, Dios los ha abandonado a su pecado. El desastroso resultado de ello se ve en las sociedades humanas, donde la pasión sexual no conoce restricción, donde se celebran perversiones homosexuales y donde la conciencia de cada individuo está deformada mortalmente y llena de corrupción. Aunque el hombre continua y descaradamente se rebela en contra de Él, Dios retiene con paciencia el derramamiento de su santa ira contra el pecado (Romanos 1:18, 24-32). Sin embargo, el juicio viene ciertamente.

Las almas rotas

¿Hay algo que los pecadores puedan hacer para salvarse a sí mismos, mientras hay tiempo, mientras que Dios todavía retiene el juicio final sobre este mundo roto? Dios responde a esta pregunta a través de toda la Biblia, mostrando con claridad cuán capaz es el hombre caído de salvarse a sí mismo:

Y vio Jehová que la maldad de los hombres era mucha en la tierra, y que todo designio de los pensamientos del corazón de ellos era de continuo solamente el mal (Génesis 6:5, RVR1960).

No hay quien haga bien. Dios desde los cielos miró sobre los hijos de los hombres, para ver si había algún entendido que buscara a Dios. Cada uno se había vuelto atrás; todos se habían corrompido; no hay quien haga lo bueno, no hay ni aun uno (Salmos 53:1-3, RVR1960).

Todos somos como gente impura; todos nuestros actos de justicia son como trapos de inmundicia. Todos nos marchitamos como hojas: nuestras iniquidades nos arrastran como el viento (Isaías 64:6, NVI).

No hay un solo justo, ni siquiera uno; no hay nadie que entienda, nadie que busque a Dios (Romanos 3:10-11, NVI).

Por cuanto todos pecaron, y están destituidos de la gloria de
Dios (Romanos 3:23, RVR1960).

Estos y otros pasajes dejan claro que la situación del hombre no
tiene remedio, porque no hay nada que pueda hacer por sus propios
esfuerzos para remediar su condición terminal. Está roto en el núcleo
con un corazón corrupto que sólo es capaz de pecar. Como está completamente esclavizado al pecado, es incapaz de liberarse de la esclavitud.
De hecho, está espiritualmente muerto, sin esperanza de vida eterna ni
de salvación sin la ayuda sobrenatural de Dios.

Restauración por medio de Cristo

El pecado del hombre le impide por completo la posibilidad de restablecer, por su propia sabiduría o fuerza, la comunión y la paz con Dios.
Muchas personas tratan de buscar a Dios a través de una de la miríada
de religiones que hay en el mundo, pero ninguna religión hecha por
el hombre puede transformar al alma. La única solución fiable para el
problema del hombre con el pecado y la separación de su Creador se
encuentra en la verdadera Palabra de Dios, donde el Señor mismo revela la verdad absoluta de todo lo que el hombre necesita saber acerca de
su alma (Salmos 19; 119; 2 Timoteo 3:16-17).

Las almas justificadas en Cristo

En la Biblia, Dios declara que Jesucristo es la única esperanza para los
pecadores culpables ante un Dios santo. Jesucristo es eternamente Dios
y Señor de todo (Juan 1:1-3,14; Filipenses 2:9-11; Colosenses 2:9). Siendo la segunda Persona de la Trinidad, que posee plenamente todas las
virtudes de la divinidad, Cristo se hizo hombre sin pecado, Dios encar-
nado, el único que podía pagar el castigo por el pecado muriendo en la
cruz y trayendo salvación a todos los que creyeran en Él (Isaías 53:5-6;
2 Corintios 5:21; Efesios 1:7; Hebreos 4:15; 1 Pedro 2:22-23). La muerte
de Cristo pagó el castigo que merecían los pecadores creyentes. Por otra
parte, a través del poder de su Espíritu, los creyentes son liberados del
poder del pecado y renovados de adentro hacia afuera.

La resurrección de Cristo confirmó que Dios aceptó su sacrificio. Aquellos que aceptan a Jesucristo y su sacrificio reciben el perdón

divino por sus pecados, y son justificados delante de Dios (1 Corintios 15:3-4; Colosenses 1:20; 1 Pedro 2:24; 3:18). La resurrección corporal de Jesús también garantiza una futura resurrección para los creyentes (Juan 5:26-29; 14:19; Romanos 4:25; 6:5-10; 1 Corintios 15:20,23). Los creyentes adorarán a su Salvador toda la eternidad en cuerpos resucitados libres de pecado.

Los pecadores hechos santos en Cristo

Para poder ser salvos, los pecadores deben creer verdaderamente en el Señor Jesucristo (Hechos 16:30-31), es decir, como les dijo Pablo a los romanos: «Que si confesares con tu boca que Jesús es el Señor, y creyeres en tu corazón que Dios le levantó de los muertos, serás salvo» (Romanos 10:9, RVR1960). Esto es mucho más que una decisión frívola o sin entusiasmo por el bien de un seguro contra fuego eterno. El pecador debe arrepentirse y volverse de su pecado para seguir y confiar en Cristo como Salvador y como Señor (Ezequiel 18:30,32; Lucas 9:23; 24:46-47; 1 Tesalonicenses 1:9).

El costo para seguir a Cristo es alto —lo cuesta todo— y cualquier persona que desee ser discípulo de Cristo debe tener en cuenta esto, como Jesús mismo señaló:

Si alguno viene a mí, y no aborrece a su padre, y madre, y mujer, e hijos, y hermanos, y hermanas, y aun también su propia vida, no puede ser mi discípulo. Y el que no lleva su cruz y viene en pos de mí, no puede ser mi discípulo. Porque ¿quién de vosotros, queriendo edificar una torre, no se sienta primero y calcula los gastos, a ver si tiene lo que necesita para acabarla? No sea que después que haya puesto el cimiento, y no pueda acabarla, todos los que lo vean comiencen a hacer burla de él, diciendo: Este hombre comenzó a edificar, y no pudo acabar. ¿O qué rey, al marchar a la guerra contra otro rey, no se sienta primero y considera si puede hacer frente con diez mil al que viene contra él con veinte mil? Y si no puede, cuando el otro está todavía lejos, le envía una embajada y le pide condiciones de paz. Así, pues, cualquiera de vosotros que no renuncia a todo lo que posee, no puede ser mi discípulo (Lucas 14:26-33, RVR1960).

Cuando los nuevos creyentes en Cristo se vuelven de su pecado y siguen a Cristo, Dios no los deja solos en el camino. Cuando los pecadores son salvados, instantáneamente son declarados justos delante de Dios y sus corazones son hechos de nuevo para que deseen seguir a Dios (1 Corintios 1:30; 2 Corintios 5:17; Hebreos 10:14). El Espíritu Santo habita en ellos y obra para acercarlos más a Cristo a través de la obediencia a la Palabra de Dios. Esta obra continúa a través de la vida del creyente, trayendo cada vez más santidad y una vida que es más y más como Cristo (Romanos 6:1-22; 2 Corintios 3:18; 1 Tesalonicenses 5:23). El poder del Espíritu Santo que mora en su interior permite la victoria sobre el pecado en la batalla diaria del creyente contra la carne (Gálatas 5:16-25; Filipenses 3:12; Colosenses 3:9-10; 1 Pedro 1:14-16).

El mundo renovado en Cristo

En Cristo, la esperanza del creyente va más allá de la victoria sobre el pecado, ya que los creyentes y toda la creación esperan con expectación el regreso y reinado de Cristo glorificado en la tierra. Cuando venga, el sufrimiento, la oposición y la corrupción de este mundo dará paso al esplendor glorioso, eterno e incorruptible de nuestro Señor (Romanos 8:18-25).

Mientras los santos esperan con impaciencia por el Salvador para hacer nuevas todas las cosas, los no creyentes asumen erróneamente que todo en nuestro mundo continuará año tras año como ha sido en el pasado (2 Pedro 3:3). La verdad es que la creación está siendo sostenida por Dios para el juicio final, cuando todo será destruido por el fuego (2 Pedro 3:7, 10, 12). Los que no son salvos pasarán la eternidad en castigo conscientes en el lago de fuego (Mateo 25:41; Apocalipsis 20:11-15). Pero los que están en Cristo disfrutarán de la vida eterna en una tierra nueva donde todo es correcto y donde no existe más pecado. Allí, los creyentes adorarán a su Salvador y tendrán una relación con Él cara a cara, y Dios habitará entre los hombres redimidos (Apocalipsis 21—22).

La solución de Dios es el evangelio

Comenzamos este capítulo señalando que el mundo está roto. Incluso los no creyentes reconocen este hecho. Pero la solución no se puede encontrar en la ciencia, la política, la filosofía ni cualquier otra actividad humana. Al igual que aquellos que ponen vendajes al cáncer, los pecadores se equivocan cuando se enfocan en arreglos temporales y materiales para los problemas espirituales, los cuales son eternamente significativos. La realidad es que nuestro mundo roto no puede ser arreglado hasta que Dios cree uno nuevo; ni se pueden arreglar los corazones rotos de los que habitan nuestro mundo hasta que Dios les dé un nuevo corazón. Por lo tanto, el Evangelio de Jesucristo es la única esperanza duradera que nuestro mundo tiene; no una esperanza incierta, sino una que es completamente segura, asegurada por el mismo Dios.

¿Qué diremos frente a esto? Si Dios está de nuestra parte, ¿quién puede estar en contra nuestra? El que no escatimó ni a su propio Hijo, sino que lo entregó por todos nosotros, ¿cómo no habrá de darnos generosamente, junto con él, todas las cosas? ¿Quién acusará a los que Dios ha escogido? Dios es el que justifica. ¿Quién condenará? Cristo Jesús es el que murió, e incluso resucitó, y está a la derecha de Dios e intercede por nosotros. ¿Quién nos apartará del amor de Cristo? ¿La tribulación, o la angustia, la persecución, el hambre, la indigencia, el peligro, o la violencia? Así está escrito: «Por tu causa siempre nos llevan a la muerte; ¡nos tratan como a ovejas para el matadero!»

Sin embargo, en todo esto somos más que vencedores por medio de aquel que nos amó. Pues estoy convencido de que ni la muerte ni la vida, ni los ángeles ni los demonios, ni lo presente ni lo por venir, ni los poderes, ni lo alto ni lo profundo, ni cosa alguna en toda la creación, podrá apartarnos del amor que Dios nos ha manifestado en Cristo Jesús nuestro Señor (Romanos 8:31-39, NVI).

GUÍA DE REFERENCIA TEMÁTICA

A unque esta no es una lista completa de versículos bíblicos pertinentes a temas clave, esperamos que ayude a comenzar a desarrollar el pensamiento correcto acerca de esos aspectos.

Adicción (incluido abuso de sustancias)

Proverbios 20:1. El vino es escarnecedor, la sidra alborotadora, y cualquiera que por ellos yerra no es sabio.

Romanos 6:12-18. No reine, pues, el pecado en vuestro cuerpo mortal, de modo que lo obedezcáis en sus concupiscencias; ni tampoco presentéis vuestros miembros al pecado como instrumentos de iniquidad, sino presentaos vosotros mismos a Dios como vivos de entre los muertos, y vuestros miembros a Dios como instrumentos de justicia. Porque el pecado no se enseñoreará de vosotros; pues no estáis bajo la ley, sino bajo la gracia. **¿Qué, pues?** ¿Pecaremos, porque no estamos bajo la ley, sino bajo la gracia? En ninguna manera. ¿No sabéis que si os sometéis a alguien como esclavos para obedecerle, sois esclavos de aquel a quien obedecéis, sea del pecado para muerte, o sea de la obediencia para justicia? Pero gracias a Dios, que aunque erais esclavos del pecado, habéis obedecido de corazón a aquella forma de doctrina a la cual fuisteis entregados; y libertados del pecado, vinisteis a ser siervos de la justicia.

Romanos 13:13-14. Andemos como de día, honestamente; no en glotonerías y borracheras, no en lujurias y lascivias, no en contiendas y envidia, sino vestíos del Señor Jesucristo, y no proveáis para los deseos de la carne.

1 Corintios 6:12, 19-20. Todas las cosas me son lícitas, mas no todas convienen; todas las cosas me son lícitas, mas yo no me dejaré dominar de ninguna… ¿O ignoráis que vuestro cuerpo es templo del Espíritu Santo, el cual está en vosotros, el cual tenéis de Dios, y que no sois vuestros? Porque habéis sido comprados por precio; glorificad, pues, a Dios en vuestro cuerpo y en vuestro espíritu, los cuales son de Dios.

Efesios 5:18. No os embriaguéis con vino, en lo cual hay disolución; antes bien sed llenos del Espíritu.

Hebreos 12:1-2. Por tanto, nosotros también, teniendo en derredor nuestro tan grande nube de testigos, despojémonos de todo peso y del pecado que nos asedia, y corramos con paciencia la carrera que tenemos por delante, puestos los ojos en Jesús, el autor y consumador de la fe, el cual por el gozo puesto delante de él sufrió la cruz, menospreciando el oprobio, y se sentó a la diestra del trono de Dios.

2 Pedro 2:19. Les prometen libertad, y son ellos mismos esclavos de corrupción. Porque el que es vencido por alguno es hecho esclavo del que lo venció.

Amor, tolerancia y verdad

Juan 14:6, 15. Jesús le dijo: Yo soy el camino, y la verdad, y la vida; nadie viene al Padre, sino por mí... Si me amáis, guardad mis mandamientos.

Romanos 12:9. El amor sea sin fingimiento. Aborreced lo malo, seguid lo bueno.

1 Corintios 13:6. [El amor] no se goza de la injusticia, mas se goza de la verdad.

Efesios 5:2-3. Y andad en amor, como también Cristo nos amó, y se entregó a sí mismo por nosotros, ofrenda y sacrificio a Dios en olor fragante. Pero fornicación y toda inmundicia, o avaricia, ni aun se nombre entre vosotros, como conviene a santos.

Santiago 3:17. Pero la sabiduría que es de lo alto es primeramente pura, después pacífica, amable, benigna, llena de misericordia y de buenos frutos, sin incertidumbre ni hipocresía.

1 Pedro 1:22. Habiendo purificado vuestras almas por la obediencia a la verdad, mediante el Espíritu, para el amor fraternal no fingido, amaos unos a otros entrañablemente, de corazón puro.

2 Juan 1:4, 6. Mucho me regocijé porque he hallado a algunos de tus hijos andando en la verdad, conforme al mandamiento que recibimos del Padre.

Ansiedad y preocupación

Salmos 56:3-4. En el día que temo, yo en ti confío. En Dios alabaré su palabra; en Dios he confiado; no temeré; ¿Qué puede hacerme el hombre?

Mateo 6:25-34. Por tanto os digo: No os afanéis por vuestra vida, qué habéis de comer o qué habéis de beber; ni por vuestro cuerpo, qué habéis de vestir. ¿No es la vida más que el alimento, y el cuerpo más que el vestido? Mirad las aves del cielo, que no siembran, ni siegan, ni recogen en graneros; y vuestro Padre celestial las alimenta. ¿No valéis vosotros mucho más que ellas? ¿Y quién de vosotros podrá, por mucho que se afane, añadir a su estatura un codo? Y por el vestido, ¿por qué os afanáis? Considerad los lirios del campo, cómo crecen: no trabajan ni hilan; pero os digo, que ni aun Salomón con toda su gloria se vistió así como uno de ellos. Y si la hierba del campo que hoy es, y mañana se echa en el horno, Dios la viste así, ¿no hará mucho más a vosotros, hombres de poca fe? No os afanéis, pues, diciendo: ¿Qué comeremos, o qué beberemos, o qué vestiremos? Porque los gentiles buscan todas estas cosas; pero vuestro Padre celestial sabe que tenéis necesidad de todas estas cosas. Mas buscad primeramente el reino de Dios y su justicia, y todas estas cosas os serán añadidas.

Así que, no os afanéis por el día de mañana, porque el día de mañana traerá su afán. Basta a cada día su propio mal.

Romanos 8:28. Y sabemos que a los que aman a Dios, todas las cosas les ayudan a bien, esto es, a los que conforme a su propósito son llamados.

Filipenses 4:6. Por nada estéis afanosos, sino sean conocidas vuestras peticiones delante de Dios en toda oración y ruego, con acción de gracias.

1 Pedro 5:6-7. Humillaos, pues, bajo la poderosa mano de Dios, para que él os exalte cuando fuere tiempo; echando toda vuestra ansiedad sobre él, porque él tiene cuidado de vosotros.

Ateísmo y una cosmovisión evolucionista

Génesis 1:1. En el principio creó Dios los cielos y la tierra.

Salmos 53:1. Dice el necio en su corazón: No hay Dios. Se han corrompido, e hicieron abominable maldad; no hay quien haga bien.

Proverbios 1:7. El principio de la sabiduría es el temor de Jehová; los insensatos desprecian la sabiduría y la enseñanza.

Romanos 1:20-22. Porque las cosas invisibles de él, su eterno poder y deidad, se hacen claramente visibles desde la creación del mundo, siendo entendidas por medio de las cosas hechas, de modo que no tienen excusa. Pues habiendo conocido a Dios, no le glorificaron como a Dios, ni le dieron gracias, sino que se envanecieron en sus razonamientos, y su necio corazón fue entenebrecido. Profesando ser sabios, se hicieron necios.

1 Corintios 1:18; 2:14. Porque la palabra de la cruz es locura a los que se pierden; pero a los que se salvan, esto es, a nosotros, es poder de Dios... Pero el hombre natural no percibe las cosas que son del Espíritu de Dios, porque para él son locura, y no las puede entender, porque se han de discernir espiritualmente.

2 Corintios 10:5. Derribando argumentos y toda altivez que se levanta contra el conocimiento de Dios, y llevando cautivo todo pensamiento a la obediencia a Cristo.

1 Pedro 3:15. Santificad a Dios el Señor en vuestros corazones, y estad siempre preparados para presentar defensa con mansedumbre y reverencia ante todo el que os demande razón de la esperanza que hay en vosotros.

Avaricia y descontento

Eclesiastés 5:10. El que ama el dinero, no se saciará de dinero; y el que ama el mucho tener, no sacará fruto. También esto es vanidad.

Marcos 7:21-23. Porque de dentro, del corazón de los hombres, salen los malos pensamientos, los adulterios, las fornicaciones, los homicidios, los hurtos, las avaricias, las maldades, el engaño, la lascivia, la envidia, la maledicencia, la soberbia, la insensatez. Todas estas maldades de dentro salen, y contaminan al hombre.

Lucas 12:15-21. Y les dijo: Mirad, y guardaos de toda avaricia; porque la vida del hombre no consiste en la abundancia de los bienes que posee. También les refirió una parábola, diciendo: La heredad de un hombre rico había producido mucho. Y él pensaba dentro de sí, diciendo: ¿Qué haré, porque no tengo dónde guardar mis frutos? Y dijo: Esto haré: derribaré mis graneros, y los edificaré mayores, y allí guardaré todos mis frutos y mis bienes; y diré a mi alma: Alma, muchos bienes tienes guardados para muchos años; repósate, come, bebe, regocíjate. Pero Dios le dijo: Necio, esta noche vienen a pedirte tu alma; y lo que has provisto, ¿de quién será? Así es el que hace para sí tesoro, y no es rico para con Dios.

Filipenses 4:11-13, 19-20. No lo digo porque tenga escasez, pues he aprendido a contentarme, cualquiera que sea mi situación. Sé vivir humildemente, y sé tener abundancia; en todo y por todo estoy enseñado, así para estar saciado como para tener hambre, así para tener abundancia como para padecer necesidad. Todo lo puedo en Cristo que me fortalece... Mi Dios, pues, suplirá todo lo que os falta conforme a sus riquezas en gloria en Cristo Jesús. Al Dios y Padre nuestro sea gloria por los siglos de los siglos. Amén.

Colosenses 3:5. Haced morir, pues, lo terrenal en vosotros: fornicación, impureza, pasiones desordenadas, malos deseos y avaricia, que es idolatría.

1 Timoteo 6:6-8. Pero gran ganancia es la piedad acompañada de contentamiento; porque nada hemos traído a este mundo, y sin duda nada podremos sacar. Así que, teniendo sustento y abrigo, estemos contentos con esto.

Hebreos 13:5. Sean vuestras costumbres sin avaricia, contentos con lo que tenéis ahora; porque él dijo: No te desampararé, ni te dejaré.

Crianza y disciplina

Deuteronomio 6:5-9. Y amarás a Jehová tu Dios de todo tu corazón, y de toda tu alma, y con todas tus fuerzas. Y estas palabras que yo te mando hoy, estarán sobre tu corazón; y las repetirás a tus hijos, y hablarás de ellas estando en tu casa, y andando por el camino, y al acostarte, y cuando te levantes. Y las atarás como una señal en tu mano, y estarán como frontales entre tus ojos; y las escribirás en los postes de tu casa, y en tus puertas.

Salmos 127:3-5. He aquí, herencia de Jehová son los hijos; cosa de estima el fruto del vientre. Como saetas en mano del valiente, así son los hijos habidos en la juventud. Bienaventurado el hombre que llenó su aljaba de ellos; no será avergonzado cuando hablare con los enemigos en la puerta. **Proverbios 13:24.** El que detiene el castigo, a su hijo aborrece; mas el que lo ama, desde temprano lo corrige. **Proverbios 20:7.** Camina en su integridad el justo; sus hijos son dichosos después de él. **Proverbios 22:6, 15.** Instruye al niño en su camino, y aun cuando fuere viejo no se apartará de él… La necedad está ligada en el corazón del muchacho; mas la vara de la corrección la alejará de él. **Proverbios 23:13-16.** No rehúses corregir al muchacho; porque si lo castigas con vara, no morirá. Lo castigarás con vara, y librarás su alma del Seol. Hijo mío, si tu corazón fuere sabio, también a mí se me alegrará el corazón; mis entrañas también se alegrarán cuando tus labios hablaren cosas rectas. **Proverbios 29:15, 17.** La vara y la corrección dan sabiduría; mas el muchacho consentido avergonzará a su madre… Corrige a tu hijo, y te dará descanso, y dará alegría a tu alma. **Efesios 6:1-4.** Hijos, obedeced en el Señor a vuestros padres, porque esto es justo. Honra a tu padre y a tu madre, que es el primer mandamiento con promesa; para que te vaya bien, y seas de larga vida sobre la tierra. Y vosotros, padres, no provoquéis a ira a vuestros hijos, sino criadlos en disciplina y amonestación del Señor. **Colosenses 3:20-21.** Hijos, obedeced a vuestros padres en todo, porque esto agrada al Señor. Padres, no exasperéis a vuestros hijos, para que no se desalienten.

Dinero y generosidad

Mateo 6:19-24. No os hagáis tesoros en la tierra, donde la polilla y el orín corrompen, y donde ladrones minan y hurtan; sino haceos tesoros en el cielo, donde ni la polilla ni el orín corrompen, y donde ladrones no minan ni hurtan. Porque donde esté vuestro tesoro, allí estará también vuestro corazón.

La lámpara del cuerpo es el ojo; así que, si tu ojo es bueno, todo tu cuerpo estará lleno de luz; pero si tu ojo es maligno, todo tu cuerpo estará en tinieblas. Así que, si la luz que en ti hay es tinieblas, ¿cuántas

no serán las mismas tinieblas? Ninguno puede servir a dos señores; porque o aborrecerá al uno y amará al otro, o estimará al uno y
menospreciará al otro. No podéis servir a Dios y a las riquezas.
Romanos 12:10-13. Amaos los unos a los otros con amor fraternal;
en cuanto a honra, prefiriéndoos los unos a los otros. En lo que
requiere diligencia, no perezosos; fervientes en espíritu, sirviendo
al Señor; gozosos en la esperanza; sufridos en la tribulación; cons-
tantes en la oración; compartiendo para las necesidades de los santos; practicando la hospitalidad.
2 Corintios 9:6-8. Pero esto digo: El que siembra escasamente, también segará escasamente; y el que siembra generosamente, generosamente también segará. Cada uno dé como propuso en su corazón:
no con tristeza, ni por necesidad, porque Dios ama al dador alegre.
Y poderoso es Dios para hacer que abunde en vosotros toda gracia,
a fin de que, teniendo siempre en todas las cosas todo lo suficiente,
abundéis para toda buena obra.
1 Timoteo 6:9-10, 17-18. Porque los que quieren enriquecerse caen
en tentación y lazo, y en muchas codicias necias y dañosas, que hunden a los hombres en destrucción y perdición; porque raíz de todos
los males es el amor al dinero, el cual codiciando algunos, se extraviaron de la fe, y fueron traspasados de muchos dolores... A los ricos
de este siglo manda que no sean altivos, ni pongan la esperanza en
las riquezas, las cuales son inciertas, sino en el Dios vivo, que nos da
todas las cosas en abundancia para que las disfrutemos. Que hagan
bien, que sean ricos en buenas obras, dadivosos, generosos.

El temor de Jehová

Proverbios 1:7. El principio de la sabiduría es el temor de Jehová;
los insensatos desprecian la sabiduría y la enseñanza.
Proverbios 8:13. El temor de Jehová es aborrecer el mal; la soberbia
y la arrogancia, el mal camino, y la boca perversa, aborrezco.
Proverbios 9:10. El temor de Jehová es el principio de la sabiduría,
y el conocimiento del Santísimo es la inteligencia.
Proverbios 14:26-27. En el temor de Jehová está la fuerte confianza; y esperanza tendrán sus hijos. El temor de Jehová es manantial
de vida para apartarse de los lazos de la muerte.

Proverbios 15:3, 16, 33. Los ojos de Jehová están en todo lugar, mirando a los malos y a los buenos… Mejor es lo poco con el temor de Jehová, que el gran tesoro donde hay turbación… El temor de Jehová es enseñanza de sabiduría; y a la honra precede la humildad. **Proverbios 22:4.** Riquezas, honra y vida son la remuneración de la humildad y del temor de Jehová. **Proverbios 23:17.** No tenga tu corazón envidia de los pecadores, antes persevera en el temor de Jehová todo el tiempo. **Eclesiastés 11:9.** Alégrate, joven, en tu juventud, y tome placer tu corazón en los días de tu adolescencia; y anda en los caminos de tu corazón y en la vista de tus ojos; pero sabe, que sobre todas estas cosas te juzgará Dios. **Romanos 14:10-12.** Porque todos compareceremos ante el tribunal de Cristo. Porque escrito está: Vivo yo, dice el Señor, que ante mí se doblará toda rodilla, y toda lengua confesará a Dios. De manera que cada uno de nosotros dará a Dios cuenta de sí. **2 Corintios 5:10.** Porque es necesario que todos nosotros comparezcamos ante el tribunal de Cristo, para que cada uno reciba según lo que haya hecho mientras estaba en el cuerpo, sea bueno o sea malo.

Esperanza y confianza en Dios

Génesis 50:20. Vosotros pensasteis mal contra mí, mas Dios lo encaminó a bien, para hacer lo que vemos hoy, para mantener en vida a mucho pueblo. **Salmos 42:5.** ¿Por qué te abates, oh alma mía, y te turbas dentro de mí? Espera en Dios; porque aún he de alabarle, salvación mía y Dios mío. **Salmos 130:5-7.** Esperé yo a Jehová, esperó mi alma; en su palabra he esperado. Mi alma espera a Jehová más que los centinelas a la mañana, más que los vigilantes a la mañana. Espere Israel a Jehová, porque en Jehová hay misericordia, y abundante redención con él. **Lamentaciones 3:21-24.** Esto recapacitaré en mi corazón, por lo tanto esperaré. Por la misericordia de Jehová no hemos sido consumidos, porque nunca decayeron sus misericordias. Nuevas son cada mañana; grande es tu fidelidad. Mi porción es Jehová, dijo mi alma; por tanto, en él esperaré.

Miqueas 7:7. Mas yo a Jehová miraré, esperaré al Dios de mi salvación; el Dios mío me oirá.

Romanos 8:31, 38-39. ¿Qué, pues, diremos a esto? Si Dios es por nosotros, ¿quién contra nosotros?... Por lo cual estoy seguro de que ni la muerte, ni la vida, ni ángeles, ni principados, ni potestades, ni lo presente, ni lo por venir, ni lo alto, ni lo profundo, ni ninguna otra cosa creada nos podrá separar del amor de Dios, que es en Cristo Jesús Señor nuestro.

1 Tesalonicenses 4:13-14, 18. Tampoco queremos, hermanos, que ignoréis acerca de los que duermen, para que no os entristezcáis como los otros que no tienen esperanza. Porque si creemos que Jesús murió y resucitó, así también traerá Dios con Jesús a los que durmieron en él... Por tanto, alentaos los unos a los otros con estas palabras.

1 Timoteo 6:17. A los ricos de este siglo manda que no sean altivos, ni pongan la esperanza en las riquezas, las cuales son inciertas, sino en el Dios vivo, que nos da todas las cosas en abundancia para que las disfrutemos.

Homosexualidad

Génesis 19:4-7. Pero antes que se acostasen, rodearon la casa los hombres de la ciudad, los varones de Sodoma, todo el pueblo junto, desde el más joven hasta el más viejo. Y llamaron a Lot, y le dijeron: ¿Dónde están los varones que vinieron a ti esta noche? Sácalos, para que los conozcamos. Entonces Lot salió a ellos a la puerta, y cerró la puerta tras sí, y dijo: Os ruego, hermanos míos, que no hagáis tal maldad.

Levítico 18:22-23. No te echarás con varón como con mujer; es abominación. Ni con ningún animal tendrás ayuntamiento amancillándote con él, ni mujer alguna se pondrá delante de animal para ayuntarse con él; es perversión.

Levítico 20:13. Si alguno se ayuntare con varón como con mujer, abominación hicieron; ambos han de ser muertos; sobre ellos será su sangre.

Mateo 19:4-6 (con respecto a lo apropiado del matrimonio heterosexual) [Jesús], respondiendo, les dijo: ¿No habéis leído que el que los hizo al principio, varón y hembra los hizo, y dijo: Por esto el hombre dejará padre y madre, y se unirá a su mujer, y los dos serán una sola carne? Así que no son ya más dos, sino una sola carne; por tanto, lo que Dios juntó, no lo separe el hombre.

Romanos 1:26-27. Por esto Dios los entregó a pasiones vergonzosas; pues aun sus mujeres cambiaron el uso natural por el que es contra naturaleza, y de igual modo también los hombres, dejando el uso natural de la mujer, se encendieron en su lascivia unos con otros, cometiendo hechos vergonzosos hombres con hombres, y recibiendo en sí mismos la retribución debida a su extravío.

1 Corintios 6:9-11. ¿No sabéis que los injustos no heredarán el reino de Dios? No erréis; ni los fornicarios, ni los idólatras, ni los adúlteros, ni los afeminados, ni los que se echan con varones, ni los ladrones, ni los avaros, ni los borrachos, ni los maldicientes, ni los estafadores, heredarán el reino de Dios. Y esto erais algunos; mas ya habéis sido lavados, ya habéis sido santificados, ya habéis sido justificados en el nombre del Señor Jesús, y por el Espíritu de nuestro Dios.

Ira y violencia

Proverbios 20:22. No digas: Yo me vengaré; espera a Jehová, y él te salvará.

Mateo 5:21-22. Oísteis que fue dicho a los antiguos: No matarás; y cualquiera que matare será culpable de juicio. Pero yo os digo que cualquiera que se enoje contra su hermano, será culpable de juicio; y cualquiera que diga: Necio, a su hermano, será culpable ante el concilio; y cualquiera que le diga: Fatuo, quedará expuesto al infierno de fuego.

Romanos 12:17-21. No paguéis a nadie mal por mal; procurad lo bueno delante de todos los hombres. Si es posible, en cuanto dependa de vosotros, estad en paz con todos los hombres. No os venguéis vosotros mismos, amados míos, sino dejad lugar a la ira de Dios; porque escrito está: Mía es la venganza, yo pagaré, dice el Señor. Así que, si tu enemigo tuviere hambre, dale de comer; si tuviere sed, dale de beber; pues haciendo esto, ascuas de fuego amontonarás sobre su cabeza. No seas vencido de lo malo, sino vence con el bien el mal.

Efesios 4:26-27. Airaos, pero no pequéis; no se ponga el sol sobre vuestro enojo, ni deis lugar al diablo.

Filipenses 4:5. Vuestra gentileza sea conocida de todos los hombres. El Señor está cerca.

Santiago 1:19-20. Por esto, mis amados hermanos, todo hombre sea pronto para oír, tardo para hablar, tardo para airarse; porque la ira del hombre no obra la justicia de Dios.

1 Pedro 3:8-9. Finalmente, sed todos de un mismo sentir, compasivos, amándoos fraternalmente, misericordiosos, amigables; no devolviendo mal por mal, ni maldición por maldición, sino por el contrario, bendiciendo, sabiendo que fuisteis llamados para que heredaseis bendición.

Lenguaje áspero

Proverbios 15:1. La blanda respuesta quita la ira; mas la palabra áspera hace subir el furor.

Mateo 15:18-19. Pero lo que sale de la boca, del corazón sale; y esto contamina al hombre. Porque del corazón salen los malos pensamientos, los homicidios, los adulterios, las fornicaciones, los hurtos, los falsos testimonios, las blasfemias.

Efesios 4:29. Ninguna palabra corrompida salga de vuestra boca, sino la que sea buena para la necesaria edificación, a fin de dar gracia a los oyentes.

Efesios 5:3. Pero fornicación y toda inmundicia, o avaricia, ni aun se nombre entre vosotros, como conviene a santos.

Colosenses 3:8. Pero ahora dejad también vosotros todas estas cosas: ira, enojo, malicia, blasfemia, palabras deshonestas de vuestra boca.

Tito 2:6-8. Exhorta asimismo a los jóvenes a que sean prudentes; presentándote tú en todo como ejemplo de buenas obras; en la enseñanza mostrando integridad, seriedad, palabra sana e irreprochable, de modo que el adversario se avergüence, y no tenga nada malo que decir de vosotros.

Lujuria y pecado sexual

Job 31:1. Hice pacto con mis ojos; ¿cómo, pues, había yo de mirar a una virgen?

Proverbios 6:32. Mas el que comete adulterio es falto de entendimiento; corrompe su alma el que tal hace.
Mateo 5:27-30. Oísteis que fue dicho: No cometerás adulterio. Pero yo os digo que cualquiera que mira a una mujer para codiciarla, ya adulteró con ella en su corazón. Por tanto, si tu ojo derecho te es ocasión de caer, sácalo, y échalo de ti; pues mejor te es que se pierda uno de tus miembros, y no que todo tu cuerpo sea echado al infierno. Y si tu mano derecha te es ocasión de caer, córtala, y échala de ti; pues mejor te es que se pierda uno de tus miembros, y no que todo tu cuerpo sea echado al infierno.
Romanos 6:12-14. No reine, pues, el pecado en vuestro cuerpo mortal, de modo que lo obedezcáis en sus concupiscencias; ni tampoco presentéis vuestros miembros al pecado como instrumentos de iniquidad, sino presentaos vosotros mismos a Dios como vivos de entre los muertos, y vuestros miembros a Dios como instrumentos de justicia. Porque el pecado no se enseñoreará de vosotros; pues no estáis bajo la ley, sino bajo la gracia.
Romanos 13:12-14. La noche está avanzada, y se acerca el día. Desechemos, pues, las obras de las tinieblas, y vistámonos las armas de la luz. Andemos como de día, honestamente; no en glotonerías y borracheras, no en lujurias y lascivias, no en contiendas y envidia, sino vestíos del Señor Jesucristo, y no proveáis para los deseos de la carne.
1 Corintios 6:15-18. ¿No sabéis que vuestros cuerpos son miembros de Cristo? ¿Quitaré, pues, los miembros de Cristo y los haré miembros de una ramera? De ningún modo. ¿O no sabéis que el que se une con una ramera, es un cuerpo con ella? Porque dice: Los dos serán una sola carne. Pero el que se une al Señor, un espíritu es con él. Huid de la fornicación. Cualquier otro pecado que el hombre cometa, está fuera del cuerpo; mas el que fornica, contra su propio cuerpo peca.
1 Tesalonicenses 4:3-6. Pues la voluntad de Dios es vuestra santificación; que os apartéis de fornicación; que cada uno de vosotros sepa tener su propia esposa en santidad y honor; no en pasión de concupiscencia, como los gentiles que no conocen a Dios; que ninguno agravie ni engañe en nada a su hermano; porque el Señor es vengador de todo esto, como ya os hemos dicho y testificado.

Hebreos 13:4. Honroso sea en todos el matrimonio, y el lecho sin mancilla; pero a los fornicarios y a los adúlteros los juzgará Dios.

1 Pedro 2:11. Amados, yo os ruego como a extranjeros y peregrinos, que os abstengáis de los deseos carnales que batallan contra el alma.

1 Juan 2:15-16. No améis al mundo, ni las cosas que están en el mundo. Si alguno ama al mundo, el amor del Padre no está en él. Porque todo lo que hay en el mundo, los deseos de la carne, los deseos de los ojos, y la vanagloria de la vida, no proviene del Padre, sino del mundo.

Mentira y engaño

Éxodo 20:16. No hablarás contra tu prójimo falso testimonio.

Proverbios 6:16-19. Seis cosas aborrece Jehová, y aun siete abomina su alma: Los ojos altivos, la lengua mentirosa, las manos derramadoras de sangre inocente, el corazón que maquina pensamientos inicuos, los pies presurosos para correr al mal, el testigo falso que habla mentiras, y el que siembra discordia entre hermanos.

Proverbios 12:19, 22. El labio veraz permanecerá para siempre; mas la lengua mentirosa sólo por un momento... Los labios mentirosos son abominación a Jehová; pero los que hacen verdad son su contentamiento.

Juan 8:44. Vosotros sois de vuestro padre el diablo, y los deseos de vuestro padre queréis hacer. Él ha sido homicida desde el principio, y no ha permanecido en la verdad, porque no hay verdad en él. Cuando habla mentira, de suyo habla; porque es mentiroso, y padre de mentira.

Efesios 4:25. Por lo cual, desechando la mentira, hablad verdad cada uno con su prójimo; porque somos miembros los unos de los otros.

Colosenses 3:9-10. No mintáis los unos a los otros, habiéndoos despojado del viejo hombre con sus hechos, y revestido del nuevo, el cual conforme a la imagen del que lo creó se va renovando hasta el conocimiento pleno.

Apocalipsis 21:8. Pero los cobardes e incrédulos, los abominables y homicidas, los fornicarios y hechiceros, los idólatras y todos los mentirosos tendrán su parte en el lago que arde con fuego y azufre, que es la muerte segunda.

Muerte y resurrección de los creyentes

Juan 6:39-40. Y esta es la voluntad del Padre, el que me envió: Que de todo lo que me diere, no pierda yo nada, sino que lo resucite en el día postrero. Y esta es la voluntad del que me ha enviado: Que todo aquél que ve al Hijo, y cree en él, tenga vida eterna; y yo le resucitaré en el día postrero.

Juan 11:25-26. Le dijo Jesús: Yo soy la resurrección y la vida; el que cree en mí, aunque esté muerto, vivirá. Y todo aquel que vive y cree en mí, no morirá eternamente. ¿Crees esto?

1 Corintios 15:51-57. He aquí, os digo un misterio: No todos dormiremos; pero todos seremos transformados, en un momento, en un abrir y cerrar de ojos, a la final trompeta; porque se tocará la trompeta, y los muertos serán resucitados incorruptibles, y nosotros seremos transformados. Porque es necesario que esto corruptible se vista de incorrupción, y esto mortal se vista de inmortalidad. Y cuando esto corruptible se haya vestido de incorrupción, y esto mortal se haya vestido de inmortalidad, entonces se cumplirá la palabra que está escrita: Sorbida es la muerte en victoria. ¿Dónde está, oh muerte, tu aguijón? ¿Dónde, oh sepulcro, tu victoria? ya que el aguijón de la muerte es el pecado, y el poder del pecado, la ley. Mas gracias sean dadas a Dios, que nos da la victoria por medio de nuestro Señor Jesucristo.

2 Corintios 5:6-9. Así que vivimos confiados siempre, y sabiendo que entre tanto que estamos en el cuerpo, estamos ausentes del Señor (porque por fe andamos, no por vista); pero confiamos, y más quisiéramos estar ausentes del cuerpo, y presentes al Señor. Por tanto procuramos también, o ausentes o presentes, serle agradables.

Filipenses 1:21-24. Porque para mí el vivir es Cristo, y el morir es ganancia. Mas si el vivir en la carne resulta para mí en beneficio de la obra, no sé entonces qué escoger. Porque de ambas cosas estoy puesto en estrecho, teniendo deseo de partir y estar con Cristo, lo cual es muchísimo mejor; pero quedar en la carne es más necesario por causa de vosotros.

1 Tesalonicenses 4:13-14, 18. Tampoco queremos, hermanos, que ignoréis acerca de los que duermen, para que no os entristezcáis como los otros que no tienen esperanza. Porque si creemos que Jesús murió y resucitó, así también traerá Dios con Jesús a los que durmieron en él... Por tanto, alentaos los unos a los otros con estas palabras.

Mundanalidad

Mateo 5:13-16. Vosotros sois la sal de la tierra; pero si la sal se desvaneciere, ¿con qué será salada? No sirve más para nada, sino para ser echada fuera y hollada por los hombres. Vosotros sois la luz del mundo; una ciudad asentada sobre un monte no se puede esconder. Ni se enciende una luz y se pone debajo de un almud, sino sobre el candelero, y alumbra a todos los que están en casa. Así alumbre vuestra luz delante de los hombres, para que vean vuestras buenas obras, y glorifiquen a vuestro Padre que está en los cielos.

Mateo 13:22. El que fue sembrado entre espinos, éste es el que oye la palabra, pero el afán de este siglo y el engaño de las riquezas ahogan la palabra, y se hace infructuosa.

Juan 17:14-17 (en la oración de Jesús como Sumo Sacerdote). Yo les he dado tu palabra; y el mundo los aborreció, porque no son del mundo, como tampoco yo soy del mundo. No ruego que los quites del mundo, sino que los guardes del mal. No son del mundo, como tampoco yo soy del mundo. Santifícalos en tu verdad; tu palabra es verdad.

Romanos 12:2. No os conforméis a este siglo, sino transformaos por medio de la renovación de vuestro entendimiento, para que comprobéis cuál sea la buena voluntad de Dios, agradable y perfecta.

Filipenses 3:18-21. Porque por ahí andan muchos, de los cuales os dije muchas veces, y aun ahora lo digo llorando, que son enemigos de la cruz de Cristo; el fin de los cuales será perdición, cuyo dios es el vientre, y cuya gloria es su vergüenza; que sólo piensan en lo terrenal. Mas nuestra ciudadanía está en los cielos, de donde también esperamos al Salvador, al Señor Jesucristo; el cual transformará el cuerpo de la humillación nuestra, para que sea semejante al cuerpo de la gloria suya, por el poder con el cual puede también sujetar a sí mismo todas las cosas. **2 Timoteo 3:1-5.** También debes saber esto: que en los postreros días vendrán tiempos peligrosos. Porque habrá hombres amadores de sí mismos, avaros, vanagloriosos, soberbios, blasfemos, desobedientes a los padres, ingratos, impíos, sin afecto natural, implacables, calumniadores, intemperantes, crueles, aborrecedores de lo bueno, traidores, impetuosos, infatuados, amadores de los deleites más que de Dios, que tendrán apariencia de piedad, pero negarán la eficacia de ella; a éstos evita. **Santiago 4:4.** ¡Oh almas adúlteras! ¿No sabéis que la amistad del mundo es enemistad contra Dios? Cualquiera, pues, que quiera ser amigo del mundo, se constituye enemigo de Dios. **1 Juan 2:15-17.** No améis al mundo, ni las cosas que están en el mundo. Si alguno ama al mundo, el amor del Padre no está en él. Porque todo lo que hay en el mundo, los deseos de la carne, los deseos de los ojos, y la vanagloria de la vida, no proviene del Padre, sino del mundo. Y el mundo pasa, y sus deseos; pero el que hace la voluntad de Dios permanece para siempre.

Orgullo y humildad

Proverbios 11:2. Cuando viene la soberbia, viene también la deshonra; mas con los humildes está la sabiduría.

Proverbios 16:5, 18. Abominación es a Jehová todo altivo de corazón; ciertamente no quedará impune... Antes del quebrantamiento es la soberbia, y antes de la caída la altivez de espíritu.

Proverbios 26:12. ¿Has visto hombre sabio en su propia opinión? Más esperanza hay del necio que de él.

Proverbios 29:23. La soberbia del hombre le abate; pero al humilde de espíritu sustenta la honra.

Isaías 66:1-2. Jehová dijo así: El cielo es mi trono, y la tierra estrado de mis pies; ¿dónde está la casa que me habréis de edificar, y dónde el lugar de mi reposo? Mi mano hizo todas estas cosas, y así todas estas cosas fueron, dice Jehová; pero miraré a aquel que es pobre y humilde de espíritu, y que tiembla a mi palabra.

Mateo 23:11-12. El que es el mayor de vosotros, sea vuestro siervo. Porque el que se enaltece será humillado, y el que se humilla será enaltecido.

Romanos 12:3, 16. Digo, pues, por la gracia que me es dada, a cada cual que está entre vosotros, que no tenga más alto concepto de sí que el que debe tener, sino que piense de sí con cordura, conforme a la medida de fe que Dios repartió a cada uno... Unánimes entre vosotros; no altivos, sino asociándoos con los humildes. No seáis sabios en vuestra propia opinión.

Filipenses 2:1-5. Por tanto, si hay alguna consolación en Cristo, si algún consuelo de amor, si alguna comunión del Espíritu, si algún afecto entrañable, si alguna misericordia, completad mi gozo, sintiendo lo mismo, teniendo el mismo amor, unánimes, sintiendo una misma cosa. Nada hagáis por contienda o por vanagloria; antes bien con humildad, estimando cada uno a los demás como superiores a él mismo; no mirando cada uno por lo suyo propio, sino cada cual también por lo de los otros. Haya, pues, en vosotros este sentir que hubo también en Cristo Jesús.

Santiago 4:6. Pero él da mayor gracia. Por esto dice: Dios resiste a los soberbios, y da gracia a los humildes.

Perdón

Mateo 5:43-45. Oísteis que fue dicho: Amarás a tu prójimo, y aborrecerás a tu enemigo. Pero yo os digo: Amad a vuestros enemigos, bendecid a los que os maldicen, haced bien a los que os aborrecen, y orad por los que os ultrajan y os persiguen; para que seáis hijos de vuestro Padre que está en los cielos, que hace salir su sol sobre malos y buenos, y que hace llover sobre justos e injustos.

Marcos 11:25. Y cuando estéis orando, perdonad, si tenéis algo contra alguno, para que también vuestro Padre que está en los cielos os perdone a vosotros vuestras ofensas.

Lucas 6:35-36. Amad, pues, a vuestros enemigos, y haced bien, y prestad, no esperando de ello nada; y será vuestro galardón grande, y seréis hijos del Altísimo; porque él es benigno para con los ingratos y malos. Sed, pues, misericordiosos, como también vuestro Padre es misericordioso.

Lucas 17:3-4. Mirad por vosotros mismos. Si tu hermano pecare contra ti, repréndele; y si se arrepintiere, perdónale. Y si siete veces al día pecare contra ti, y siete veces al día volviere a ti, diciendo: Me arrepiento; perdónale.

Efesios 4:31-32. Quítense de vosotros toda amargura, enojo, ira, gritería y maledicencia, y toda malicia. Antes sed benignos unos con otros, misericordiosos, perdonándoos unos a otros, como Dios también os perdonó a vosotros en Cristo.

Colosenses 3:12-13. Vestíos, pues, como escogidos de Dios, santos y amados, de entrañable misericordia, de benignidad, de humildad, de mansedumbre, de paciencia; soportándoos unos a otros, y perdonándoos unos a otros si alguno tuviere queja contra otro. De la manera que Cristo os perdonó, así también hacedlo vosotros.

Pruebas, persecución y sufrimiento

Mateo 5:10-12. Bienaventurados los que padecen persecución por causa de la justicia, porque de ellos es el reino de los cielos.

Bienaventurados sois cuando por mi causa os vituperen y os persigan, y digan toda clase de mal contra vosotros, mintiendo. Gozaos y alegraos, porque vuestro galardón es grande en los cielos; porque así persiguieron a los profetas que fueron antes de vosotros.

Hechos 5:40-42. Y convinieron con él; y llamando a los apóstoles, después de azotarlos, les intimaron que no hablasen en el nombre de Jesús, y los pusieron en libertad. Y ellos salieron de la presencia del concilio, gozosos de haber sido tenidos por dignos de padecer afrenta por causa del Nombre. Y todos los días, en el templo y por las casas, no cesaban de enseñar y predicar a Jesucristo.

Romanos 5:2-5. Nos gloriamos en la esperanza de la gloria de Dios. Y no sólo esto, sino que también nos gloriamos en las tribulaciones, sabiendo que la tribulación produce paciencia; y la paciencia, prueba; y la prueba, esperanza; y la esperanza no avergüenza; porque el amor de Dios ha sido derramado en nuestros corazones por el Espíritu Santo que nos fue dado.

Santiago 1:2-4. Hermanos míos, tened por sumo gozo cuando os halléis en diversas pruebas, sabiendo que la prueba de vuestra fe produce paciencia. Mas tenga la paciencia su obra completa, para que seáis perfectos y cabales, sin que os falte cosa alguna. **1 Pedro 1:6-9.** En lo cual vosotros os alegráis, aunque ahora por un poco de tiempo, si es necesario, tengáis que ser afligidos en diversas pruebas, para que sometida a prueba vuestra fe, mucho más preciosa que el oro, el cual aunque perecedero se prueba con fuego, sea hallada en alabanza, gloria y honra cuando sea manifestado Jesucristo, a quien amáis sin haberle visto, en quien creyendo, aunque ahora no lo veáis, os alegráis con gozo inefable y glorioso; obteniendo el fin de vuestra fe, que es la salvación de vuestras almas. **1 Pedro 2:20.** Pues ¿qué gloria es, si pecando sois abofeteados, y lo soportáis? Mas si haciendo lo bueno sufrís, y lo soportáis, esto ciertamente es aprobado delante de Dios.

Robo y hurto

Éxodo 20:15. No hurtarás.

Proverbios 29:24. El cómplice del ladrón aborrece su propia alma; pues oye la imprecación y no dice nada.

Romanos 13:1-2, 6-9. Sométase toda persona a las autoridades superiores; porque no hay autoridad sino de parte de Dios, y las que hay, por Dios han sido establecidas. De modo que quien se opone a la autoridad, a lo establecido por Dios resiste; y los que resisten, acarrean condenación para sí mismos... Pues por esto pagáis también los tributos, porque son servidores de Dios que atienden continuamente a esto mismo. Pagad a todos lo que debéis: al que tributo, tributo; al que impuesto, impuesto; al que respeto, respeto; al que honra, honra.

No debáis a nadie nada, sino el amaros unos a otros; porque el que ama al prójimo, ha cumplido la ley. Porque: No adulterarás, no matarás, no hurtarás, no dirás falso testimonio, no codiciarás, y cualquier otro mandamiento, en esta sentencia se resume: Amarás a tu prójimo como a ti mismo.

Efesios 4:28. El que hurtaba, no hurte más, sino trabaje, haciendo con sus manos lo que es bueno, para que tenga qué compartir con el que padece necesidad.

Roles de género en el hogar y en la iglesia

Efesios 5:22-27. Las casadas estén sujetas a sus propios maridos, como al Señor; porque el marido es cabeza de la mujer, así como Cristo es cabeza de la iglesia, la cual es su cuerpo, y él es su Salvador. Así que, como la iglesia está sujeta a Cristo, así también las casadas lo estén a sus maridos en todo. Maridos, amad a vuestras mujeres, así como Cristo amó a la iglesia, y se entregó a sí mismo por ella, para santificarla, habiéndola purificado en el lavamiento del agua por la palabra, a fin de presentársela a sí mismo, una iglesia gloriosa, que no tuviese mancha ni arruga ni cosa semejante, sino que fuese santa y sin mancha.

Colosenses 3:18-19. Casadas, estad sujetas a vuestros maridos, como conviene en el Señor. Maridos, amad a vuestras mujeres, y no seáis ásperos con ellas.

1 Timoteo 2:9-15. Asimismo que las mujeres se atavíen de ropa decorosa, con pudor y modestia; no con peinado ostentoso, ni oro, ni perlas, ni vestidos costosos, sino con buenas obras, como corresponde a mujeres que profesan piedad. La mujer aprenda en silencio, con toda sujeción. Porque no permito a la mujer enseñar, ni ejercer dominio sobre el hombre, sino estar en silencio. Porque Adán fue formado primero, después Eva; y Adán no fue engañado, sino que la mujer, siendo engañada, incurrió en transgresión. Pero se salvará engendrando hijos, si permaneciere en fe, amor y santificación, con modestia.

Tito 2:3-5. Las ancianas asimismo sean reverentes en su porte; no calumniadoras, no esclavas del vino, maestras del bien; que enseñen a las mujeres jóvenes a amar a sus maridos y a sus hijos, a ser prudentes, castas, cuidadosas de su casa, buenas, sujetas a sus maridos, para que la palabra de Dios no sea blasfemada.

1 Pedro 3:1-2, 7. Asimismo vosotras, mujeres, estad sujetas a vuestros maridos; para que también los que no creen a la palabra, sean ganados sin palabra por la conducta de sus esposas, considerando vuestra conducta casta y respetuosa… Vosotros, maridos, igualmente, vivid con ellas sabiamente, dando honor a la mujer como a vaso más frágil, y como a coherederas de la gracia de la vida, para que vuestras oraciones no tengan estorbo.

Trabajo y holgazanería

Proverbios 6:6-11. Ve a la hormiga, oh perezoso, mira sus caminos, y sé sabio; la cual no teniendo capitán, ni gobernador, ni señor, prepara en el verano su comida, y recoge en el tiempo de la siega su mantenimiento. Perezoso, ¿hasta cuándo has de dormir? ¿Cuándo te levantarás de tu sueño? Un poco de sueño, un poco de dormitar, y cruzar por un poco las manos para reposo; así vendrá tu necesidad como caminante, y tu pobreza como hombre armado.

Proverbios 13:4. El alma del perezoso desea, y nada alcanza; mas el alma de los diligentes será prosperada.

Efesios 4:28. El que hurtaba, no hurte más, sino trabaje, haciendo con sus manos lo que es bueno, para que tenga qué compartir con el que padece necesidad.

Colosenses 3:23-24. Y todo lo que hagáis, hacedlo de corazón, como para el Señor y no para los hombres; sabiendo que del Señor recibiréis la recompensa de la herencia, porque a Cristo el Señor servís.

1 Tesalonicenses 4:11-12. Y que procuréis tener tranquilidad, y ocuparos en vuestros negocios, y trabajar con vuestras manos de la manera que os hemos mandado, a fin de que os conduzcáis honradamente para con los de afuera, y no tengáis necesidad de nada.

2 Tesalonicenses 3:10-12. Porque también cuando estábamos con vosotros, os ordenábamos esto: Si alguno no quiere trabajar, tampoco coma. Porque oímos que algunos de entre vosotros andan desordenadamente, no trabajando en nada, sino entremetiéndose en lo ajeno. A los tales mandamos y exhortamos por nuestro Señor Jesucristo, que trabajando sosegadamente, coman su propio pan.

Colaboradores

John MacArthur es pastor maestro de Grace Community Church. Autor y predicador conocido nacionalmente, también funge como presidente de The Master's College & Seminary y es escuchado diariamente en el programa radial *Grace to You*.

Rick Holland funge como pastor ejecutivo de Grace Community Church, donde también pastorea estudiantes universitarios. Es director de la Resolved Conference y del programa doctoral de ministerio en predicación expositiva en The Master's Seminary.

Austin Duncan ha trabajado en el ministerio estudiantil por más de una década y actualmente sirve como pastor de estudiantes de secundaria en Grace Community Church.

Kurt Gebhards es supervisor del departamento de ministerio infantil en Grace Community Church, también pastorea a los solteros profesionales en un grupo que se reúne semanalmente.

Tom Patton supervisa la membresía y los que desean hacerse miembros en Grace Community Church, además de que pastorea a los matrimonios jóvenes y las familias en un grupo que se reúne semanalmente.

Bill Shannon ha servido en el personal pastoral de Grace Community Church por 20 años. Supervisa el discipulado en la iglesia y pastorea un grupo que se reúne semanalmente.

John D. Street es anciano de Grace Community Church y preside el programa de graduados en consejería bíblica (MABC) en The Master's College.

Jonathan Rourke supervisa las conferencias en Grace Community Church, incluyendo la Shepherds Conference y Logos Equipping Ministry, además pastorea un grupo que se reúne semanalmente.

Mark Tatlock es anciano de Grace Community Church y primer vicepresidente y rector de The Master's College. También participa en el entrenamiento teológico de pastores en ministerios transculturales dentro de contextos urbanos e internacionales.

Irv Busenitz es anciano de Grace Community Church y vicepresidente de administración académica de The Master's Seminary. También es profesor de exposición de la Biblia y Antiguo Testamento en The Master's Seminary.

Nathan Busenitz funge como pastor asociado y asistente de John MacArthur. Es el editor administrativo de la revista *Pulpit* y enseña teología histórica en The Master's Seminary.

Jesse Johnson proporciona supervisión pastoral al ministerio evangelístico local en Grace Community Church y enseña evangelismo en The Master's Seminary.

Kevin Edwards sirvió como misionero en Rusia por diez años antes de convertirse en pastor de ministerios evangelísticos de Grace Community Church donde proporciona liderazgo para misiones internacionales.

Notas

Introducción
1. Para una exposición más detallada de Salmos 19, ver mi capítulo «Embracing the Authority and Sufficiency of Scripture» in *Think Biblically!* (Wheaton, IL: Crossway, 2003), 21-35.

Capítulo 1
1. Partes de este capítulo fueron adaptadas del artículo «Glorifique a Dios en los aspectos ambiguos», publicado en línea por *Grace to You* [Gracia a vosotros] en http://www.gty.org/Resources/articles/44.

Capítulo 2
1. «eHarmony es diferente», http://www.eharmony.com/why (consultado octubre 2008).
2. «We Find Truly Compatible Matches for You», http://www.eharmony.com/tour/finding (consultado octubre 2008).
3. Robert Epstein, «The Truth About Online Dating» *The Scientific American Mind*, 30 enero 2007, http://www.sciam.com/article.cfm?id=the-truth-about-online-da&print=true.
4. Ibíd.
5. Para más información sobre estos principios ver el capítulo «The Guided Path» en *5 Paths to the Love of Your Life*, ed. Alex Chediak (Colorado Springs, CO: Ink, 2005), 89-121.
6. John Piper, «A Vision de of Complementarity» en *Recovering Biblical Manhood and Womanhood*, eds. John Piper y Wayne Grudem (Wheaton, IL: Crossway, 1991), 33.

Capítulo 3
1. Amanda Lenhart, Joseph Kahne, Ellen Middaugh, Alexandra Rankin Macgill, Chris Evans, and Jessica Vitak, «Teens, Video Games, and Civics,» 16 septiembre 2008, http://www.pewinternet.org/pdfs/PIP_Teens_Games_and_Civics_Report_FINAL.pdf.
2. Cf. Damon Brown, «Video Games for Grownups,» 24 julio 2008, http://www.aarp.org/ leisure/games/articles/video_games_reviews.html.
3. HealthDay News published by Forbes.com, «Video Game Use May Be an Addiction,» 22 junio 2007, http://www.forbes.com/health/feeds/hscout/2007/06/22/hscout605801.html.
4. The Nielsen Company, «News Release,» 11 diciembre 2007, http://www.nielsen.com/media/2007/pr_071211a_download.pdf.
5. Leonard Sax, *Boys Adrift: The Five Factors Driving the Growing Epidemic of Unmotivated Boys and Underachieving Young Men* (New York: Basic Books, 2007), 131.
6. Mike Smith, «Wedding Woes: The Dark Side of Warcraft,» 13 febrero 2008, http://videogames.yahoo.com/feature/wedding-woes-the-dark-side-of-warcraft/1186366.
7. Ibid.
8. Christine Rosen, «Playgrounds of the Self,» *The New Atlantis*, Number 9, summer 2005, pp. 3-27. Online at: http://www.thenewatlantis.com/publications/playgrounds-of-the-self.
9. John Piper, *Don't Waste Your Life* (Wheaton, IL: Crossway, 2007), 119-20.
10. Martha Irvine, «Games a Social Outlet» *Washington Times*, September 23, 2008, http:// www.washingtontimes.com/news/2008/sep/23/games-a-social-outlet/?page=2.

11. Stephen Totilo, cited in «Grand Theft Auto IV,» game review at http://www.plugged inonline.com/games/games/a0004042.cfm. Plugged in Online es un ministerio de Enfoque en la Familia.

12. Citado de Albert Mohler, «Grand Theft Decency,» May 1, 2008, http://www.albertmohler.com/blog_print.php?id=1141.

Capítulo 6

1. La perspectiva de los ancianos fue publicada originalmente en el 2000. Para aquellos interesados en una discusión más detallada de este problema, recomendamos el libro electrónico de John MacArthur *The Divorce Dilemma* (Leominster, Reino Unido: Day One Publishers, 2009).

2. Por otra parte, Dios no le dio una carta de repudio al reino del sur de Judá, lo que demuestra que una pareja infiel puede ser perdonada.

3. Esto supone que el segundo matrimonio fue uno bíblicamente permisible (ya sea después de la muerte de un cónyuge o un divorcio bíblico), o que haya ocurrido antes de la conversión.

Capítulo 7

1. «Facts on Induced Abortion in the United States,» julio 2008, The Guttmacher Institute, online at http://www.guttmacher.org/pubs/fb_induced_abortion.html (consultado 26 septiembre 2008).

2. Éxodo 21:22-23, un pasaje que a veces surge en esta discusión, se refiere al aborto accidental e involuntario. Por tanto, no se puede utilizar para apoyar el aborto intencional de los bebés por nacer. Por otra parte, es probable que a partir del contexto dé a entender que la pena de muerte hubiese sido aprobada si el bebé prematuro muere, y que una multa habría sido impuesta sólo si el bebé prematuro y la madre estaban sin lesiones.

3. Gene Edward Veith, Jr., *Postmodern Times: A Christian Guide to Contemporary Thought and Culture* (Wheaton, IL: Crossway, 1994), 147.

4. Larry W. Epperson *Abortion the Lost Generation* (Geneva Industries booklet) junio 11, 1998.

5. «Women's Suicide Rates Highest after Abortion, New Study,» 29 noviembre 2005, www.afterabortion.org/news/suicide205.html

6. Ibíd.

7. Estadística de Alicia Geilfuss del Centro de Recursos para el Embarazo del Valle de San Fernando (North Hills, CA). Este centro está a sólo unos kilómetros de Grace Community Church.

Capítulo 8

1. Como nota al margen, añadiríamos que la historia de Onán, en Génesis 38:6-10, no tiene relación con la discusión actual del control de la natalidad. El pecado de Onán consistía en su desobediencia directa en esa instancia; por lo tanto, su ejemplo no sirve como una condena categórica del control de la natalidad en general.

2. R. Albert Mohler, Can Christians Use Birth Control? 30 marzo 2004, http://www.albertmohler.com/commentary_read.php?cdate=2004-03-30.

3. Un segundo tipo de PAO es la píldora sólo progesterona o POP. Cuando se toma por sí sola, los contaminantes orgánicos persistentes tienen «una tasa de avance a la ovulación considerablemente más alta que los AOC» (William R. Cutrer y Sandra L. Glahn, *The Contraception Guide* [Grand Rapids: Zondervan, 2005], 108). Por otra parte, no hay evidencia que indique que las mujeres que usan anticonceptivos orales combinados

tienen una tasa estadísticamente más alta de embarazos ectópicos (ver Dennis M. Sulli-van, «The Oral Contraceptive as Abortifacient: An Analysis of the Evidence,» *Perspectives on Science and Christian Faith* 58/3, septiembre 2006, 192).

4. Michael Frields, «Birth Control: A Biblical Perspective,» *Faith and Reason Forum*, http:// www.faithandreasonforum.com/index.asp?PageID=34&ArticleID=417.

5. Añadido a la controversia está el hecho de que algunos fabricantes de la píldora, en un esfuerzo por hacer lucir su producto más eficaz, afirman que su producto reducirá la probabilidad de implantación. Dennis M. Sullivan, profesor de biología de la Universidad Cedarville, explica por qué dichas afirmaciones se deben tomar con sigilo: «Para ser justos con [esas] compañías involucradas en la elaboración de esos medicamentos, ellas están tratando de asegurar a sus clientes potenciales que sus productos funcionan bien… Los fabricantes de los anticonceptivos orales no están necesariamente preocupados con los "detalles" de la ética, por lo que es comprensible que hagan afirmaciones un tanto sesgadas para asegurar un mercado fuerte para sus productos» (Dennis M. Sullivan, «Oral Contraceptive as Abortifacient», 191).

6. William R. Cutrer and Sandra L. Glahn, *The Contraception Guidebook*, (Grand Rapids: Zondervan, 2005), 108.

7. Ibid., 104.

8. James P. Johnston, «Do Oral Contraceptives Cause Abortions?» 7 enero 2005, http:// www.prolifephysicians.org/abortifacient.htm. En el mismo artículo, Johnston explica que algunos médicos provida no están convencidos de que las PAO causen abortos porque «el tercer método de acción propuesto, la llamada "teoría endometrio hostil", tiene poca evidencia directa para apoyarlo. Los fabricantes de medicamentos lo han anunciado desde el principio sin pruebas y eso se ha hecho eco en dos generaciones de investigadores sin verificación. Hay evidencia indirecta de que el AO produce un revestimiento más delgado, menos glandular, menos vascular, y no hay evidencia directa desde el campo de la fecundación in vitro de que un revestimiento más delgado, menos glandular, menos vascular, haga menos probable la fijación del nuevo ser humano cuando entra en el útero. Sin embargo, cuando una mujer que está tomando AO ovula, el cuerpo lúteo (el folículo ovárico se convierte en el cuerpo lúteo después de la ovulación) produce diez a veinte veces los niveles de estrógeno y progesterona vistos en un ciclo no ovulatorio de la píldora. Esto resulta en el crecimiento del estroma, los vasos sanguíneos, las glándulas y las secreciones glandulares a fin de ayudar a preparar el revestimiento para la implantación. Si no hay concepción después de la ovulación, el cuerpo lúteo deja de funcionar cerca de dos semanas después de la ovulación y la menstruación sigue. Sin embargo, si la concepción se produce después de la ovulación, el embrión libera la hormona gonadotropina coriónica humana (GCH), que estimula el cuerpo lúteo para continuar su función hasta que la placenta se hace cargo de la producción de hormonas dos meses más tarde».

9. Para más información sobre los cambios hormonales que ocurren, ve Rich Poupard, «Does in Uterine Lining Support the "Pill as Baby Killer" Theory,» *Life Training Institute Weblog*, June 16, 2008, http://lti-blog.blogspot.com/2008/06/does-thin-uterine-lining-support-pill.html.

10. Dennis M. Sullivan, «Oral Contraceptive as Abortifacient,» 192.

11. Joel E. Goodnough, «Redux: Is the Oral Contraceptive Pill an Abortifacient?» *Ethics and Medicine*, Spring 2001, 37-51. Goodnough reconoció que, en el momento que su artículo fue escrito, se necesitaba más investigación para determinar si la implantación en usuarias de PAO había sido tan exitosa como en las no usuarias de PAO.

12. Michael Frields, «Birth Control: A Biblical Perspective». El Dr. Frields es graduado de la Universidad de Arizona, donde recibió sus títulos de doctorado en Farmacia y doctorado en Medicina. Obtuvo su certificación en obstetricia y ginecología en 1982, y ha practicado la medicina en el Centro Médico Adventista de Glendale en Glendale, California, desde hace varias décadas. El Dr. Frields ha servido como jefe de personal en Glendale Adventist y como presidente de Perinatal/Ginecología. Es también miembro de Grace Community Church.

13. Joe DeCook, Susan A. Crockett, Donna Harrison, and Camilla Hersh, «Hormone Contraceptives: Controversies, and Clarifications», abril 1999, American Association of Pro Life Obstetricians and Gynecologists Web site, http://www.aaplog.org/decook. htm. Dennis Sullivan, «The Oral Contraceptive as Abortifacient,» 192, explica por qué las estadísticas sobre los embarazos ectópicos son significativas: «Las preguntas clave se convierten en: ¿Con qué frecuencia la persona que usa AOC ovula y concibe, sólo para que tal concepción no llegue a implantarse? ¿Cómo se compara esta tasa con las que no usan la píldora? La tasa de fracaso de referencia para la implantación es una estadística importante en este sentido. Un total del 70% de los óvulos fecundados no logran proceder a un embarazo a término, con tres cuartas partes de estos debido a un fracaso en la implantación. Contra esta tasa de fracaso, la rareza de la ovulación hace difícil la comparación estadística de las usuarias de la píldora con las que no usan la píldora. Los oponentes a los anticonceptivos deben hacer un caso estadístico difícil: (1) En los casos de ovulación (un hecho raro), un número significativo de espermatozoides debe penetrar la mucosa cervical engrosada (presumiblemente un hecho extraño), eludiendo así los dos verdaderos efectos anticonceptivos de los AOC; y (2) si se produce la fertilización, el embrión debe fracasar en implantarse en un endometrio al menos algo preparado para ello, o si se implanta, no consigue llegar a término, y esta tasa de fracaso debe ser mayor que el 70% que se produce de manera natural… [Una] tasa ectópica más alta significa que más embarazos de ovulación repentina no llegan a implantarse, lo que refuerza el caso ético de que estos agentes son abortivos… [Pero] no parece haber ninguna prueba específica para acusar a los AOC de [un] aumento en los embarazos ectópicos».

14. Para leer tanto la declaración como una respuesta crítica, ver Randy Alcorn, «Prolife Ob/Gyn's January 1998 Statement,» Eternal Perspective Ministries, http://www.epm. org/artman2/publish/prolife_birth_control_pill/Prolife_Ob_Gyn_s_January _1998_ Statement.shtml Alcorn es uno de los principales defensores de la opinión de que los AOC pueden causar abortos.

15. «Position Statement: Birth Control Pills and Other Hormonal Contraception,» *Focus on the Family*, 30 diciembre 2005, http://www.family.org/sharedassets/correspondence/ pdfs/ miscellaneous/Position_Statement-Birth_Control_Pills_and_Other_Hormonal_ Contraception.pdf. En definitiva, «Una minoría de expertos considera que cuando la concepción se produce usando la píldora, hay suficiente posibilidad de un efecto abortivo, aunque sea remoto, para justificar informar a las mujeres sobre el tema».

16. Cf. Dennis Sullivan, «The Oral Contraceptive as Abortifacient,» 193.

Capítulo 9

1. Romanos 1:26, παρα φυσιν, «contra naturaleza»; en contraste ver Romanos 11:21, κατα φυσιν, «de acuerdo a naturaleza».

2. Primera de Corintios 6:9, μαλακοι, a menudo se utiliza como un término técnico en el primer siglo. Se refiere a los sodomitas, que asumen el papel de la mujer, por lo tanto afeminados. Tales personas en el versículo 9 están etiquetados como «injustos» y no han sido «justificados» en el nombre del Señor Jesucristo».

3. Una carta real de un antiguo pastor con referencias a la identificación personal removida. Había visto a más de un sicólogo que alegaba estarle dando consejo «cristiano».

4. Estudio de Jesucristo y su masculinidad. Aconseje cuidadosamente con respecto al papel de liderazgo del hombre en el hogar y la iglesia como proveedor y protector (Mateo 20:25-28; 1 Timoteo 3:1-7; 5:8; Tito 1:5-9; 2:2,6 8; 1 Pedro 5:1-5). Esta no es la búsqueda de la importancia centrada en el yo y de la identidad, popularizada por Alfred Adler y muchos sicólogos «cristianos». Es la identidad teológica, una verdadera identidad, lo que es realmente importante en el Nuevo Testamento.

5. Ver «Homosexuality in the Ministry,» *Journal of Modern Ministry*, otoño 2004.

6. En Romanos 7, el apóstol Pablo está hablando de su lucha contra el pecado como cristiano. Ver en el v. 24 el pronombre personal enfático (εγω) señala un tiempo presente cuando el apóstol está escribiendo esta carta.

7. Jay E. Adams, *The Christian Counselor's Manual* (Phillipsburg, NJ: Presbyterian and Reformed, 1973), 206-207.

8. En respuesta a esas afirmaciones, es útil demostrar que el amor bíblico aborrece el mal y dice la verdad (cf. Romanos 12:9; 1 Corintios 13:6). Por lo tanto, confrontar a la homosexualidad como pecado y llamar al arrepentimiento no es algo «sin amor». La respuesta verdaderamente sin amor sería no decir nada, a pesar del hecho de que la Palabra de Dios es clara sobre el tema.

Capítulo 10

1. Las estadísticas de la Organización Mundial de la Salud, «Suicide Prevention», 16 febrero 2006, http://www.who.int/mental_health/prevention/suicide/suicideprevent/en/. También se hace referencia a John L. McIntosh, «U.S.A. Suicide: 2005 Official Final Data,» 24 enero 2008, http:// www.suicidology.org/associations/1045/files/2005data-pgs.pdf.

2. Estadísticas obtenidas de Amnistía Internacional, «Death Sentences and Executions in 2007,» 15 abril 2008, http://www.amnesty.org/en/library/asset/ACT50/001/2008/en/b43a1e5a-ffea-11dc-b092-bdb020617d3d/act500012008eng.html.

3. Estas definiciones adaptadas de Keith H. Essex, Euthanasia, *The Master's Seminary Journal*, Fall 2000, 200-04. Nuestro personal está en deuda con el trabajo útil del Dr. Essex sobre este tema.

4. Ibíd., 211-12.

5. Ibíd., 212.

6. Ni las palabras de Jesús en Juan 10:18, ni las de Pablo en Filipenses 1:21-26 pueden ser mal interpretadas para apoyar el suicidio (a pesar de los intentos de algunos). Jesús fue condenado a muerte por hombres violentos (Hechos 2:23; 3:14-15); y el punto de Pablo no era que deseaba la muerte *per se*, sino que esperaba con entusiasmo la «ganancia» de estar un día con Cristo (cf. 2 Corintios 5:8).

7. Aquellos que realmente cometieron el pecado imperdonable continúan inevitablemente en la incredulidad impenitente toda su vida. Por el contrario, aquellos que temen que puedan haber cometido el pecado imperdonable, pero los que han confesado sus pecados a Cristo y anhelan su perdón demuestran, de hecho, que no han cometido el pecado imperdonable.

8. Robert Culver, *Toward a Biblical View of Civil Government* (Chicago: Moody Press, 1974), 256.

9. Paul S. Feinberg and John D. Feinberg, *Ethics for a Brave New World* (Wheaton, IL: Good News Publishers, 1993), 147.

Capítulo 11

1. Para tener una perspectiva adicional sobre el tema de los cristianos y el gobierno, ver mis libros *Why Government Can't Save You* (Nashville: Thomas Nelson, 2000) and *Can God Bless America?* (Nashville, TN: W Publishing Group, 2002).

Capítulo 13

1. Brett McCracken, «The Greening of Evangelicals,» *Biola* magazine, otoño 2008, 18-25.

2. Hay buenas razones para creer que el consenso de la ciencia hoy ha identificado erróneamente la causa del calentamiento global. Las tendencias de la temperatura muestran que «la reciente tendencia al calentamiento desde 1850 parece ser la continuación del calentamiento después de la Pequeña Edad de Hielo, en lugar de un aumento repentino después de un largo período de temperaturas relativamente uniformes» (Larry Vardiman, «Does Carbon Dioxide Drive Global Warming?» Institute for Creation Research, 1 octubre 2008, http://www.icr.org/article/4128/). Más aun, la evidencia de los océanos y los núcleos de hielo indica que el aumento de «dióxido de carbono es el resultado, no la causa, del calentamiento global».

3. «God's Earth Is Sacred: An Open Letter to Church and Society in the United States,» Consejo Nacional de Iglesias de EE.UU. 14 febrero 2005, http://www.ncccusa.org/news/godsearthissacred.html.

4. Ibíd. Énfasis en el original.

Capítulo 16

1. C.S. Lewis, *The Problem of Pain* (New York: Macmillan, 1962), 26.

2. John Piper, *Spectacular Sins* (Wheaton, IL: Crossway, 2008), 12.

3. Randy Alcorn, *Heaven* (Carol Stream, IL: Tyndale, 2004), 28.

4. Maurice Roberts, *The Thought of God* (Carlisle, PA: Banner of Truth, 1994), 7.

Capítulo 17

1. D. Martyn Lloyd-Jones, *From Fear to Faith* (Grand Rapids: Baker, 1985), 59-60.

2. A.W. Tozer, *Men Who Met God* (Harrisburg, PA: Christian Publications, 1986), 59.

Capítulo 18

1. James Patterson and Peter Kim, *The Day America Told the Truth* (New York: Prentice Hall, 1991), 45, 48.

2. John Piper, *Desiring God* (Sisters, OR: Multnomah, 1996), 238.

3. Bruce Gellerman and Erik Sherman, *Massachusetts Curiosities* (Guilford, CT: Globe Pequot, 2004), 66-67.

Capítulo 19

1. David M. Doran, *For the Sake of His Name* (Allen Park, MI: Student Global Impact), 128. Énfasis añadido.

> «Hoy, más que nunca, la iglesia necesita un modelo de **liderazgo** restaurado y **basado en la Palabra de Dios** que le dé gloria a Él»
> —JOHN MACARTHUR

Un llamado a LIDERAR enfocado en la BIBLIA

¿Cómo les va a los líderes en cuanto a lo que necesita su iglesia?

El pastor como líder es una colección de los mejores mensajes sobre liderazgo, expuestos en la *Conferencia de Pastores*, actividad auspiciada por la reconocida congregación Grace Community Church, que pastorea John MacArthur. Los mensajes son un aporte de John Piper, Albert Mohler, Steven J. Lawson, entre otros, sobre temas como:

- **Las características del líder fiel**
- **El líder como modelo de pureza e integridad**
- **La necesidad de la oración**
- **La respuesta adecuada a la oposición y al sufrimiento**
- **La humildad del líder**

Cada uno de los principios del liderazgo que presenta este libro sigue el modelo que nos enseñó el propio Cristo, el mejor líder de quien se pueda aprender.

John MacArthur es pastor y maestro de Grace Community Church en Sun Valley. También es presidente de The Master's College and Seminary. Es un prolífico autor con muchos éxitos de ventas: *El pastor como predicador, El pastor en la cultura actual, El pastor como líder, La segunda venida, Nuestro extraordinario Dios, Libertad y poder del perdón*, etc.

Otro libro de: www.editorialniveluno.com *Para vivir la Palabra*

> «La fiel **predicación de la Palabra**
> es el **elemento más importante**
> del ministerio pastoral»
> —John MacArthur

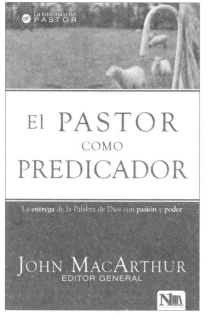

Las Escrituras contienen una declaración simple y directa que establece la más alta prioridad para cada pastor: «Prediquen la Palabra». Esta enorme responsabilidad merece el mejor esfuerzo de cada pastor. En *El pastor como predicador*, una compilación de potentes mensajes de la conferencia anual de pastores de la Iglesia Grace Community, podrá repasar las bases que necesita conocer todo ministro, como…

- **Enfoque y propósito de la predicación bíblica**
- **El carácter del predicador fiel**
- **Claves a la predicación efectiva**
- **Cómo predicar en el poder del Espíritu**

El suyo es un privilegio santo y singular, con el increíble potencial de transformar vidas. Este libro le dará lo que necesita para cumplir con excelencia ese llamado.

John MacArthur es pastor y maestro de Grace Community Church en Sun Valley. También es presidente de The Master's College and Seminary. Es un prolífico autor con muchos éxitos de ventas: *El pastor como predicador, El pastor en la cultura actual, El pastor como líder, La segunda venida, Nuestro extraordinario Dios, Libertad y poder del perdón*, etc.

Otro libro de: www.editorialniveluno.com *Para vivir la Palabra*

Compilado y editado por James L. Snyder

Mi búsqueda diaria

DEVOCIONALES PARA CADA DÍA

PRÓLOGO POR **RAVI ZACHARIAS**

A. W. TOZER

SABIDURÍA E INSPIRACIÓN
DIARIA EN TU
BÚSQUEDA
DE DIOS

Uno de los autores más inspirados e inspiradores del siglo 20 es hoy una potente voz profética para los cristianos del siglo 21. Gracias al tesoro de enseñanzas inéditas de A. W. Tozer, autor del clásico espiritual *En busca de Dios* podrás pasar un año entero fortaleciendo tu andar diario con Dios. Cada devoción incluye un pasaje de las Escrituras, una breve lectura escrita por Tozer, parte de un himno, y una oración.

Durante 365 días deja que este gran hombre de la fe le presente a tu corazón y tu mente el desafío a adorar con más sinceridad, mayor fe, oración más profunda y más pasión por Cristo.

Mi búsqueda diaria es una invitación a pasar unos minutos cada día en presencia de Jesús, guiados por uno de Sus más fieles siervos. Deja que A. W. Tozer te guíe en tu búsqueda de Dios.

A. W. Tozer fue ministro en la Alianza Cristiana y Misionera de 1919 a 1963, y fue editor de la revista *Alliance Life* de 1950 a 1963. Durante su vida, Tozer escribió numerosos libros, siendo el más famoso de ellos *La búsqueda de Dios.*

Otro libro de: www.editorialniveluno.com *Para vivir la Palabra*

¿Se salvará la Iglesia de la Tribulación?
¿Se está cumpliendo hoy la profecía?
El anticristo ¿está vivo en nuestros días?

Por primera vez, ahora hay una Biblia que reúne una biblioteca de sabiduría y estudio de parte de más de 48 reconocidos expertos en profecía bíblica, dirigidos por el Dr. Tim LaHaye. El Dr. LaHaye ha contado con los significativos aportes de los siguientes académicos para esta obra, culminación de toda una vida:

- John Askerberg
- Tony Evans
- Chuck Smith
- David Jeremiah
- Zola Levitt
- Erwin Luzer
- Josh McDowell
- Adrian Rodgers

Y muchos más

Juntos, todos ellos han creado las Biblias de estudio indispensables para pastores, maestros y estudiantes, y todo el que tenga interés por descubrir los hechos y datos reales tras la ficción, sobre lo que la Biblia nos dice en cuanto a la profecía de los últimos tiempos. La Biblia de Estudio de la Profecía, de Tim LaHaye, es una verdadera Biblia de estudio porque es integral, completa. Contiene:

- Cuadros a todo color
- Cronología gráfica de eventos bíblicos
- Referencias en columna central
- Gráficos panorámicos a todo color
- Línea de tiempo de sucesos bíblicos
- Introducciones a los libros
- Más de 70 artículos relacionados con la profecía bíblica
- 84 Cuadros y tablas
- Concordancia de la Biblia
- Notas explicativas de pasajes clave relacionados con la profecía bíblica
- Letras de Jesús en rojo

Tim LaHaye es un autor bestseller en la lista del New York Times con más de setenta libros de no ficción, muchos de ellos acerca de profecías y el fin de los tiempos, y es el coautor de la serie «Dejados atrás» con ventas record. Se considera que LaHaye es uno de las autoridades más reconocidas a nivel mundial acerca de las profecías bíblicas del fin de los tiempos.

Otro libro de:  www.editorialniveluno.com *Para vivir la Palabra*